AtV

Klaus Pringsheim jr. wird 1923 als Sohn des bekannten Komponisten und Dirigenten Klaus Pringsheim, des Zwillingsbruders von Katia Mann, in Berlin geboren und durchlebt dort eine durch die erotischen Kapriolen seiner Mutter zwar bewegte, aber behütete Kindheit. 1939 folgt er seinem Vater nach Tokio, der dort als Direktor der Kaiserlichen Musikakademie engagiert ist. Er schlägt sich als Autoschlosser durch und wird, da seine Begegnung mit dem »Meisterspion« Richard Sorge von der Japanischen Geheimpolizei nicht unbemerkt bleibt, als vermeintlicher russischer Spion inhaftiert. Die Strapazen der Haft überlebt Pringsheim nur knapp. 1946 reist er nach Kalifornien aus und wohnt für einige Jahre im Hause seines Onkels Thomas Mann, wo er feststellen muß, daß dieser es vorzieht, mit seinem Pudel Nico, dessen Dummheit er schätzt, spazierenzugehen statt mit dem zugereisten Neffen.

Als Taxifahrer und Staubsaugervertreter verdient sich Pringsheim genug Geld, um japanische und chinesische Politik studieren zu können, und bringt es mit Fleiß und Hartnäckigkeit nach Jahren des Studiums in den USA und Hongkong zu einem Lehrstuhl für Ostasienwissenschaften. Sein abenteuerlicher Lebensweg führte ihn durch vier Kulturen, er bedeutete Not und Vertreibung, Exil und Gefangenschaft, aber auch das Privileg, zu einer weltberühmten Familie zu gehören, und die Fähigkeit, sich mit Mut und Eloquenz aus den schwierigsten Situationen zu manövrieren.

Klaus Pringsheim jr. starb im Februar 2001 in Anchaster, Ontario. Kurz vor seinem Tod wurde er als eines der letzten Mitglieder der Familie Mann von dem Regisseur Heinrich Breloer für dessen Dokumentation »Die Manns« mit Armin Mueller-Stahl, Monika Bleibtreu und Veronica Ferres interviewt.

Klaus Pringsheim jr.
Victor Boesen

Wer zum Teufel sind Sie?

Ein Leben mit der Familie Mann

Aus dem Englischen von Tilman Lang

Aufbau Taschenbuch Verlag

Mit 11 Abbildungen

Die Fotos stammen, wo nicht anders angegeben, aus dem Privatarchiv der Familie Pringsheim.

ISBN 3-7466-1799-5

1. Auflage 2001
Aufbau Taschenbuch Verlag GmbH, Berlin

Einbandgestaltung Preuße & Hülpüsch Grafik Design
unter Verwendung eines Fotos aus dem Privatarchiv
der Familie Pringsheim »Klaus Mann, Klaus Pringsheim sen.
und Klaus Pringsheim jr. in Pacific Palisades 1947
Druck Ebner Ulm
Printed in Germany

www.aufbau-taschenbuch.de

PROLOG

Der Krieg war vorbei, und die Besetzung Japans hatte begonnen. In Yokosuka, Japans streng geheimer Marinebasis 50 Meilen südlich von Tokio, liefen zahllose amerikanische Marines über den Strand und schwärmten aus, um die Basis zu übernehmen.

Etwas abseits, weit genug entfernt von der hereinbrechenden Flut, stand ein Grüppchen verloren wirkender japanischer Offiziere, die von einem großen, bleichen Europäer überragt wurde. Er steckte in einer Uniform, die für einen etwa halb so großen Mann gemacht war. Mit den an den Ellbogen endenden Ärmeln und Hosenbeinen, die bis ans Knie reichten, gab er ein einigermaßen groteskes Bild ab.

Ein Armee-Jeep hielt neben der Gruppe. Auf dem Rücksitz saß ein großer, massiger Mann mit einem buschigen braunen Schnurrbart und dem Zeichen »C«, das ihn als Kriegsberichterstatter auswies, auf der Mütze. Wo war das Offiziersquartier des zweiten Bataillons der Vierten Marines-Brigade?

Der Riese übersetzte seinen japanischen Kameraden die Frage und gab deren Antwort weiter. Während er sprach, beugte der massige Mann sich vor und sah ihn neugierig an. »Wer zum Teufel sind Sie?« wollte er wissen.

»Ich bin der Dolmetscher.«

»Das habe ich gemerkt. Aber wieso stecken Sie in dieser lächerlichen japanischen Uniform? Und wieso arbeiten Sie überhaupt für die Japaner?«

»Das ist eine lange Geschichte«, antwortete der Riese.

Hier ist sie.

1. DAS SCHEISSKIND

Es war Weihnachten 1929. Der Tag war kalt und klar, auf den Straßen eine dünne Schicht frisch gefallenen Schnees. »Komm, wir gehen ein bißchen raus«, sagte Milka mit der Autorität der großen Schwester. Sie zog mir den nagelneuen Schneeanzug an, den ich zu Weihnachten bekommen hatte, weiß mit blauen Streifen, dazu eine Pudelmütze, Schal und Handschuhe, und los ging's.

Kaum daß wir am Reichskanzlerplatz angekommen waren, einem großen, parkähnlichen Gelände, bestand ich darauf, den Weihnachtsmann zu sehen – ich hatte ihn zwar schon des öfteren gesehen, aber das spielte keine Rolle. Er stand normalerweise im Fenster des Gebäudes der Deutschen Bank auf der südöstlichen Seite des Platzes. Den Sack gefüllt mit Geschenken, pflegte er dort mit lauter Stimme sein Rentier anzutreiben und seine Peitsche knallen zu lassen, während hinter ihm eine künstliche Landschaft vorüberzog.

Aber heute stand kein Weihnachtsmann da, es war Sonntag. Vor den Fenstern der Bank waren die Gitter heruntergelassen, dahinter sah man nur die Auslagen fürs Wochenende. »Ich will aber den Weihnachtsmann sehen«, quengelte ich. »Wo ist der Weihnachtsmann?« Ich wußte verdammt genau, wo er war, aber ich war nun einmal gewillt, eine Szene zu machen. Ich stampfte mit den Füßen, heulte und schrie.

»Klaus, reiß dich zusammen, sonst gehen wir sofort wieder nach Hause«, drohte Milka.

»Ich gehe nicht weg, bevor ich nicht den Weihnachtsmann gesehen hab'«, heulte ich. Da kam mir die große Pfütze vor dem Fenster, in der sich eine braune Suppe aus geschmolzenem Schnee und Matsch gesammelt hatte, gerade recht. Ich schmiß mich in den kleinen Tümpel und suhlte mich darin wie ein Wildschwein.

Milka zog mich am Ohr aus dem Matsch und schob mich nach Hause. Im Vestibül stellte sie mich ab und rief meinen Vater aus seinem Arbeitszimmer am anderen Ende des Korridors herbei. »Komm und sieh dir an, was dein kleiner Liebling mit seinem neuen Schneeanzug angestellt hat«, giftete sie.

»Was soll schon sein«, murmelte mein Vater etwas ungehalten, »du sollst ihn nicht immer schikanieren.«

Ich feixte innerlich. In den Augen meines Vaters konnte ich einfach nichts falsch machen, für ihn war ich immer das arme unschuldige Opfer. »Mein armer Kleiner, haben sie dich schon wieder geärgert«, pflegte er meist tröstend zu sagen, wenn ich nach einem Streit mit Milka oder meinem Bruder Hans, den ich zumeist selbst angezettelt hatte, brüllend zu ihm gelaufen kam.

Aber diesmal nicht. »Du kleines Miststück«, entfuhr es ihm, als er mich sah. »Komm sofort hierher!« Er packte mich mit seiner großen, schweren Hand am Kragen und schleifte mich ins Badezimmer. »Wir werden diesen Schneeanzug waschen, und zwar sofort.« Mit diesen Worten schob er mich unter die Dusche und drehte das kalte Wasser so weit auf, wie es ging. Dann riß er das Fenster auf und ließ die kalte Winterluft herein.

»Das nächste Mal kommst du nicht mit einer kalten Dusche davon, dann hol' ich die Reitpeitsche raus«, warnte er.

Die Peitsche blieb, wo sie war, ich bekam sie nie zu spüren. Allerdings nicht, weil ich mich von Stund an in einen Engel verwandelt hätte, sondern weil ich nun etwas über die Grenzen gelernt hatte, die man besser nicht überschritt. Auch so aber bot sich noch genügend Spielraum, um sich als Quälgeist der Familie zu profilieren. Hans und Milka nannten mich sarkastisch »Sonny Boy« nach dem Song des amerikanischen Jazz-Sängers Al Jolson, den mein Vater sehr verehrte. Insgeheim hatten sie jedoch einen ganz anderen Namen für mich: »Das Scheißkind!«

Vor allem wenn Mitglieder der Familie Mann aus München zu Besuch kamen, lief ich zu Höchstform an Unausstehlichkeit auf. Ich unterbrach fortlaufend und so penetrant die Gespräche, daß ich schließlich aus dem Wohnzimmer verbannt wurde; meine erstaunlich variantenreichen Störattacken setzte ich freilich aus dem Hintergrund fort. Unser Besuch fand denn auch fast immer höfliche, aber bestimmte Ausreden, um nicht über Nacht bleiben zu müssen.

Eines meiner Lieblingsspiele bestand darin, das Küchenmädchen zu verfolgen und zu malträtieren. Vor allem an den Tagen, an denen sie Pflaumenkuchen buk. Ich drang zumeist erst dann in die Küche ein, wenn sie fertig war und die Bleche beiseite gestellt hatte. »Nein, da gehst du nicht dran«, wehrte sie ab und stellte sich mir in den Weg. »Verschwinde von hier!«

Daraufhin bekam ich regelmäßig einen Wutanfall. Ich schrie, trat und biß, wirbelte Töpfe und Pfannen durcheinander und warf alles um, was auf den Tischen stand. Kurz, ich verwüstete die ganze Küche und bekam am Ende meinen Kuchen.

Mit der Zeit allerdings verschoben sich meine Interessen und meine Perspektive. Neben den Kuchen waren es noch andere, nämlich die anatomischen Seiten unseres Küchenmädchens, die meine Aufmerksamkeit erregten. Eines Nachmittags, sie war gerade dabei zu bügeln und beugte sich weit übers Bügelbrett, schlich ich mich von hinten an sie heran und unternahm per Hand ein paar klärende Untersuchungen.

»Laß das sein!« schrie sie und sprang zur Seite. Ich aber ließ nicht los, bis sie schließlich herumwirbelte und das noch heiße Bügeleisen auf meinen nackten Arm drückte. Die Narbe, die dies hinterließ, ist noch heute sichtbar.

Sie wurde natürlich auf der Stelle gefeuert, ohne daß man sich ihre Version des Vorfalls auch nur angehört hätte. »Niemand, aber auch niemand mißhandelt meinen kleinen Klaus«, erklärte mein Vater so entschieden wie nachdrücklich und tätschelte dabei tröstend meinen Scheitel.

Dann aber kam der Tag, an dem ich meines Helden und Beschützers verlustig ging. Meinem Vater wurde der Posten des Musikdirektors an der Kaiserlichen Musik-Akademie in Tokio angeboten. Die Japaner suchten jemanden, der westliche Musik lehren und ein Orchester aufbauen konnte, und das deutsche Kulturministerium empfahl Pringsheim als einen für diese Aufgabe überaus geeigneten Mann.

Für Kulturministerium und Regierung war allerdings der Grund ihrer Empfehlung nicht nur seine fachliche Qualifikation. Mein Vater gehörte nicht gerade zu den Menschen, mit denen leicht auszukommen war. Er war rechthaberisch, aufbrausend und rasch mit Verurteilungen zur Stelle, wenn etwas nicht seiner Sicht der Dinge entsprach. Dabei verstieg er sich nicht selten zu Beleidigungen und persönlichen Angriffen. Es mußte ein ausgesprochen ereignisloses Jahr gewesen sein, wenn er nicht mindestens zwei- oder dreimal vor Gericht zu erscheinen hatte, wahlweise als Kläger oder als Angeklagter.

Eine typische Pringsheim-Episode ist die Geschichte mit der ungeknipsten Zugfahrkarte. Der Zug stand bereits am Bahnsteig, als mein Vater auf dem Weg zu einem Konzert dort eintraf. Er hielt dem Bahnsteig-Schaffner seine Fahrkarte hin, zog sie jedoch wieder zurück, als der Zug sich in Bewegung zu setzen begann. »Hallo, mein Herr, kommen Sie zurück«, rief der Schaffner, »ich habe Ihre Fahrkarte noch nicht geknipst!«

Mein Vater aber ließ sich nicht beirren und ging weiter. Der Schaffner nahm die Verfolgung auf und blockierte den Einstieg in den Waggon. Mein Vater starrte ihn wutentbrannt an. »Sie Vollidiot!« Damit ist nun bekanntlich nicht ein nur durchschnittlicher Idiot gemeint, sondern eben ein ganz besonderer, herausragender. Und jemanden in der Uniform des öffentlichen Dienstes »Idiot«, gar »Vollidiot« zu schimpfen ist nun einmal gegen das Gesetz. Diesen Prozeß verlor mein Vater.

Was jedoch in erster Linie seine Präsenz vor Gericht verursachte, war seine publizistische Tätigkeit. Er war nämlich Musik- und Kunstkritiker für eine ganze Reihe von Zeitschriften, Illustrierten und Tageszeitungen, wobei seine Kritiken nahezu das gesamte Spektrum der Kunst umfaßten. Er schrieb ebenso über Musik wie über moderne Malerei, Architektur und Tanz. Seine Kritiken waren von überaus scharfem Witz, und er ließ keinerlei Schonung walten, wenn ihm etwas nicht gefiel – und es gab viel, was ihm nicht zusagte. Da die Presseorgane seiner Auftraggeber ganz Deutschland abdeckten, hatte er es bald geschafft, nahezu jedes sensible Künstlerherz zu beleidigen und jedes durchschnittliche künstlerische Empfinden im Lande gegen sich aufzubringen.

Es gereichte ihm dabei nicht unbedingt zum Vorteil, daß er der Sohn eines schwerreichen Mannes war. Es gab nicht wenige, die vermuteten, Pringsheim habe genug Geld, um die Berliner Philharmoniker für eine Aufführung von Mahlers fünfter Sinfonie zu mieten, inklusive des entsprechenden Konzertsaals.

So war es denn bei Licht besehen nicht allein eine Anerkennung seiner Fähigkeiten, wenn das Kulturministerium ihn für den Posten in Japan empfahl. Einige Leute in Berlin sahen darin eine willkommene Gelegenheit, sich mit der Abschiebung eines unbequemen Geistes und notorischen Nörglers das Leben angenehmer zu machen.

Was die Einstellung meines Vaters zu dem Angebot betraf, so war Japan ein weit entfernter Ort, an dem die Menschen lustige Hüte aus Stroh trugen, Reis aßen und das Leben insgesamt etwas weniger aufreibend war. Für jemanden, der niemals die Grenzen Europas verlassen hatte, war dies fraglos eine interessante Perspektive.

Aber da war noch etwas anderes. Mein Vater verstand sich nicht besonders gut mit meiner Mutter. Nach und nach hatte sich die Heirat meiner Eltern als Fehler herausgestellt. Er war, als sie sich kennenlernten, junger Dirigent in Prag gewesen und sie eine Ballerina der Prager Oper, ausgestattet mit den hübschesten Beinen der ganzen Republik und einer unwiderstehlichen roten Mähne. »Der schönen Tschechoslowakin« schrieb Thomas Mann ihr in eins seiner Bücher. Auf die Dauer jedoch genügte meinem Vater die Attraktivität meiner Mutter nicht mehr. Er fühlte sich ihr in zunehmendem Maße intellektuell überlegen und lebte sein Leben mehr und mehr für sich, ohne meine Mutter.

Im Sommer 1931 verließ er Deutschland in Richtung Japan. Nach seiner Abreise mußte sich meine Mutter allein mit mir herumschlagen. Hans besuchte inzwischen die Universität in Berlin, und Milka war Schülerin an der Schauspielschule von Max Reinhardt. Ich selbst war inzwischen eingeschult worden, wurde jedoch nach einiger Zeit relegiert, weil ich mich zu oft geprügelt hatte und überhaupt nur schwer zu bändigen war. So verbrachte ich nun die meiste Zeit zu Hause, unter der Aufsicht eines Hauslehrers, dem man eigentlich eine Gefahrenzulage hätte zahlen müssen.

Meine Mutter blieb nicht lange allein in der ausschließlichen Gesellschaft ihres ungebärdigen Jüngsten. Schließlich war sie in den besten Jahren – groß, schlank und mit ihrer roten Mähne nach wie vor überaus attraktiv. So zog es schon bald höchst interessante Leute in ihr Haus. Einige von ihnen nicht zuletzt deshalb, weil mein Vater der Sozialdemokratischen Partei angehörte und vor allem den linken Flügel unterstützt hatte. Unter ihnen waren aber auch einige kroatische Nationalisten, angeführt von einem gewissen Ante Pavelic, die die Serben aus Jugoslawien vertreiben und selbst die Macht übernehmen wollten.

Einer von Pavelics Gefolgsleuten war Dr. Branko Jelic, Arzt und zugleich Prinz des früheren kroatischen Königshauses. Er war fast zwei Meter groß, hatte schwarze Haare mit ein paar grauen Strähnen, dunkle Augen, Barrymore-Profil. Aber nicht nur seine makellose Erscheinung, auch seine untadeligen Manieren zeugten von einer königlichen Abstammung. Dieser Mann ging bald in unserem Hause ein und aus, und, wie ich mit meiner aufkeimenden Neugier für die Dinge, die sich abspielten, vermutete, gewiß auch im Schlafzimmer meiner Mutter. Denn sie war wohl kaum so verrückt, ihre Tür vor ihm zu verschließen.

Das Pringsheim-Haus entwickelte sich dadurch mit der Zeit zu einer Art von zweitem Hauptquartier der kroatischen Freiheitsbewegung. In Anbetracht der Waffen, die ich tagtäglich zu Gesicht bekam, begann ich bald die Zimmer nach versteckten Bomben abzusuchen. Wo Pistolen und Gewehre sind, so dachte ich, da können auch Bomben nicht weit sein. Dem aufrührerischen und konspirativen Treiben schlossen sich zunehmend auch Nazis an, die sich auf die Seite der Kroaten stellten, weil sie hofften, deren Ziel, nämlich Jugoslawien zu spalten, wiederum für ihre eigenen ruchlosen Ziele ausnutzen zu können.

All dies war nun weder die richtige Atmosphäre noch der richtige Umgang für einen heranwachsenden Jungen, ganz abgesehen von irgendwelchen Auseinandersetzungen oder gar Schießereien, die, so schien es, jederzeit ausbrechen konnten. Es gab also hinreichend gute Gründe, mich aus der Schußlinie zu befördern. Meine Mutter besprach sich mit Milka und Hans, die sehr genau wußten, was vor sich ging, und es wurde beschlossen, mich auf ein Internat zu schicken, Tunichtgut, der ich ja ohnehin war. So geschah es denn auch. Meine Mutter schrieb meinem Vater, daß ich mich immer mehr zu einem echten Rowdy entwickelt hätte, mit dem sie nicht mehr fertig werde; er könne das wohl verstehen, ich sei schließlich immer schon ein Rowdy gewesen. Mein Vater war einverstanden, daß ich in die Obhut anderer gegeben werden sollte.

Das Internat Herrlingen, benannt nach einem kleinen Städtchen in Schwaben, in der Nähe von Ulm, gehörte zu jenen Schulen, in die überstrapazierte Eltern ihre widerspenstigen Sprößlinge zur Zähmung schickten. Geleitet wurde die Schule von einer stattlichen, bebrillten Amerikanerin, Anna Essinger, meist nur »Tante Anna« genannt.

Wir wohnten in Schlafsälen, immer zu mehreren in einem Raum. Mehr oder minder eng schlossen wir uns zu kleinen Gruppen zusammen. Ohne die permanente und über allem wachende Präsenz meiner Eltern lernte ich schnell, mein Temperament und auch mein Benehmen zu zügeln, so daß ich mich nicht mehr im ununterbrochenen Kriegszustand mit meinen Mitmenschen befand. Es stellte sich heraus, daß eine gewisse Friedfertigkeit nicht die schlechteste Sache unter der Sonne war.

Erfreuliche Zeichen der Besserung waren also bereits in Sicht, als ich über die Weihnachtstage 1932 nach Hause fuhr. Es begann das Jahr 1933. Am 30. Januar wurde Adolf Hitler zum Reichskanzler ernannt. Das Unvorstellbare war eingetreten. Niemals würde Hitler gewählt werden, das hatte, so schien es zumindest, bis dahin jedermann geglaubt. Und selbst wenn er gewählt werden würde, so würde er doch nie wirklich an die Macht kommen.

Kaum einer war sich dessen sicherer gewesen als mein Vater. Jahre zuvor hatten mein Vater und ich einmal gemeinsam eine Wochenschau gesehen, in der Hitler auf der Leinwand erschienen war und eine seiner Tiraden auf das Volk hatte niedergehen lassen. Mein Vater hatte mir bei der Gelegenheit auf die Schulter getippt und geflüstert: »Schau dir diese Witzfigur an! Der glaubt allen Ernstes, daß er unser Führer werden wird. Der glaubt wirklich, daß das deutsche Volk so dämlich ist.«

Und nun hatte es diese »Witzfigur« tatsächlich geschafft. Jetzt stand er an der Spitze des Staates, wie er es prophezeit hatte. Aber noch immer bereitete dies nur wenigen schlaflose Nächte. Die Juden, vor allem die jüdische Elite – Intellektuelle, Kaufleute, Industrielle –, weigerten sich nach wie vor standhaft, Hitler ernst zu nehmen. All die bombastischen und wahnwitzigen Ankündigungen dessen, was er zu unternehmen gedenke, seien nichts als Wahlkampfpropaganda, erklärten sie. Das Phänomen Hitler werde nur eine kurze, häßliche Episode sein. Er werde sich vielleicht ein Jahr halten, gerade so lange, bis jedermann erkannt haben werde, was für ein Mensch er sei. Dann werde man ihn in die Wüste schicken, und in Deutschland werde die Vernunft wieder die politischen Geschäfte übernehmen.

Zu diesen Optimisten gehörte auch mein Großvater in München, Alfred Pringsheim. Als Professor der Mathematik an der Münchner Universität in München genoß er international hohes Ansehen. Und er war Geheimrat, ein Titel mit ganz besonderen Privilegien. Alle wichtigen Leute gehörten zu seinen Bekannten, noch dazu war er überaus wohlhabend, dank seines Vaters, Rudolf Pringsheim, eines Kohle- und Eisenbahnmagnaten.

Abgesehen von alledem betrachtete sich meine Familie ohnehin nicht als jüdisch. Mein Bruder und ich waren getauft, meine Mutter und Schwester Katholikinnen. Zwar war die Familie Pringsheim jüdischer Abstammung, aber inzwischen hatten sich die Familien und Erblinien so vermischt, daß wohl niemand mehr auf die Idee kommen konnte, die Pringsheims als Juden zu verfolgen.

Auch mein Onkel, Thomas Mann, selbst kein Jude, stimmte durchaus mit denen überein, die keinen Grund zur Beunruhigung sahen. Er und seine Frau, Katia Pringsheim-Mann, machten gerade Urlaub in der Schweiz, als sich die Nachricht von Hitlers großem Sieg verbreitete. Erika und Klaus Mann dagegen waren weit weniger optimistisch. Sie kabelten damals warnend in die Schweiz: »Bleibt, wo Ihr seid, die allgemeine Großwetterlage verheißt nichts Gutes!«

Freilich, es gab auch Gruppierungen unter der jüdischen Bevölkerung, die die Situation richtig einschätzten. Sie waren überzeugt, daß Hitler ein Rassist durch und durch sei und daß er nicht zögern werde, seine Rassenideologie in die Tat umzusetzen. Diese Leute lebten von nun an in beständiger Angst. Zu ihnen gehörte auch Anna Essinger, deren Zöglinge in Herrlingen großenteils Juden waren.

»Ich werde meine Schule nach England verlegen«, kündigte sie nicht lange nach der Machtergreifung an. Und da sie eine Reihe sehr einflußreicher jüdischer Freunde in England hatte, unter ihnen Sir John Simon, Außenminister im Kabinett von Ramsay MacDonald, war denn auch bald ein stattliches Anwesen, etwa fünfundzwanzig Meilen von London entfernt, gefunden, das für ihr Vorhaben ideal geeignet schien.

Aus Japan signalisierte mein Vater ohne zu zögern sein Einverständnis, daß ich mit Tante Anna nach England gehen solle. Er wollte mich so bald wie möglich außer Landes sehen. Und auch meine Mutter entschied, daß höchste Eile geboten war. Sie schickte mich sogar mit dem Flugzeug nach England, für damalige Verhältnisse recht ungewöhnlich. So kam es, daß ich Passagier bei einem der ersten Lufthansa-Flüge über den Kanal war. Allerdings war der Flug zu kurz und zu aufregend, um mich zu einem echten Flug-Enthusiasten zu machen. London war nämlich in dichten Nebel gehüllt, so daß wir dreimal zur Landung ansetzten und wieder durchstarten mußten. Einmal streiften wir dabei beinahe ein Haus. Schließlich landeten wir sicher in Edinburgh, dreihundertfünfzig Meilen entfernt von unserem eigentlichen Bestimmungsort, und mußten die Reise per Bus fortsetzen.

Bunce Court, gelegentlich auch New Herrlingen genannt, lag inmitten der lieblichen, sanften Hügel der Grafschaft Kent, in der Nähe von Maidstone. Eine schmale Asphaltstraße führte direkt auf das Eingangstor des großen, langgestreckten Anwesens zu. Vermutlich war es früher einmal der Landsitz eines reichen Adligen gewesen.

Das erste und zweite Stockwerk des Haupthauses waren umgebaut und eingeteilt worden in kleine Schlafstuben für die Schüler. Unten hatte man einen großen Speisesaal eingerichtet, daneben eine Reihe von Gemeinschaftsräumen, inklusive Freizeitraum und Salon, in dem Gäste empfangen wurden. Um das Haupthaus herum standen verstreut mehrere kleinere Häuschen, von denen einige als Klassenzimmer, andere als Büros für Lehrer und Verwaltung dienten.

Es gab sogar ein Fußballfeld und eine Laufbahn, auf der wir 100- und 400-Meter-Läufe veranstalteten. Sport nämlich wurde in Bunce Court ganz groß geschrieben. Wir spielten Fußball, Feldhockey und anderes. Für mich war diese physische Betätigung etwas ganz Neues, aber es machte mir Spaß.

Nahezu alle Lehrer stammten aus England. Der Grund: Wir sollten Englisch lernen, wir sollten es sprechen, lesen und schreiben können. Niemals war uns daher gestattet, Deutsch zu sprechen, die Umgangssprache in Bunce Court war Englisch. Allerdings muß mein deutscher Akzent anfänglich grauenvoll gewesen sein. Ich sagte »bootah« für »butter«, »undt« für »and« und so weiter. Aber dennoch, ich war ein durchschnittlich guter Schüler und freundete mich nach und nach auch mit der neuen Sprache an.

Mein Klassenlehrer hieß Robert Orchard, ein typischer rothaariger Engländer von Mitte Dreißig. Er hatte einen angenehmen Humor, und er schien mich zu mögen. Wie die anderen Lehrer auch, unterrichtete er gleich mehrere Fächer. Dabei war er eigentlich gelernter Zimmermann. Aber er schien ebenso in Geographie zu Hause zu sein. Aus einem scheinbar unerschöpflichen Reservoir brachte er uns immer wieder neue Karten als Ergänzung und Illustration unserer Schulbücher mit. Auf diese Weise hat Robert Orchard ein lebenslanges Interesse für Geographie und Landkarten in mir geweckt.

Über allem wachte Tante Anna. Sie war eine durchaus imponierende Erscheinung, bald einen Meter achtzig groß, ausgestattet mit einem immensen Busen und einer Brille auf der Nase, deren Gläser so dick waren, daß man sie für schußsicher halten konnte. Wenn ihr beispielsweise zu Ohren kam, daß Klaus sein Porridge nicht aß, so nahm sie die Sache persönlich in die Hand. Porridge war eine Form der Folter, die ich aus Deutschland nicht kannte. Ein einziges Mal habe ich diesen Brei probiert, und er machte mich buchstäblich krank. Wenn Porridge-Tag war, gab ich daher regelmäßig meinen Teller an meinen Nachbarn weiter.

»Klaus, du ißt dein Porridge nicht?« fragte sie streng und baute sich vor mir auf.

Artig erhob ich mich und antwortete: »Ich mag es einfach nicht.«

»Ich bin nicht bereit, diese Art von Benehmen durchgehen zu lassen«, sagte sie. »Wenn hier jeder Porridge essen kann, so ist nicht einzusehen, daß du es nicht kannst. Und daß es dir nicht schmeckt, ist kaum ein ausreichender Grund. Also, sei ein anständiger Junge und iß dein Porridge.«

»Mir wird aber schlecht davon«, versuchte ich vorsichtig zu erklären.

»Komm schon, du bist doch nicht so empfindlich, daß dich ein bißchen Porridge krank macht.«

Mit diesen Worten setzte sie sich auf meinen Stuhl und stellte mich vor sich. »Na, wollen wir doch mal sehen!« Die eine Hand legte sie mir in den Nacken, und mit der anderen schaufelte sie mir einen großen Löffel Porridge in den Mund. »So, jetzt schlucken!«

Ich tat, wie mir befohlen. Aber kaum war der Brei in meinem Magen angekommen, kehrten Porridge und der restliche Mageninhalt in einer gewaltigen Fontäne zurück und ergossen sich über und in ihr üppiges Dekolleté.

»Donnerwetter«, entfuhr es ihr überrascht. Dann aber sagte sie mit einem Lächeln: »Gut, Klaus, du hast mich überzeugt. Du mußt in Zukunft kein Porridge mehr essen.«

Es dauerte nicht lange, und mein Horizont sollte sich über die Grundstücksgrenzen von Bunce Court hinaus erweitern. Ein paar Monate nach dem Umzug wurde ich an einem Freitagnachmittag ins Haupthaus beordert. Man erklärte mir, daß mich Besuch erwarte. Ich hatte keine Ahnung, wer es sein könnte, schließlich kannte ich, abgesehen von meinen Schulkameraden in Bunce Court, keine Menschenseele in England. Nun gut, ich wurde angewiesen, mich anständig anzuziehen und dann in den Salon zu kommen. Ich hastete in mein Zimmer, zog schnell eine frische Hose und eine bessere Jacke an und begab mich wieder nach unten.

Dort erwartete mich ein kleiner, rundlicher Mann, kaum einen Meter sechzig groß, mit einem buschigen weißen Schnauzbart und einem schulterlangen grauen Haarkranz um die spiegelblanke Glatze. Gekleidet in einen Cut, dazu diamantenbesetzte Krawattennadel, eleganter Kneifer und silberbeschlagener Stock, in der Hand eine Melone, gab er das Bild eines perfekten englischen Gentleman ab.

»Du mußt der kleine Klaus sein«, sagte er freundlich.

»Ja, der bin ich.« Mein Antwort klang ein wenig artig und steif.

»Mein Name ist Henry Duveen. Ich bin ein alter Freund deiner Patentante. Sie hat mich gebeten, einmal zu sehen, wie es dir geht und ob ich irgend etwas für dich tun kann. Außerdem möchte ich dich fragen, ob du unsere Einladung zu einem Wochenende in London annehmen willst.« Meine Patentante war die Gräfin Charlotte von Mendelssohn-Wesdehlen, eine sehr wohlhabende und im damaligen Berlin sehr einflußreiche Frau. Ein Blick aus dem Fenster ließ mich draußen in der Einfahrt einen Rolls-Royce nebst Chauffeur erkennen. »Wenn du möchtest, kannst du das Wochenende bei uns in London verbringen«, fuhr mein Besucher fort. »Am Sonntagabend oder Montag ganz früh bringen wir dich dann nach Bunce Court zurück.«

Ich ließ mich nicht lange bitten. Eilig holte ich die Erlaubnis ein, die Schule übers Wochenende verlassen zu dürfen, packte ein paar Sachen in eine kleine Reisetasche, und schon ging's im eleganten Rolls nach London. Es war wohl die längste Autofahrt, die ich bis dahin je unternommen hatte, und ich genoß jede Sekunde. Die Duveens wohnten in einem großen, sehr edel eingerichteten Haus im Londoner Vorort Hampstead Heath. Lady Duveen, um einiges größer als ihr Mann, hieß ihren kleinen Gast herzlich willkommen. Eigene Kinder hatten die Duveens nicht.

Nach dem Frühstück am nächsten Morgen verkündete mein Gastgeber das Tagesprogramm. Zunächst fuhren wir ins Zentrum, wo die Einführung in die Welt des James Henry Duveen begann. Er war ein Cousin von Sir Joseph Joel Duveen, dem bekannteren der Duveens, einer ganzen Dynastie von Kunsthändlern. Die Familie war seit Generationen für die Beschaffung von Kunstwerken, insbesondere von solchen der großen holländischen Meister, für das englische Königshaus zuständig.

Wir hielten in einem Bezirk Londons, der fast ausschließlich aus Galerien und Museen zu bestehen schien. Alle paar Schritte trafen wir irgendeinen Bekannten von Duveen. »Haben Sie den Holbein schon verkauft?« fragte einer. »Wieviel, meinen Sie, ist er wert?« »Können Sie mir wohl einen Rembrandt besorgen?« So ging es alle paar Meter. Ganz offensichtlich gehörte mein Gastgeber zu den wichtigen Leuten der Kunstszene, und er gefiel sich in dieser Position. Er führte mich in Museen und Galerien, um mit mir Bilder anzuschauen, die er vermutlich schon hundertmal gesehen hatte.

Während ich so mit Duveen umherzockelte, wurde mir immer klarer, wie wenig ich die Malerei bisher beachtet hatte und wieviel es zu entdecken gab. »Klaus, komm, schau dir das mal an«, begann Duveen meist, wenn wir vor einem Bild stehenblieben. »Dieses Bild hat ... gemalt.« Er nannte mir den Namen des Malers, erzählte dessen Lebensgeschichte und beschrieb die Umstände, unter denen er gerade dieses Bild gemalt hatte. Dabei schien er an den Berichten über die kleinen Sünden, abseitigen Vorlieben und Perversitäten der großen Künstler besonderen Gefallen zu finden – etwa an der Geschichte von einem, der es liebte, mit drei Frauen gleichzeitig ins Bett zu gehen, oder dem, der ein allzu ausgeprägtes Faible für wohlgeformte Frauenhintern hatte, oder was für ein roher und gemeiner Kerl doch Rembrandt gewesen war und in welche Schwierigkeiten er sich immer wieder gebracht hatte. Mit anderen Worten, Henry Duveen war ein wandelndes Kunstlexikon.

Ich war damals etwa zehn Jahre alt, und meine geheime Neugier galt nackten Frauenkörpern. Nun gab es damals weder *Playboy* noch *Penthouse*, mit deren Hilfe man seinen Wissensdrang hätte befriedigen können. Die einzigen Orte, an denen man sich ausgiebig kundig machen konnte, wie ein Frauenkörper ohne Kleider aussah, waren Galerien und Museen. Eine Zeitlang beunruhigte mich meine unkeusche Neugier, denn ich hielt sie für den Ausdruck von irgendwas Anormalem. Aber Duveen beruhigte mich auf seine Weise. Wiederholt, wenn wir an der Darstellung einer nackten Schönheit vorbeikamen, schaute er auf mich herunter und bemerkte lächelnd: »Na, gefällt dir das?« oder: »Sehen diese Brüste nicht so verführerisch aus, daß man sie anfassen möchte?«

»Darf ich sie berühren?« fragte ich denn auch prompt bei der nächsten passenden Gelegenheit.

»Nein, nein«, wehrte Duveen ganz entschieden ab und erklärte sehr ernst: »Bilder darf man nicht berühren.«

Es war ein ungeheures Vergnügen, bei den Duveens zu Gast zu sein. Das Essen war wunderbar – feinstes Roastbeef, Fasan, Rehrücken, exotische Früchte und Wein. Auch ich bekam immer einen kleinen Schluck, wenn die anderen Wein tranken. Allerdings war Wein nichts

Neues für mich. Als kleiner Junge, so etwa mit sechs oder sieben, pflegte ich nach größeren Abendeinladungen oder Partys bei meinen Eltern ins Wohnzimmer zu schleichen und die Reste Wein, Whisky oder Likör zu probieren, die in den Gläsern verblieben waren. Dabei war schon manchmal ein halbes Glas eines berauschenden Cocktails zusammengekommen.

Ebenso wie das Flanieren durch die Kunstgalerien genoß ich die langen Fahrten durch die Londoner Umgebung, die Duveen mit mir unternahm. Dabei kommentierte er unaufhörlich und nahezu alles unter der Sonne. Was bei alledem am wichtigsten für mich war: Henry Duveen behandelte mich wie einen Erwachsenen. Er sprach über Geld und seine Bedeutung, über Bankgeschäfte, Ökonomie, Kunst, die Menschen, die Tierwelt – über alles, was die Welt bewegte. Und niemals vergaß er, seine Ausführungen mit einer gehörigen Portion Humor zu würzen. Sein Vorrat an Geschichten, Witzen und Wortspielen war schier unerschöpflich. Jedesmal wenn ich nach einem Wochenende bei den Duveens nach Bunce Court zurückkehrte, kam ich mir vor wie Cinderella, wenn sie nachts zu Strohsack und Lumpen zurückkehrt.

Eines Tages aber ging der Traum dann tatsächlich zu Ende. Der Grund: Es war zu einer dramatischen Abwertung des japanischen Yen gekommen. Hatte er zuvor etwa einem Dollar entsprochen, so war er jetzt nur noch 50 Cent wert. Das bedeutete, daß meinem Vater, der meine Schulbildung finanzierte, sein Gehalt von der Kaiserlichen Musik-Akademie in Tokio praktisch auf die Hälfte gekürzt wurde. Damit aber konnte er meinen Aufenthalt in Bunce Court nicht länger bezahlen.

Zwar hatte Duveen angeboten, für meine weitere Ausbildung aufzukommen, dies allerdings unter der Bedingung, daß ihm gestattet würde, mich zu adoptieren. Wie ich herausfand, hatte er darüber bereits länger nachgedacht und schon bald nach meiner Ankunft in Bunce Court mit meiner Patentante darüber gesprochen. Ich sollte eine bessere und angesehenere Schule besuchen, mein Name in Duveen geändert und eine elegante Villa in Hampstead Heath mein neues Zuhause werden.

So sehr ich Duveen mochte, meine Familie zu verlassen kam nicht in Frage. Mein Vater geriet außer sich, als er von dem Adoptionsplan erfuhr. Unmißverständlich machte er allen Beteiligten klar, daß er niemals seinen kleinen Klaus hergeben werde. Obwohl meine Mutter zu der Zeit recht großzügig vom Großvater in München unterstützt wurde, konnte sie mir nicht helfen. Denn Hitler hatte verfügt, daß niemand mehr als zehn Reichsmark mit ins Ausland nehmen dürfe, geschweige denn größere Summen transferieren.

Ich hatte also keine Wahl. Nach vier Jahren verließ ich Bunce Court und kehrte nach Berlin zurück.

Um meine Englischkenntnisse zu erweitern und den Bruch nicht allzu groß werden zu lassen, wurde ich in Berlin auf die amerikanische Schule geschickt. Diese Schule war in erster Linie für Kinder der amerikanischen Diplomaten und Geschäftsleute in Berlin eingerichtet worden. Geleitet wurde sie von einem Yankee aus Michigan, Gregor Ziemer. Ziemer selbst hatte die Schule 1928 gegründet, nachdem er zuvor mehrere Jahre Leiter des Schulwesens auf den Philippinen gewesen war. Er hatte nicht nur einen Doktortitel an der Berliner Universität erworben, sondern war auch eine Zeitlang Berlin-Korrespondent für den *New York Herald*, die *Chicago Tribune* und *Daily Mail* in London gewesen. In den Nachkriegsjahren schrieb er dann eine Reihe von Büchern über Hitler und den Nationalsozialismus.

Ziemer war ein Mann von mittlerer Statur, mit kahlem Schädel, scharfen Gesichtszügen, und vor allem ohne jeglichen Sinn für Albernheiten. Er trug eine randlose Brille und war immer tadellos gekleidet. Man konnte den Eindruck gewinnen, er trüge jeden Tag einen anderen, nagelneuen Anzug, entweder einen blauen mit Nadelstreifen oder einen anderen dunklen Anzug. Dazu ein blütenweißes Hemd, Krawatte, Manschetten, Manschettenknöpfe und immer blitzblank geputzte Schuhe. Er fiel einfach auf, weil sich die meisten Deutschen doch sehr viel nachlässiger kleideten als er.

Den allergrößten Wert legte Ziemer auf gutes Benehmen seiner Schüler, wie ich sehr bald schmerzhaft erfahren mußte, und zwar nachdem ich ihm einmal vor versammelter Klasse eine allzu frechflapsige Antwort gegeben hatte. Er nahm mich beiseite und erklärte streng: »Klaus, dein Benehmen heute entsprach nicht meinen Vorstellungen von einer anständigen Antwort auf eine gestellte Aufgabe.« Und fügte unheilverkündend hinzu: »Ich möchte dich bitten, später ins Untergeschoß zu kommen, damit wir uns einmal unterhalten können.«

Etwas beklommen stieg ich nach dem Unterricht mit ihm in den Keller hinunter. Er ging zu einem Schrank und holte einen Bambusstock heraus. »Dreh dich um und beug dich vor«, kommandierte er. Dann verpaßte er mir fünf oder sechs überaus schmerzhafte Hiebe. »So, Klaus, auf eins kannst du dich verlassen: Wiederholt sich dein heutiges Benehmen, so wird sich mit Sicherheit auch diese Prozedur hier wiederholen. Haben wir uns verstanden?«

Ich hatte ihn nur allzu gut verstanden. Der Schmerz von den Schlägen verging schnell, nicht so schnell jedoch der Schmerz der Demütigung. Ein derartiger Vorfall hat sich denn auch tatsächlich nie wiederholt.

Es war ebendiese amerikanische Schule unter der Leitung von Gregor Ziemer – er unterrichtete Geschichte, Staatsbürgerkunde und Politik –, die mich mit der Geschichte Amerikas und mit dem amerikanischen Demokratieverständnis bekannt machte. Ich lernte viel über George Washington, Abraham Lincoln und Nathan Hale, über Freiheit und Bürgerrechte in den Vereinigten Staaten. Und noch etwas lernte ich kennen, waren doch meine Mitschüler überwiegend Amerikaner: echte Hamburger und Pommes Frites. Mit der Zeit bekam mein Englisch einen amerikanischen Touch, ich begann Kaugummi zu kauen, Eiscreme zu lieben und mit den Regeln des Baseballs vertraut zu werden – jenen unverrückbaren Bestandteilen der Welt meiner Yankee-Mitschüler, den Bestandteilen amerikanischer Kindheit schlechthin. Wir Europäer entwickelten eine Vorliebe für alles Amerikanische.

Mein Aufenthalt in England (1933 – 1937) war nur einmal kurz unterbrochen worden, als mein Vater Milka und mich im Herbst 1934 auf drei Monate zu sich nach Japan einlud. Wir reisten an Bord eines japanischen Frachtschiffs, der *Hakozaki Maru,* von den Tilbury Docks in London über Le Havre, Lissabon, Casablanca, Gibraltar, Neapel, Port Said, Aden, Bombay, Colombo, Penang, Singapur, Jakarta, Manila, Hongkong, Shanghai und Moji nach Kobe, wo mein Vater uns im Frachthafen abholte. Für einen elfjährigen Jungen war das ein unerhörtes Abenteuer – fünfzehn Länder in sechs Wochen, und Orte, die kaum ein Europäer zu dieser Zeit besuchen konnte, denn Luftverkehr gab es noch nicht.

Ich glaube, diese Erfahrung hatte einen großen Einfluß auf meinen weiteren Lebensweg; hier, beim Besuch jener exotischen Städte unter Kolonialherrschaft, fühlte ich mich zum ersten Mal als »Mann von Welt«. Diese Reise verschaffte mir Einblicke in das Leben der Menschen und eröffnete Perspektiven, die ich nie mehr vergessen sollte und die schließlich zu dem Wunsch führten, zu unterrichten.

2. EIN MANN VON WELT

Ich hatte mir angewöhnt, jeden Sonntagnachmittag mit meinem Fahrrad zur amerikanischen Kirche am Nollendorfplatz zu fahren. Sie war ein Ort der Andacht ebenso wie eine Art gesellschaftlicher Treffpunkt. Eine ihrer Verlockungen bestand für mich in dem Tee und den guten Plätzchen, die man dort zwischen zwei und fünf Uhr gereicht bekam. Die Hauptattraktion allerdings waren die Comic strips des *Chicago Tribune* und anderer Zeitungen. Ich konnte gar nicht genug bekommen von Moon Mullins, Dinglehoofer and his Dog, Prince Valiant, Buck Rogers, Flash Gordon und Dick Tracy. Die ganze Woche fieberte ich den neuen Folgen entgegen, die es am Sonntag wieder zu lesen gab.

Aber auch die großen Wochenmagazine *Look* und *Life* mit ihrem brillanten Fotojournalismus – oder *Time*, das einem eine Auswahl der wöchentlichen Geschehnisse rund um den Globus präsentierte – hatten es mir angetan. Aus ihnen erfuhr ich, daß sich die Dinge nicht immer so verhielten, wie die Nazi-Propagandapresse sie darstellte. Ich hatte angefangen, regelmäßig Zeitung zu lesen eben zu der Zeit, als General Francisco Francos Truppen nach Spanien einmarschiert waren und damit den spanischen Bürgerkrieg ausgelöst hatten. Bald besorgte ich mir dazu noch ein kleines Kurzwellenradio und hörte eifrig die neuesten Nachrichten aus Spanien, ebenso aus England, Frankreich, Belgien, Dänemark, Schweden und Norwegen. Es war eine Menge los auf der Welt, und ich sog alles begierig auf.

Eines Sonntags, ich war wieder einmal in meine Lektüre vertieft, legte mir plötzlich jemand seine Hand auf die Schulter. »Na, junger Mann, was gibt's Neues?« fragte eine freundliche Stimme. Ich schaute auf und sah mich einem großen, eleganten Herrn gegenüber. Er streckte mir die Hand entgegen und sagte lächelnd: »Mein Name ist C. Brooks Peters.«

Einigermaßen überrascht suchte ich nach einer passenden Entgegnung. Schließlich erklärte ich leise: »Ich bin Deutscher. Ich komme hierher, um zu sehen, was die Amerikaner so denken.«

»Nun, ich gehöre zu denen, die die Amerikaner mit Informationen über das, was in Deutschland vorgeht, versorgen. Ich schreibe für die *New York Times*. Wollen wir eine Tasse Tee trinken?«

Ich war regelrecht benommen. Ich, interviewt von der *New York Times*! Ich folgte ihm an einen der Tische. »Warum erzählst du mir nicht ein bißchen von dir«, schlug Peters vor. »Ich heiße Klaus Pringsheim.«

»Pringsheim?« wiederholte er nachdenklich. »Ist nicht die Frau von Thomas Mann eine geborene Pringsheim?«

»Ja, ich bin Thomas Manns Neffe. Seine Frau ist die Zwillingsschwester meines Vaters.«

»Sehr schön, dann kannst du mir ja vielleicht bißchen darüber erzählen, wie Leute wie dein Onkel die Dinge sehen. Er scheint ja seine Zweifel in bezug auf Hitler zu haben.«

Von diesem Tag an waren C. Brooks Peters und ich Freunde. Wir trafen uns häufig und redeten über die politischen Entwicklungen, meist in der amerikanischen Kirche. Dabei sprachen wir ausschließlich Englisch, obwohl Peters' Deutsch nahezu perfekt war. Manchmal aber lud er mich auch in eins der Eiscafés ein und spendierte einen großen Eisbecher. Ich liebte Eiscreme, hatte aber meistens nicht genug Geld dafür.

Es herrschte in jener Zeit wahrlich kein Mangel an Themen, über die Peters berichten konnte. Es war die Zeit von Hitlers großen Kampagnen, mit denen er um die Unterstützung der Bevölkerung buhlte. Und er bekam sie. Er stellte sich als den Mann dar, der das mit dem Versailler Vertrag dem deutschen Volk angetane Unrecht rückgängig machen werde und die verlorenen ehemals deutschen Gebiete wieder heim ins Reich holen werde, ins Dritte Reich. Dabei nutzte er geschickt die wirtschaftliche Not jener Zeit aus. Den damals mehr als sechs Millionen Arbeitslosen stellte er in Aussicht: »Gebt mir eure Unterstützung, und ich gebe euch Arbeit.«

Was konnte daran falsch sein, daß jemand Arbeitsplätze schuf? War es nicht eine gute Sache, ein Netz von Autobahnen bauen zu lassen? Und schließlich der Volkswagen, ein Auto, das sich nahezu jedermann leisten und damit die neuen Autobahnen befahren konnte.

Wer konnte schon wissen, daß dieser Volkswagen am Ende dazu bestimmt sein sollte, drei Soldaten, ein Maschinengewehr und Munition zu transportieren?

Auch mir schien es damals, als seien die meisten von Hitlers Vorhaben durchaus sinnvoll. Nur meine Schwester Milka war da ganz anderer Meinung. »Du wirst sehen, das ist ein ganz übler Typ«, warnte sie. Sie war zwölf Jahre älter als ich und in politischen Dingen freilich erfahrener und weitblickender.

Hitler und Mussolini hatten gerade den Vertrag über die Achse Berlin – Rom geschlossen, und Mussolini kam zu einem offiziellen Staatsbesuch nach Berlin. Eine feierliche Parade war geplant, Hitler und Mussolini sollten mitten durch Berlin fahren, entlang der Ost-West-Achse, gesäumt von Tausenden von Berlinern.

»Geh raus und schau dir das Schauspiel an«, schlug Milka am Tag der Parade vor. »Dann kannst du dir ›unseren Führer‹ aus der Nähe ansehen und seinen Kumpel, den Duce, gleich mit.«

So klemmte ich mir denn am nächsten Tag eine Trittleiter unter den Arm und zog los. So nah wie möglich postierte ich mich an den Absperrungen. Von meiner erhöhten Position aus konnte ich gut einen Kilometer in jeder Richtung überblicken. Die Gasse durch die Menschenmenge wurde von einem Polizeikordon schärfstens bewacht, und Reihen schwarzgekleideter SS-Männer beobachteten die Zuschauer.

Endlich näherte sich von weitem die Eskorte. Angeführt von Motorrädern, gefolgt von einer ganzen Reihe großer, offener Mercedes-Limousinen, neben denen SS-Männer herliefen. Ein großer Moment kündigte sich an. Ein irrsinniger Lärm brach aus, verdichtete sich schließlich zu einem rhythmischen »Sieg Heil, Sieg Heil« – dem Schlachtruf der Nazis. Die Spannung und Begeisterung grenzte an Hysterie.

Ich hatte nicht die Absicht gehabt, mich von dieser Atmosphäre einfangen zu lassen. »Ich werde nur ein ganz nüchterner Beobachter der Szene sein«, hatte ich Milka versichert. Als die Begeisterung schließlich ihrem Höhepunkt zusteuerte und die Massen ihren Arm zum Hitlergruß ausstreckten, da schnellte plötzlich auch mein Arm in die Höhe, und wie von Sinnen brüllte ich »Sieg Heil«.

Nicht weit von mir entfernt stand Hitler aufrecht in seinem Wagen, den Arm erhoben. Ab und zu schaute er zur Seite, nickte den Massen zu, kaum merklich und seltsam distanziert. Mussolini neben ihm genoß sichtlich die Begeisterung. Er war noch einen halben Kopf kleiner als Hitler, trug eine schwarze Uniform und einen drolligen Hut mit Troddel, den er sich immer wieder von seinem völlig kahlen Kopf riß, um der Menschenmenge zuzuwinken. Wie ein kleiner Junge freute er sich, als die Masse dem »Sieg Heil, Sieg Heil« ein »Duce, Duce« folgen ließ. Hitler schien die Hampeleien und Mätzchen seines Gastes gar nicht zu bemerken.

Dann geschah etwas, das mich zutiefst verwirrte. Als der Wagen mit den beiden Diktatoren auf der Höhe meiner kleinen Aussichtsplattform angekommen war, drehte Hitler den Kopf zur Seite und schaute mir direkt in die Augen. Vielleicht war es die kleine Trittleiter, die seine Aufmerksamkeit erregt hatte. Wie auch immer, ich war wie vom Blitz getroffen, wie elektrisiert von diesem Blick, der mich doch auch zugleich erschaudern ließ. »Oh mein Gott«, dachte ich – dann war der Wagen auch schon vorüber.

Ich klappte meine Leiter zusammen und schlich nach Hause. Meiner Schwester zu erzählen, was mit dem nüchternen Beobachter geschehen war, daß er der hypnotisch-suggestiven Persönlichkeit Adolf Hitlers, von der immer berichtet wurde, ebenso erlegen war wie Millionen anderer Deutscher, wagte ich freilich nicht. An diesem prekären Übergang vom Kind zum Jugendlichen hätte ich, wie so viele andere, auch zum Nazi werden können. Ich schämte mich so sehr dafür, daß ich es Milka niemals eingestanden habe, in gewisser Weise nicht einmal mir selbst.

Im übrigen mußte Milka nicht lange warten. Hitler selbst belehrte mich nach kürzester Zeit eines Besseren. Es war nicht lange nach der Parade. Ich ging eines Abends nach dem Essen noch kurz meinen Freund und Schulkameraden Hans Fischer besuchen. Es herrschte eine seltsam gedrückte Stimmung im Haus der Familie Fischer.

»Wir wissen nicht, was mit meinem Mann geschehen ist«, erklärte mir Frau Fischer leise. »Man hat ihn letzte Nacht abgeholt, und wir haben keine Ahnung, wo er ist. Wir haben seitdem nichts mehr von ihm gehört.«

Bereits seit längerem kursierten Gerüchte über derartige Vorfälle. Es hieß, die Gestapo dringe mitten in der Nacht in Häuser und Wohnungen ein und verschleppe die Bewohner ohne jede weitere Erklärung. Manche von ihnen habe man nie wieder gesehen.

Als Hans Fischers Vater nach einigen Wochen ebenso plötzlich wieder auftauchte, erkannte seine Familie ihn fast nicht mehr. Er sah aus, als sei er um zwanzig Jahre gealtert. Man hatte ihm den Kopf kahlgeschoren und ihn ganz offenkundig gefoltert. Er sprach kaum, und wenn, dann nur ganz leise und stockend. In wenigen Wochen war aus ihm ein alter, gebrochener Mann geworden.

»Es geht ihm nicht gut«, sagte Frau Fischer freundlich, als ich vorbeikam, um mich nach ihm zu erkundigen. »Gib ihm einfach nur die Hand und sag guten Tag.« Er nahm mich kaum richtig wahr.

Dann kam die Reichskristallnacht. Eine Nacht lang zogen Hitlers braune Schergen prügelnd, plündernd und brandschatzend durch Berlins Haupteinkaufsstraßen und zerstörten alles, was Juden gehörte oder auch nur vielleicht gehörte. Sie packten ein, was sie brauchen konnten, und schmissen den Rest auf die Straße.

Noch bevor der Morgen graute, hatten die faschistischen Braunhemden jede Synagoge in Deutschland und Österreich niedergebrannt. In ganz Berlin brachen sie in Wohnungen ein, nahmen Tausende jüdischer Männer zwischen sechzehn und sechzig Jahren fest und deportierten sie in Konzentrationslager.

Am nächsten Morgen fuhr ich mit dem Fahrrad den Kurfürstendamm ab, um mir ein Bild von den Geschehnissen der Nacht zu machen. Die Straße war mit Scherben übersät. Kleider und Stoffe, Lebensmittel, alles, was sich in den Auslagen und Lagern jüdischer Geschäfte befunden hatte, lag auf dem Pflaster. Es sah aus, als hätte ein Orkan gewütet. Ich war wie gelähmt vor Entsetzen. Was erwartete nun wohl meine Mutter und mich? Nahezu von Todesangst gepackt, raste ich nach Hause, um zu sehen, ob ihr irgendwas geschehen war.

Noch immer, selbst nach dieser Orgie von Gewalt und Haß, gab es Juden, die das Herannahen der Apokalypse nicht wahrhaben wollten.

Natürlich, kaum jemand, der in einer auch nur halbwegs zivilisierten Welt zu leben glaubte, konnte sich vorstellen, daß Hitler eines Tages den Befehl zur Vernichtung von Millionen Juden geben würde. Die so dachten, waren zumeist Leute in angesehenen Positionen – führende Köpfe aus Kunst und Unterhaltung, Wirtschafts- und Finanzwesen. Sie waren überzeugt, daß die deutsche Bevölkerung sich nun endgültig gegen die Verrohung zur Wehr setzen und im Gegenzug Vernunft und Anständigkeit wieder Geltung verschaffen werde.

Was mich anbetraf, bedurfte es keines weiteren Beweises dafür, daß Milka recht hatte: Das Regime war böse, brutal und abscheulich. Ihm war nicht zu trauen. Widerspruch wurde im Keim erstickt, wer sich zu wehren wagte, vernichtet.

»Das einzige, worüber die Pringsheims jetzt nachdenken sollten, ist, wie wir dieses Land verlassen können«, drängte Milka.

Hans war längst fort. Im Dachstuhl des Hauses, in dem er gewohnt hatte, war ein Feuer ausgebrochen. Einige Zeitungen behaupteten, ein »Juden-Bengel« habe das Feuer gelegt. Sie meinten Hans. Unmittelbar nachdem bewiesen werden konnte, daß Hans völlig unschuldig war, beschloß er, es sei vielleicht doch Zeit für eine hübsche lange Reise. Er ging zu meinem Vater nach Japan.

Für sich selbst fand Milka schnell eine Lösung. Sie war als ältestes der Pringsheim-Kinder noch in Prag geboren, und sie sprach Tschechisch ebensogut wie Deutsch. So zog sie wieder in die Stadt, in der sie geboren war. Zu ihrer eigenen Sicherheit ging Milka mit einem Tschechen eine Scheinehe ein, um auf diese Weise tschechische Staatsbürgerin zu werden. Die nicht unbeträchtliche Summe, die sie für die Heirat zahlen mußte, hatte sie unserem Großvater in München abgeschmeichelt.

Mit diesem neuen Status war sie nicht nur vor den Nazis sicher, er erlaubte ihr auch, frei ihren Beruf auszuüben. Sie hatte die Schauspielschule erfolgreich abgeschlossen und anschließend in einer Reihe von Stücken auf der Bühne gestanden. Milka war eine umwerfend schöne Frau, schlank und elegant, mit feinem, gleichmäßigem Teint und einer ebenso roten Haarpracht wie meine Mutter. Ich war felsenfest davon überzeugt, daß sie, wenn sie die Möglichkeit zur Entfaltung bekam, mindestens eine solche Karriere machen würde wie Marlene Dietrich oder Elisabeth Bergner.

Ich war damals fünfzehn Jahre alt. Das bedeutete, ich war bald alt genug für Hitlers Reichsarbeitsdienst. Alle jungen Männer zwischen fünfzehn und neunzehn wurden für ein Jahr zum Arbeitsdienst eingezogen. Man wurde in eine Uniform gesteckt, mit Epauletten in Form eines Spatens. Der Arbeitsdienst baute Straßen, legte Marschen und Moore trocken, errichtete Munitionsfabriken. Im Grunde war er nichts anderes als eine paramilitärische Organisation. Es wurde strengste Disziplin gehalten, man lebte in Kasernen, marschierte und sang Nazi-Lieder. Schließlich, wenn man das Jahr hinter sich gebracht hatte, wurde man zum Militär eingezogen. Das Ziel bestand eben auch darin, junge Männer auf das Tragen von Uniform und Waffe zum Wohle des Dritten Reichs vorzubereiten.

Es stand damals außer Zweifel, daß ich, wenn nicht ein Weg gefunden wurde, mich außer Landes zu bringen, unweigerlich als Soldat in Hitlers Kriegsmaschinerie enden würde. Aber was konnte ich dagegen tun? Je länger ich die Nachrichten im Radio verfolgte, desto weniger konnte ich an etwas anderes denken als an die Flucht aus Deutschland. Ein illegaler Grenzübertritt schien mir keine gute Idee zu sein. Es bestand die Gefahr, gefaßt oder gar erschossen zu werden. So oder so, ich steckte in einem Schlamassel.

In meiner Verzweiflung schrieb ich an meinen Vater in Japan. »Du mußt mich hier herausholen«, bat und bettelte ich. »Kannst du nicht Großvater nach München schreiben und ihn um das Geld dafür bitten?« Irgendwie passierte mein Brief das enge Netz der Zensur und erreichte meinen Vater in Thailand. Er war inzwischen auf Betreiben der deutschen Regierung seines Postens als Direktor der Kaiserlichen Musik-Akademie in Japan enthoben worden und hatte eine Stelle als Berater an der Königlichen Akademie der Künste in Bangkok angenommen.

Umgehend schrieb er seinem Vater nach München, daß Milka ihn besuchen werde, um einige dringende Angelegenheiten mit ihm zu besprechen. Um welche Angelegenheiten es sich handelte, ließ er wohlweislich im dunklen. Milka lebte inzwischen wieder bei mir und meiner Mutter in Berlin. Hitler war kurz zuvor, im Frühjahr 1939, mit seinen Panzern in der Tschechoslowakei einmarschiert und hatte per Dekret bestimmt, daß alle Einwohner, die einmal Deutsche gewesen waren oder deutsche Vorfahren hatten, nun wieder deutsche Staatsbürger seien.

Arme Milka. Erst hatte sie 10.000 Reichsmark gezahlt, um mit Hilfe einer Scheinehe Deutschland verlassen zu können, und nun war sie doch wieder im Dritten Reich gefangen.

Unverzüglich fuhr sie zu Großvater Pringsheim nach München. Er war zwar ein sehr reicher Mann – etwas von seinem Wohlstand abzugeben gehörte dennoch nicht gerade zu seinen Leidenschaften. Schließlich zeigte er sich aber doch recht großzügig. Mit einem Plan, wie die Ausreise zu bewerkstelligen sei, kehrte Milka nach Berlin zurück. Ich sollte nach Japan reisen und dort meinen Vater und Hans treffen. Die offizielle Version sollte folgendermaßen lauten: ich wolle meinen Vater besuchen, bevor ich zum Arbeitsdienst einberufen würde. Das dürfte auch für die deutschen Behörden ganz verständlich und vernünftig klingen, meinte Milka.

Die Brieftasche mit diversen Scheinen zur Unterstützung des Antrags gefüllt, ging Milka zur Polizei und bekam ohne große Probleme eine Ausreisegenehmigung für mich. Es gibt eben immer Menschen, deren Einsichtsfähigkeit mit ein wenig Kleingeld erheblich gesteigert werden kann. Milka hatte nämlich nicht nur eine, sondern gleich zwei Ausreisegenehmigungen bekommen: eine für mich, eine für sich selbst. In die Tschechoslowakei zurückzukehren war sinnlos. Zudem hielt sie es für keine gute Idee, mich, grün, wie ich war, allein reisen zu lassen. Der Plan war, Deutschland zwei Monate vor meinem Abschluß an der amerikanischen Schule zu verlassen. Angesichts der politischen Situation hielten wir es für unsinnig, den Schulabschluß abzuwarten. Wir mußten raus, und zwar schnell.

Damit es nicht nach einer Flucht aussah, hatten wir beschlossen, zunächst mit dem Zug nach Genua zu fahren, um von dort aus an Bord eines deutschen Schiffes, der *Scharnhorst*, am 29. April nach Japan zu reisen. Natürlich hatten wir auch die Rückreise zwei Monate später gebucht. So konnte eigentlich niemand Verdacht schöpfen.

Am 20. April 1939, einen Tag bevor wir Berlin verließen, feierte Hitler seinen fünfzigsten Geburtstag. Eine große Militärparade war angekündigt, die Hitler, wie immer, von einer Tribüne an der Straße Unter den Linden abnehmen würde. Ich beschloß, mir dieses Schauspiel ein letztes Mal anzusehen, vielleicht wollte ich mich auch prüfen.

Pünktlich um 9 Uhr 50 war ich Unter den Linden, zehn Minuten vor Beginn der Parade. Eine Trittleiter brauchte ich nun nicht mehr. Inzwischen war ich gut einen Meter fünfundachtzig groß. Fast sechs Stunden rollte militärische Macht vorbei. Behelmte Soldaten auf ihren Lastwagen, ihre Gewehre in die Hüfte gestemmt, kilometerlange Züge von Panzern und Kanonen. Die Luftwaffe in strahlend blauen Uniformen, Elitetruppen in voller Kampfausrüstung, Marinetruppen, Arbeitsdienst und schließlich die Hitlerjugend. Während der ganzen Zeit bewegte sich Hitler fast gar nicht, außer wenn er die Fahnenträger mit dem Hitlergruß bedachte. Sonst starrte er völlig regungslos vor sich hin.

Schießlich hatte auch die letzte Abteilung von Lastwagen und Panzern die Tribüne passiert. Das war aber noch längst nicht das Ende. Stundenlang polterten die Konvois durch die Botschaftsviertel und hielten Diplomaten und Bewohner wach, für den Fall, daß einige der ausländischen Regierungen noch immer nicht recht verstanden hatten. Nicht wenige Depeschen dürften in jener Nacht an die Zentren der Macht in England, Frankreich und den Vereinigten Staaten abgegangen sein, in denen über Hitlers Spektakel berichtet wurde.

Es war in der Tat zum Fürchten. Der Krieg lag förmlich in der Luft. Ich hatte Angst, daß wir nicht einmal mehr rechtzeitig nach Italien kommen würden. Wenn der Krieg einmal ausgebrochen war, würden alle Visa ungültig sein. Ich träumte mehrmals davon, daß die *Scharnhorst* auf halbem Weg nach Japan umkehren mußte; sie war ja immerhin ein deutsches Schiff.

Um so erleichterter war ich, als sich am nächsten Morgen der Zug in Bewegung setzte. Alles ging gut, bis wir an die italienische Grenze kamen. Die deutschen Grenzposten ließen uns ohne Schwierigkeiten passieren, als wir jedoch nach Italien einreisen wollten, schien irgendwas mit Milkas Paß nicht in Ordnung. Dabei war seine Gültigkeit extra noch einmal bestätigt worden, damit zweifelsfrei feststand, daß sie wieder

Deutsche war. Aber was in aller Welt sollte der tschechische Text bedeuten? Der Beamte schüttelte unsicher den Kopf. »Das ist Tschechisch, das kann ich nicht lesen. Und überhaupt, sind Sie nun Tschechin oder Deutsche?«

Milka versuchte zu erklären, ohne großen Erfolg. »Ich fürchte, wir müssen Sie beide nach Deutschland zurückschicken, bis wir die Sache geklärt haben, tut mir leid«, sagte er schließlich.

Unter Aufbietung ihres ganzen Charmes protestierte Milka: »Aber was wollen Sie denn, sein Paß ist doch in Ordnung. Er hat ein Visum, er hat eine Genehmigung von der Hitlerjugend, die besagt, daß er für zwei Monate das Land verlassen darf. Wenn Sie meinen, daß mit meinen Papieren was nicht stimmt, dann lassen Sie wenigstens meinen Bruder ausreisen, bitte.«

Der Beamte nickte. Man erlaubte mir, nach Italien einzureisen, Milka aber mußte in Deutschland bleiben. Allerdings schien sie nicht besonders beunruhigt, als sie mich zum Zug brachte. »Mit den Clowns werd' ich schon noch fertig«, erklärte sie fröhlich. »Wir sehen uns dann auf dem Schiff, vielleicht wird's ein bißchen knapp, aber mach dir keine Sorgen, ich bin rechtzeitig da.«

Mit diesen Worten griff sie in ihre Brieftasche und drückte mir einen großen Teil des Reisegelds von Großvater Pringsheim in die Hand. »Nimm das, falls irgendwas schiefgeht, wirst du es brauchen können.« Dann drehte sie sich um und ging zurück auf die deutsche Seite der Grenze. Auf einmal war ich allein, ohne meine große Schwester. Besorgt schaute ich aus dem Zugfenster, es war Zeit zur Abfahrt. Aber meine Schwester kam nicht wieder.

Schließlich holperte der Zug in Richtung Genua los. Ich war ganz sicher, daß Milka schon einen Weg finden würde, wie groß die Schwierigkeiten auch immer sein mochten. Sie würde schon kommen, schließlich waren es noch ein paar Tage, bis die *Scharnhorst* ablegte.

In Genua angekommen, suchte und fand ich schließlich das Hotel, in dem wir ein Zimmer reserviert hatten. Den Rest des Tages verbrachte ich damit, langsam die Sehenswürdigkeiten der Stadt abzuklappern. Am Abend dann saß ich im Speisesaal des Hotels, der einzige einsame Gast. Nach einer Weile aber ging die Tür auf, und ein zweiter

»Einzelgänger« trat ein; eine hübsche junge Frau mit langen blonden Haaren.

Sie setzte sich und studierte die Speisekarte. Da saß ich nun, in den Taschen bündelweise Geldscheine und ein Ticket für eine Schiffspassage nach Asien. Was also tut ein Mann von Welt? Ich stand auf, ging an ihren Tisch hinüber und stellte mich vor. »Da Sie und ich hier die einzigen Menschen sind, hätten Sie etwas dagegen, wenn ich mich zu Ihnen setze?«

Sie lächelte. »Oh nein, nehmen Sie doch Platz.« Ich setzte mich ihr gegenüber an den Tisch. Eine Deutsche, hatte ich zunächst gedacht. Aber wie sich herausstellte, war sie Italienerin, eine blonde Italienerin. Da ich auf Ferienreisen recht gut Italienisch gelernt hatte, wurde es die Sprache dieses Abends.

»Möchten Sie ein Glas Cinzano?« fragte ich, ganz Gentleman.

»Oh, sehr gern, Sie wissen ja, das trinken italienische Frauen besonders gern«, antwortete sie mit einer Mischung aus Ernst und Amüsement. »Warten Sie hier auf Ihre Eltern?« fragte sie, als die Drinks serviert wurden.

»Nein, ich reise allein«, erklärte ich entschieden.

»Sind Sie nicht ein wenig zu jung, um allein zu reisen?«

»Ich bin schließlich kein Kind mehr«, sagte ich mit allem Nachdruck und fuhr etwas gestelzt fort: »Ich hoffe, daß Sie dennoch mit mir speisen?«

»Oh natürlich, sehr gern, ich wollte Ihnen nicht zu nahe treten.«

Also aßen wir zusammen. Alles, was ich über das Verhalten eines perfekten Gentleman gelernt hatte, kramte ich hervor. Ich war höflich und zuvorkommend. Ich sprach zurückhaltend über Dinge, die mich interessierten. Auch sie erzählte von sich. Wie ich, wartete auch sie auf die Abfahrt der *Scharnhorst*. Sie wollte nach Port Said, um Verwandte in Ägypten zu besuchen. Wir würden für einige Zeit Reisegefährten sein.

Schließlich zahlte ich die Rechnung und begleitete sie zu ihrem Zimmer. Galant gab ich ihr einen Handkuß, verbeugte mich und murmelte: »Es hat mich sehr gefreut, Sie kennenzulernen!«

Mit stolzgeschwellter Brust zog ich mich in mein Zimmer zurück. »Junge«, dachte ich, »du bist ein Mann von Welt!« Ich glaube, ich hatte mich an jenem Abend ein bißchen verliebt. Ich habe sie auf der *Scharnhorst* wiedergesehen, aber nur von weitem, denn sie war ständig in Begleitung eines älteren Herrn.

Am nächsten Morgen hetzte ich zum Bahnhof, in der Hoffnung, Milka werde kommen. Ein Zug nach dem anderen rollte ein, doch Milka kam nicht. Enttäuscht schlich ich ins Hotel zurück und fand dort ein Telegramm vor, das ich insgeheim längst befürchtet hatte. »Lieber Klaus, ich werde es nicht mehr rechtzeitig schaffen. Diesmal mußt du allein fahren, bis bald.«

In dieser Nacht weinte der Mann von Welt ein wenig.

3. KENNEN SIE IHRE GESTAPO-AKTE?

Die *Scharnhorst* war ein wunderschönes Schiff, schwarzer Rumpf, weiße Aufbauten und ein einzelner dicker, olivgrüner Schornstein. Sie machte fünfunddreißig Knoten und war damit eines der schnellsten Passagierschiffe auf den Weltmeeren. Die meisten Passagiere waren deutsche Touristen auf Kreuzfahrt, außerdem gab es einige Geschäftsleute, die in Hongkong, Shanghai, Tientsin oder Peking zu tun hatten. Schließlich fuhr noch eine Handvoll deutscher Missionare und Leute mit, die nach Manila, Jakarta oder Singapur wollten.

Mir fehlte meine Schwester. Erst später sollte ich erfahren, daß es die tschechoslowakische Staatsangehörigkeit gewesen war, eben die, welche sie vor den Nazis hatte retten sollen, die ihre Ausreise verhinderte. Jedenfalls wurde ihre Ausreisegenehmigung für ungültig erklärt. Sie kehrte nach Berlin zurück und ging von dort aus wieder nach Prag, wo sie die Jahre des Krieges verbrachte, der nur vier Monate später ausbrechen sollte.

Es befanden sich so viele Deutsche an Bord der *Scharnhorst*, daß ich höchst vorsichtig war, bevor ich jemandem Vertrauen schenkte. Man konnte schließlich nie genau wissen, wer Nazi war und wer nicht. Milka hatte mir eingeschärft, den Mund zu halten. Das sei das Gebot der Stunde: »Laß dich nie auf eine politische Diskussion ein. Verlier nie ein kritisches Wort über Adolf Hitler. Gib nie Sympathien für seine Gegner zu erkennen. Halt dich aus derartigen Dingen heraus, und verhalte dich möglichst unauffällig.«

Mir war sehr genau bewußt, daß ich mich nach wie vor auf deutschem Territorium befand. Man konnte mich ohne weiteres festnehmen und nach Deutschland zurücktransportieren. Also hielt ich mich bedeckt. Gelegentlich leistete ich mir einen Cinzano, Geld hatte ich ja genug. Die meiste Zeit verbrachte ich stehend an der Reling. Ich starrte aufs Meer hinaus oder beobachtete vorüberfahrende Schiffe. Manchmal spielte ich auch Bridge oder beteiligte mich an

Deckspielen. Ich genoß das Schwimmbad und hielt ansonsten meinen Mund.

Wenn mich jemand fragte, so antwortete ich stereotyp, daß ich die Sommerferien bei meinem Vater in Japan verbringen wollte, bevor ich zum Arbeitsdienst antreten müßte. Genau so stand es ja schließlich auch in den Akten in Berlin.

Es gab einen Passagier an Bord, vor dem ich mich besonders in acht nahm, weil er etwas Heimtückisches an sich hatte. Angeblich war er bayerischer Konsularbeamter. Sein Haar war kurzgeschoren, und nicht selten trug er einen bayerischen Trachtenanzug; grünliche Jacke mit echten Hornknöpfen, lange Lederhose statt der üblichen kurzen. Ich nahm an, er sei so eine Art Nazi-Repräsentant im Ausland; solche gab es schließlich überall. Wie auch immer, auf jeden Fall wußte ich: Das ist jemand, der dir Ärger machen kann, wenn er will.

Eines Morgens traf ich ihn an Deck. »Grüß Gott«, sagte ich, wobei ich mich verzweifelt bemühte, seinen bayerischen Akzent zu imitieren. Er antwortete nicht. Statt dessen blieb er stehen, riß den Arm hoch und blökte laut: »Heil Hitler!«

Niemand an Bord bediente sich dieses Grußes. Ich ging einfach weiter. Er aber wirbelte herum und packte mich an der Schulter. »Nicht so eilig, Freundchen«, herrschte er mich an. »Wir haben miteinander zu reden. Vielleicht ist es dir ja nicht bekannt, aber es gibt eine neue Ordnung in Deutschland.«

»Doch, doch, ich weiß«, stammelte ich.

»Unser Führer heißt Adolf Hitler«, belehrte er mich. »Alle guten Deutschen haben sich daher mit ›Heil Hitler‹ zu begrüßen, nicht mit ›Grüß Gott‹ oder so. Sie grüßen einander mit ›Heil Hitler‹. Es ist höchste Zeit, daß du das begreifst. Also, wann immer du mich oder eine andere Respektsperson auf diesem Schiff triffst, grüßt du gefälligst mit einem anständigen ›Heil Hitler‹, verstanden?«

Ich kochte vor Wut. Noch nie hatte ein Fremder gewagt, mich anzufassen. Mit aller Kraft nahm ich mich zusammen, als er weiter räsonnierte. »Die Zukunft des deutschen Volkes liegt in den Händen von Adolf Hitler. Du als junger, gesunder und arischer Deutscher darfst ihm die Unterstützung nicht versagen.« Damit packte er mich erneut an der Schulter. »Ich will nie wieder ein ›Grüß Gott‹ aus deinem Mund hören, ist das klar? Gott kann meinetwegen zur Hölle fahren. Ich will einen anständigen Hitler-Gruß sehen. Vergiß das nicht!« Dann stolzierte er davon.

Von diesem Augenblick an machte ich jedesmal sofort kehrt, wenn ich dieses Schwein von weitem erspähte. Im übrigen habe ich weder ihn noch irgend jemand sonst jemals mit dem Hitlergruß begrüßt.

Am 23. Mai 1939, genau an meinem sechzehnten Geburtstag, kam ich in Japan an. Die Reise hatte fast einen Monat gedauert. Eine ungeheure Erleichterung überkam mich, als ich im Hafen von Yokohama die Gangway hinunterging. Endlich erlöst von der permanenten Angst vor einem falschen Wort, das alles zunichte gemacht hätte. Mein Vater und Hans erwarteten mich bereits an der Landungsbrücke. Mit dem Zug fuhren wir von Yokohama weiter nach Tokio. Und endlich saßen wir in der Wohnung meines Vaters im Stadtteil Ichigaya, entspannten uns auf gut japanisch bei einer Tasse Tee und begannen, uns gegenseitig in Augenschein zu nehmen. Schließlich hatten wir uns eine verdammt lange Zeit nicht gesehen.

Unser langfristiger Plan, darüber waren wir uns schon vorher einig gewesen, bestand darin, bei den amerikanischen Behörden eine Einwanderungsgenehmigung für die Vereinigten Staaten – gewissermaßen das gelobte Land, in dem man vor jeder Verfolgung durch die Nazis sicher sein konnte – zu erwirken. Wir hielten uns zwar weit von Deutschland entfernt auf, aber die Nazis waren eifrig dabei, die Japaner zum Beitritt zur Achse Berlin – Rom zu bewegen. Wenn es dazu kommen sollte, so konnte dies unsere Auslieferung bedeuten.

Thomas Mann unterrichtete seit 1938 an der Universität Princeton (bis er im April 1941 schließlich nach Kalifornien zog). Die Tatsache, daß sich der Schwager meines Vaters bereits in Amerika aufhielt und eine bedeutende Persönlichkeit war, konnte uns die Dinge möglicherweise erleichtern – sowohl was die Visa als auch was Arbeitsmöglichkeiten betraf, wenn wir erst einmal dort waren.

In Erwartung des glücklichen Tages richteten wir unser Leben in Japan ein. Mein Vater hatte mich schon im voraus an der amerikanischen Schule in Tokio angemeldet. »Du kannst dort das Jahr nachholen, das du in Berlin nicht mehr zu Ende machen konntest«, erklärte er. Wie die Schule in Berlin, so war auch die amerikanische Schule in Tokio eine Schule für die Kinder amerikanischer Diplomaten und Geschäftsleute.

»Du mußt unbedingt deinen High-School-Abschluß machen«, schärfte mir mein Vater ein. »Und dann mußt du Japanisch lernen!« Hans hatte erst vor kurzem den Abschluß an der »Schule für japanische Sprache und Kultur« gemacht. Weil er fließend und nahezu akzentfrei Japanisch sprach, hatte er nun gute Aussichten, einen Job zu bekommen.

»Das Klügste, was du tun kannst, ist: Mach es wie dein Bruder, geh auf die gleiche Schule. Lerne Japanisch, nur so bekommst du schnell einen Job. Lern es, so schnell du kannst.« Diese Worte wiederholte mein Vater gebetsmühlenartig, bis er mich überzeugt hatte.

Er selbst hatte bis dahin keine Anstalten gemacht, die Sprache zu lernen. Seine Arbeitgeber wollten nämlich gerade, daß er mit seinen Studenten und Schülern auf englisch, französisch oder deutsch kommunizierte – auf keinen Fall auf japanisch. Hätte er Japanisch gekonnt, dachten sie vermutlich, so hätte er wohl japanisch mit ihnen gesprochen. Also lernte mein Vater nur so viel, wie man zum täglichen Überleben brauchte.

Nun, mein Vater hatte gute Gründe für derartige Ratschläge. »Meine eigenen Perspektiven hier in Tokio sind nicht gerade besonders gut«, eröffnete er mir. Er hatte seinen Posten in Thailand aufgegeben und war nach Tokio zurückgekehrt, in der Hoffnung, hier für mich sorgen zu können. Er lebte von einigen Privatschülern, von gelegentlichen Kompositionsaufträgen und von Konzerten, die er mit einem von ihm selbst gegründeten Kammerorchester gab. Ein regelmäßiges Einkommen hatte er nicht.

Für mich bedeutete das: Ich mußte zumindest einen Teilzeitjob finden und etwas zur Haushaltskasse beitragen. Ich war wie vom Donner gerührt. Nie zuvor in meinem Leben hatte ich ans Arbeiten gedacht. Wohnung, Essen, Kleider – dafür hatten bislang immer meine Eltern gesorgt.

Dem Wunsch meines Vaters entsprechend, schrieb ich mich sofort an der amerikanischen Schule ein und fand dieselben Fächer wie in

Berlin vor: Geometrie, Geschichte und Staatsbürgerkunde. Die Schulleitung erwies sich als angenehm unkompliziert. Sie akzeptierten meine Versicherung, daß ich die amerikanische Schule in Berlin besucht hatte, und rechneten meine dortige Schulzeit umstandslos an. So beendete ich das Schuljahr nicht viel später, als ich es in Berlin getan hätte, mit den entsprechenden Prüfungen und erhielt mein Abschlußzeugnis.

Der nächste Schritt bestand darin, einen Platz an der Schule für japanische Sprache und Kultur zu bekommen. Ursprünglich war es eine Schule für Missionare gewesen. Sie gehörten zu den wenigen Ausländern, die tatsächlich ein Interesse daran hatten, Japanisch zu lernen.

Die Schule hatte einen recht guten Ruf. Geleitet wurde sie von einem japanischen ›Gentleman‹ alter Schule, Matsumiya Yahei. Seine Frau und er unterrichteten alle Fächer in japanischer Sprache. Es wurde kein Wort Englisch gesprochen. Der Unterricht begann morgens um acht und endete mittags um zwölf. Sogar beim Essen sprachen die Studenten, Deutsche, Franzosen, Engländer und Amerikaner, nur Japanisch miteinander. Dann zogen wir nach Hause und lernten. So ging es fünf Tage in der Woche.

Geld brachte ich freilich immer noch nicht nach Hause. Eines Abends fragte mein Vater mit nur mühsam unterdrückter Ungeduld: »Und, Klaus, hast du schon eine Idee, was für einen Job du finden könntest?«

Abwehrend hob ich die Hände. »Ich hab' wirklich nicht die blasseste Ahnung. Ich kann ja nichts, wofür mich irgend jemand bezahlen würde.«

»Es muß doch *irgend etwas* geben«, insistierte er.

»Na ja, was ich beherrsche, ist die deutsche und die englische Sprache.«

»Das ist doch immerhin etwas«, murmelte er.

»Aber wer zum Teufel bezahlt mich dafür, daß ich Englisch oder Deutsch rede?«

»Liegt das nicht auf der Hand?« fragte mein Vater, jetzt hellhörig geworden. »Tokio ist voll von Leuten, die diese Sprachen lernen wollen und müssen!«

Einen Moment dachte ich nach. »Du meinst also, ich sollte Englisch und Deutsch unterrichten«, sinnierte ich vor mich hin.

»Na endlich, du hast es begriffen«, rief mein Vater.

Umgehend ließ ich ein paar Handzettel drucken: »Gebe Privatunterricht in Deutsch und Englisch«, mit Namen, Adresse und Telefonnummer. Dann fuhr ich zur Keio-Universität und hängte meine Zettel am Brett für offizielle Ankündigungen auf. Die Anfragen ließen nicht lange auf sich warten. Im Nu hatte ich ein halbes Dutzend Schüler. Sie zahlten jeweils fünf Yen für eine Stunde, das war in Ordnung. Ein japanischer Geschäftsmann, der unbedingt Deutsch lernen wollte, bot mir sogar fünfzehn Yen an, noch bevor ich die Frage des Honorars überhaupt angesprochen hatte.

Manche meiner Schüler kamen zu uns nach Hause, zu den meisten mußte ich jedoch hinfahren. Dafür kaufte ich mir von meinem ersten Verdienst ein Fahrrad. Mit diesem Fahrrad nun radelte ich nachmittags, wenn ich selbst mit der Schule fertig war, durch Tokio, von Termin zu Termin. Da ich mich verblüffend schnell ins Japanische hineinfand, fühlte ich mich bald sicher genug, um auf Anfragen von Ausländern zu antworten: »Natürlich, ich unterrichte auch Japanisch.« So gab ich bald neben dem Englisch- und Deutschunterricht auch Einführungen in die japanische Sprache.

Einer der ersten, die mich darauf ansprachen, entpuppte sich als Oberst der deutschen Luftwaffe. »Wir sind eine Gruppe von fünf Piloten, die Japanisch lernen wollen«, erklärte er mir. »Machen Sie uns ein Angebot!«

Ich überschlug kurz. Fünf deutsche Flieger – was ein japanischer Geschäftsmann zahlte, um Deutsch zu lernen, das sollten sie auch zahlen, wenn sie Japanisch lernen wollten. »Drei Yen von jedem pro Stunde«, schlug ich vor, »also fünfzehn Yen insgesamt.«

Dem Oberst schien dies ein vernünftiges Angebot. »Wir können am Anfang allerdings auch Doppelstunden machen, wenn Sie möchten«, fügte ich noch hinzu. Der Vorschlag wurde angenommen. In der doppelten Zeit würden sie doppelt soviel lernen.

Mit der Zeit lernte ich meine Landsleute ein wenig kennen. Sie waren allesamt Stuka-Piloten, Spezialisten für Sturzkampfbombardements. »Aber was machen Sie in Japan?« fragte ich eines Abends beim Bier neugierig und vorsichtig zugleich. »Ich dachte, Sie sind damit beschäftigt, die Briten abzuschießen?«

Die deutsche Luftwaffe hatte wochenlang die internationale Kriegsberichterstattung mit ihren Aktionen bei Dünkirchen beschäftigt. Dort hatte sie im Frühjahr 1940 maßgeblich dazu beigetragen, britische und französische Truppen so unter Druck zu setzen, daß diese sich unter Zurücklassung ihrer gesamten Ausrüstung nur noch mit Mühe nach England retten konnten. Nach dem Stellungskrieg im Winter 1939/40 war Hitlers Kriegsmaschinerie geradezu explodiert und hatte in einem »Blitzkrieg« mit ihren Panzerarmeen alles überrollt, was sich in den Weg stellte. In kürzester Zeit war fast ganz Frankreich besetzt worden.

»Wir sind hier, um der japanischen Marine Unterricht in Sturzkampfbombardierung zu geben«, erklärte der Oberst. »Daher haben wir sehr viel mit den Japanern direkt zu tun. Ein paar Brocken Japanisch zu können kann dabei nicht schaden.«

Meine Stuka-Piloten befanden sich längst wieder in Deutschland, als die Japaner am 7. Dezember 1941 Pearl Harbor angriffen und drei Tage später mit ihren Sturzbombern die britischen Kriegsschiffe *Repulse* und *Prince of Wales* vor der Küste Singapurs versenkten. Unterm Strich hatte ich also Deutsche unterrichtet, die wiederum den Japanern zeigten, wie man so etwas erfolgreich durchführt. Aber ich will nicht vorgreifen.

Die wenige Freizeit, die mir blieb, verbrachte ich vorzugsweise im Hotel Imperial, und zwar aus dem gleichen Grund, aus dem ich mich früher immer in der amerikanischen Kirche in Berlin aufgehalten hatte. Im Zwischengeschoß stand ein langer Tisch mit Stapeln von Zeitungen und Zeitschriften aus aller Welt. Hier traf ich alle meine alten Freunde wieder, Prince Valiant, Flash Gordon, Moon Mullins und all die anderen; und endlich bekam ich auch wieder Zugang zu Nachrichten und Kommentaren, die weit über das hinausgingen, was die japanische Presse anbot.

Eines Tages, ich las gerade die letzte Ausgabe von *Time*, näherte sich mir dort ein Fremder. Er musterte mich eine Weile von der Seite, dann fragte er: »Sie sind doch Klaus Pringsheim, oder?«

»Ja, stimmt«, antwortete ich verblüfft. »Woher wissen Sie das?«

»Oh, ich habe alle möglichen Informationsquellen«, sagte er grinsend. »Kennen Sie übrigens Ihre Gestapo-Akte?«

Mir blieb fast das Herz stehen. »Sind Sie von der Gestapo?« stammelte ich entsetzt. Es gab nicht viele, die Zugang zu den Informationen von Hitlers Geheimpolizei hatten, ohne selbst der Gestapo anzugehören.

»Ich glaube, ich sollte mich vorstellen«, beruhigte mich der Unbekannte. »Ich bin Korrespondent der *Frankfurter Zeitung*. Mein Name ist Dr. Richard Sorge.«

Ich schnellte von meinem Stuhl hoch. Ich stand vor einem der international bekanntesten Korrespondenten. Die *Frankfurter Zeitung* war die renommierteste deutsche Zeitung, gewissermaßen die deutsche *New York Times*. Und sie war die einzige deutsche Zeitung, die sich der Übernahme durch die Nazis widersetzt hatte und trotzdem noch immer erschien. Die internationale Öffentlichkeit wußte, daß bewährte und gute Journalisten für sie arbeiteten, mit einer anderen Berufsauffassung als die Schmierfinken von Hitlers Propagandapresse.

Als Repräsentant eines so angesehenen Blattes genoß Richard Sorge in Tokio ungemein hohes Ansehen. Ich selbst hatte viele seiner Kommentare gelesen. Reserviert und neugierig zugleich fragte ich: »Wenn Sie meine Akte kennen, wieso wollen Sie dann noch etwas mit mir zu tun haben?«

»Wenn ich ehrlich bin, würde ich es als eine Ehre betrachten, Ihnen die Hand zu drücken«, erklärte Sorge. »Wenn ich Ihnen die Hand schüttele, dann ist das für mich eine Art Kontaktaufnahme mit der deutschen Literatur. Ich halte Thomas Mann für einen der größten deutschen Schriftsteller.«

Sollten diese Worte den Sinn gehabt haben, mein Vertrauen zu gewinnen, so war ihnen das gelungen. Dann aber entdeckte ich durch den halbgeöffneten Mantel das Parteiabzeichen der NSDAP an seinem Revers. Es war keineswegs Pflicht, dieses Abzeichen zu tragen. Normalerweise trugen es nur ganz überzeugte Parteigänger.

»Es tut mir leid, Herr Dr. Sorge, aber ich muß Ihre Ehrlichkeit bezweifeln, immerhin tragen Sie das Parteiabzeichen«, wehrte ich daher ab.

Aber Sorge ignorierte meine Bemerkung völlig. »Warum reden wir nicht ein wenig miteinander«, schlug er vor. »Lassen Sie uns an die Bar gehen, ich gebe ein Bier aus.«

Ich konnte es nicht fassen, daß ein Mann wie Sorge so mit mir sprach. Er trage das Abzeichen aus beruflichen Gründen, erklärte er mir. Ob ich oft ins Hotel käme, wollte er wissen. Ja, ich sei zwei- bis dreimal in der Woche hier, um die Zeitungen aus Übersee zu studieren, antwortete ich.

»Schön, vielleicht treffen wir uns mal wieder«, verabschiedete er sich freundlich. Die ganze Begegnung hatte kaum länger als zehn Minuten gedauert, fünf für die Vorstellung, fünf für das Bier. Es dauerte einige Wochen, bis ich ihn das nächste Mal traf. Aber auch diese Begegnung war extrem kurz. Insgesamt haben wir uns wohl fünf- oder sechsmal getroffen.

Richard Sorge war ein ziemlich ungewöhnlicher Mann. Das galt nicht nur für seine beeindruckende Persönlichkeit. Er sprach ein halbes Dutzend Sprachen fließend, darunter Japanisch und Chinesisch. Darüber hinaus galt er als Kapazität auf den Gebieten der asiatischen Kunst, Geschichte, Ökonomie und der Sprachen. Ein Gespräch mit Sorge – ein in Berlin promovierter Politologe – glich dem mit einer lebendigen, charmanten und humorvollen Enzyklopädie.

Allerdings kam der Tag, an dem ich die Gespräche mit ihm genauer rekapitulieren mußte, als mir lieb war. Ich wäre besser dran gewesen, hätte ich mit dem Teufel höchstpersönlich geplaudert. Denn Richard Sorge war russischer Spion. Er leitete eine der »wohl brillantesten und erfolgreichsten Spionageoperationen des 20. Jahrhunderts«. So jedenfalls Chalmers Johnson in seinem Buch *An Instance of Treason*.

Sorges Aufgabe bestand darin, Moskau über Japans Angriffspläne im pazifischen Raum auf dem laufenden zu halten, damit die Sowjets bei der Konzentration auf die Abwehr der Nazi-Invasion im Westen nicht im Osten überrascht wurden. Es war Sorge, der den hinterhältigen Plan der Nazis – einer der Gründe übrigens für den Pakt mit Japan – durchkreuzte, indem er die Sowjets rechtzeitig warnte.

Zusammen mit seinen vier Vertrauten gelang es Sorge, Informationen von höchster Ebene in Japan zu erhalten. Die sendete er jede Nacht mit Hilfe eines kleinen Funkgeräts in seiner Aktentasche nach Moskau; jede Nacht von einem anderen Ort aus. Einen brillanteren Widersacher konnte Hitler kaum haben.

Die Geschichte endete wie so viele andere auch. Irgend jemand leistete sich einen Ausrutscher, Sorge wurde festgenommen. Der Kem Pei-Tai, die japanische Militärpolizei, brauchte nur ein paar Tage, um ein volles Geständnis aus ihm herauszupressen. Sorge wurde angeklagt, verurteilt und gehängt. Mit ihm Ozaki Hotsumi, China-Experte und persönlicher Berater des damaligen Ministerpräsidenten Konoye. Chalmers Johnson nennt die beiden, Sorge und Hotsumi, die »wohl intellektuell überqualifiziertesten Spione in der Geschichte der Neuzeit«.

Sorge hatte in der Tat etwas Besseres verdient als den Strick, und sei es nur für die Art, wie er alle Welt ausgetrickst hatte. Einmal lud er, nachdem er erfahren hatte, daß die Polizei bei ihm zu Hause gewesen war und seine Frau ausgefragt hatte, dieselben Herren zum Abendessen zu sich ein und schalt sie scherzend wegen ihrer Verdächtigungen.

Die Nazis waren sich seiner so sicher, daß sie ihn sogar in die Partei aufnahmen, ohne weitere Nachforschungen über seine Vergangenheit anzustellen. Für die vorsichtigen, geradezu paranoiden Nazis beinahe unglaublich. In Tokio bot ihm der deutsche Botschafter Eugen Ott sofort ein Büro im Botschaftsgebäude an und machte ihn zu seinem Berater und Vertrauten. Ott bot ihm sogar eine Anstellung als Pressesprecher der Botschaft an und war schwer beleidigt, als Sorge ablehnte.

In Tokio munkelte man zu der Zeit, Sorge habe eine Affäre mit Otts Frau, einer ziemlich stattlichen Dame, meist nur »das Elefantenküken« genannt.

Niemand, weder in Deutschland noch in Japan, wußte offenbar, daß Richard Sorge eigentlich Russe war. Er stammte aus Baku am Kaspischen Meer, sein Vater war Deutscher, seine Mutter Russin. In Berlin war er aufgewachsen, Mitglied der Kommunistischen Partei seit seinem zwanzigsten Lebensjahr.

4. BESTEIGT MOUNT NIITAKA!

An den meisten Nachmittagen, sobald ich meine eigenen Schulstunden und den Sprachunterricht hinter mich gebracht hatte, betrieb ich kulturelle Studien in einer großen Billard-Halle auf der Ginza. Irgendwann einmal war ich aus purer Neugier in jenen Laden hineingeraten. Ein paar freundliche Gäste hatten mich in das Spiel eingeführt, und bevor ich mich versah, war ich zu einem richtigen Billard-Verrückten geworden.

Angetan hatte es mir vor allem das sogenannte Dreiband-Spiel. Dabei mußte eine Kugel drei Banden berühren und dann zwei weitere Kugeln touchieren. Es bedurfte eines gewissen Sinns für Geometrie und einer gehörigen Portion Feinfühligkeit. Während man spielte, wurde von hübschen Mädchen Tee serviert, was die Sache nur um so attraktiver machte.

Die verschiedensten Leute kamen an diesem Ort zusammen, zum Beispiel Geschäftsleute und Büroangestellte, aber auch einfache Arbeiter, die ihre Mittagspause zu einem Spiel nutzten oder sich nach Feierabend zur Entspannung trafen. Mit der Zeit wurde ich zu einem festen Mitglied dieser kleinen Billard-Gesellschaft, in der soziale Unterschiede eine auffallend geringe Rolle zu spielen schienen.

Während der Spielpausen gingen wir hinunter an die Bar im Untergeschoß, tranken ein oder zwei Bier, aßen Sushi und plauderten. In der Zeit, als die Beziehungen zwischen Japan und den Vereinigten Staaten zunehmend schlechter wurden, konzentrierten sich die Gespräche mehr und mehr auf die japanische Flotte. Die Japaner waren nämlich ungeheuer stolz auf ihre Kriegsmarine, sie hielten sie für absolut unbesiegbar.

»Die amerikanische Flotte ist nicht schlecht«, wurde zugestanden, »aber die japanische ist bei weitem die beste der Welt.« Immer wieder kamen meine japanischen Freunde auf die Schlacht in der Tsushima-Straße im Jahr 1905 zu sprechen, in der Admiral Togo die gesamte russisch-baltische Flotte so gut wie ausgelöscht hatte, obwohl seine eigene zahlenmäßig weit unterlegen war. Er manövrierte die russische Flotte damals dank größerer Schnelligkeit aus. Für die Japaner war es ein legendärer Sieg.

»Wir haben die neuesten Flugzeugträger, bestückt mit den besten Flugzeugen«, wurden sie nicht müde zu betonen. »Sie sind schneller und viel manövrierfähiger als die amerikanischen Bomber. Und Japan hat unglaublich viele U-Boote. Jeder, der es wagen sollte, Japan anzugreifen, wird vernichtet.« Dessen waren sie sich absolut sicher.

Täglich berichteten die Zeitungen von den Gesprächen, die in Washington zwischen dem damaligen Außenminister Cordell Hull und den japanischen Unterhändlern Saburo Kurusu und Admiral Kichisaburo Nomura stattfanden. Hull verlangte von Japan, die Vormachtstellung in Südostasien aufzugeben – eine Vormachtstellung, die sich die Japaner, langsam beginnend mit der Besetzung der Mandschurei 1931, aufgebaut hatten. Rückzug aus der Mandschurei, aus Korea, aus China, aus Taiwan, ohne Wenn und Aber. Die USA bestanden auf diesem generellen Rückzug, weil die Japaner jene Gebiete mit Waffengewalt unterworfen hatten. Als freies, demokratisches Land propagierte Amerika konsequent das Selbstbestimmungsrecht der Völker.

Für die Japaner allerdings grenzten Hulls Bedingungen für gute Beziehungen zwischen den beiden Staaten an eine Beleidigung. Es lag für sie außerhalb jeglicher Diskussion, aufzugeben, wofür sie jahrelang gekämpft hatten, nämlich die Vormachtstellung in Südostasien. In dieser prekären Situation war es freilich auch wenig hilfreich, daß ein amerikanischer Admiral auf die Frage, wie lange es dauern würde, die Japaner zu besiegen, erklärte: »Einundzwanzig Tage – neunzehn, bis wir da sind, zwei, um ihnen den Hintern zu versohlen!«

Vielleicht hätte besagter Admiral hören sollen, wie man in meiner Billard-Halle in Tokio auf solche Äußerungen reagierte. Die Amerikaner, so konterte man, würden gar nicht erst bis nach Japan kommen. Man würde sie auslöschen, noch bevor sie vor Hawaii die Anker gelichtet hätten. Und das würden die Amerikaner selbst dadurch erleichtern, daß, wie jeder Japaner wisse, die gesamte amerikanische

Pazifik-Flotte in Pearl Harbor stationiert sei. »Wir können dir sogar sagen, welches Schlachtschiff an welchem Dock liegt.«

Man müsse die Amerikaner nur im Schlaf überraschen. Und da ja bekannt sei, daß Seeleute sich am Samstag üblicherweise betrinken, brauche man nur am Sonntagmorgen früh anzugreifen, wenn alle friedlich ihren Rausch ausschliefen. Eine ganz einfache Taktik.

»Meint ihr nicht, daß es Wachen und Vorwarnsysteme gibt?« warf ich ein.

»Dann ist es längst zu spät. Bis die aufgewacht sind und ihre Maschinen angeworfen haben, sind wir längst da«, belehrte man mich.

Nun gut, ich glaubte nicht, daß es so einfach war. Was mich betraf, gab es eigentlich nur zwei wirklich gute Seestreitkräfte: die britischen und die amerikanischen. Ich war überzeugt, daß es den Amerikanern ein leichtes war, die Japaner abzuwehren. Daß man die amerikanische Marine in einem Moment der Unaufmerksamkeit so einfach überraschen konnte, schien mir schlicht undenkbar.

»Was glaubt ihr denn, was die Amerikaner tun, wenn ihr angreift?« fragte ich damals meine japanischen Freunde. »Glaubt ihr allen Ernstes, die werden da herumsitzen wie die Ölgötzen und nur staunen und stammeln: ›Na, sieh mal, Japaner, was woll'n die denn hier?‹ Die Amerikaner werden sich schon zu wehren wissen.«

Papperlapapp. Der Überraschungseffekt sei das Entscheidende, verkündete man. Es bestand für meine japanischen Freunde offenbar überhaupt kein Zweifel, daß ein solcher Angriff erfolgen würde. Nur wann, das wußte keiner so genau. So blieb diese Frage denn auch das alles beherrschende Gesprächsthema auf den Straßen Tokios.

Aber warum waren alle so vollkommen überzeugt davon? Einer der Gründe bestand darin, daß Kaiser Hirohito, der eigentlich eine friedliche Lösung mit den Vereinigten Staaten angestrebt hatte, einige Monate zuvor, zu Beginn des Jahres 1941, den Kriegstreiber Hideki Tojo als Premierminister akzeptiert hatte. Bis zu diesem Zeitpunkt hatte Prinz Konoye noch verzweifelt versucht, einen Kompromiß auszuhandeln. Als dieser Versuch schließlich scheiterte, trat er zurück.

Ich erinnere mich noch gut an diesen Tag. Wir fuhren zu dritt in einem Taxi durch Tokio – Dr. Joseph Rosenstock, Direktor des New

Symphony Orchestra, mein Vater und ich. An einer Kreuzung unweit des Kaiserpalastes wurden lautstark Sonderausgaben der Zeitungen feilgeboten.

»Halt, halten Sie an, sofort!« schrie ich, sprang aus dem Taxi und besorgte eine Zeitung. »Prinz Konoye tritt zurück«, lautete die Überschrift, »Hideki Tojo mit der Regierungsbildung beauftragt.«

Entsetzt schauten wir einander an. Alle Friedensbemühungen waren dahin, Tojos Ernennung bedeutete Krieg.

An dem Morgen, als es dann geschah, spielte ich mal wieder Billard. Auf einmal stürzte mein Freund Yamamoto herein und brüllte: »Klaus, Klaus, es ist passiert!«

»Was ist passiert?«

»Wir haben angegriffen. Ja, jetzt, in diesen Minuten passiert es.«

»Laß uns zum Sukiyabashi laufen und sehen, was an Nachrichten reinkommt«, schlug ich vor.

Wir rannten zum Sukiyabashi-Platz hinunter, ein paar Hundert Meter von unserer Billard-Halle entfernt, um dort die neuesten Nachrichten auf dem riesigen Leuchtband auf dem Dach des Asahi-Gebäudes lesen zu können. Buchstaben und Worte wanderten das Leuchtband entlang: »Kommuniqué der kaiserlichen Streitkräfte: Seit heute 5.30 Uhr befinden sich japanische Streitkräfte im Nord-Pazifik im Kampf mit der amerikanischen Pazifik-Flotte.« Mit kurzen Pausen wurde diese Meldung wiederholt.

Nach meiner Rechnung – in Tokio war es elf Uhr vormittags – mußte es in Honolulu gerade sechs Uhr sein. Die Schlacht hatte also erst vor einer halben Stunde begonnen. Noch während wir da standen und auf die Leuchtschrift starrten, bombardierten und versenkten die Japaner die amerikanischen Kriegsschiffe. Mehr erfuhren wir zunächst nicht. Niemand wußte, wie der Angriff ausgehen würde.

Bis nachmittags um sechs keine weitere Information, nichts. Aber dann: Der Angriff der Japaner war ein Erfolg auf der ganzen Linie. Sie hatten den Amerikanern eine vernichtende Niederlage beigebracht, nahezu die gesamte amerikanische Pazifik-Flotte lag auf dem Meeresgrund von Pearl Harbor.

Dabei fand der Angriff genau so statt, wie meine Freunde und

Spielpartner aus der Billard-Halle es vorausgesagt hatten. Die Amerikaner wurden mehr oder minder im Schlaf überrascht. Aber nicht nur sie waren ahnungslos, sondern auch die japanischen Unterhändler in Washington, Kurusu und Nomura. Das Kode-Wort, mit dem der Befehl ausgegeben wurde, die Flotte in Schußweite von Pearl Harbor zu bewegen, lautete: »Besteigt Mount Niitaka!« Es war bereits einige Tage zuvor rausgegangen, schließlich mußte die Flotte erst in Stellung gebracht werden. Kurusu und Nomura allerdings setzte man davon nicht in Kenntnis.

Als die Nachricht vom Angriff auf Pearl Harbor kam, saßen die beiden in den Amtsräumen von Außenminister Cordell Hull in Erwartung einer weiteren Gesprächsrunde, die der Friedenssicherung dienen sollte. Ich bin sicher, daß Kurusu und Nomura nicht weniger konsterniert waren als Hull und Präsident Roosevelt, die sich von den Japanern auf der ganzen Linie verraten und betrogen fühlten.

Freilich, taktisch gesehen brachte es dem japanischen Oberkommando einen Vorteil, ihre Unterhändler im unklaren zu lassen. Was politische Integrität und Glaubwürdigkeit betraf, so schienen diese Aspekte General Tojo nur wenig zu interessieren. Fragen der Moral waren für ihn unwichtig.

Somit befanden sich nun die Vereinigten Staaten und Japan im Krieg. Der große Kampf hatte begonnen. Es dauerte nur wenige Stunden, dann erklärten auch Großbritannien und alle anderen Verbündeten der USA den Japanern den Krieg. Über Nacht veränderte sich das Klima in Tokio. Aufruhr und Entsetzen herrschte unter der ausländischen Bevölkerung. Von einem Tag auf den anderen wurden Bewohner des Landes zu Kriegsgegnern. Amerikaner, Briten und Kanadier wurden als erste eingesperrt oder interniert und dann auf der schwedischen *Gripsholm* oder anderen Schiffen abgeschoben.

Ich dagegen bekam als Deutscher in Japan nach offizieller Nazi-Sprachregelung den Status eines Verbündeten Japans. Die deutsche Regierung ließ mich wissen, mein Bruder und ich sollten uns umgehend zu einer medizinischen Untersuchung in der Deutschen Botschaft einfinden, als Vorbereitung der Einberufung zum Militär.

Mein Bruder und ich waren uns einig. »Kommt überhaupt nicht in

Frage«, erklärte Hans kategorisch, und mein Vater pflichtete ihm bei. »Niemals werde ich mich dazu hergeben, für Hitler zu kämpfen.«

Ich setzte mich hin und verfaßte ein entsprechendes Schreiben an Botschafter Ott. »Wir erkennen die Regierung Adolf Hitler nicht als legitime Regierung Deutschlands an«, so lautete der Brief sinngemäß. Man sollte uns ausmustern. Bevor ich ihn allerdings abschickte, besprach ich mich mit dem Polizeikommandeur unseres Viertels. Würde die japanische Regierung das Recht auf politisches Asyl nach der Genfer Konvention anerkennen? Danach hatte jeder das Recht auf Schutz durch die Regierung des Landes, in dem er Zuflucht gesucht hat.

Die Antwort war so knapp wie eindeutig: »Es besteht kein Auslieferungsabkommen zwischen Japan und Deutschland. Das heißt, Japan ist nicht verpflichtet, Sie den deutschen Behörden zu übergeben.« Aber würde die Tatsache, daß Deutschland und Japan Verbündete waren, da nicht einen Unterschied machen? »Solange Sie und Ihr Bruder sich an die japanischen Gesetze halten, wird die japanische Regierung nichts unternehmen, was Ihnen zum Nachteil gereicht«, erklärte er unmißverständlich.

Mehr konnten wir wahrlich nicht verlangen. Dabei spielte sicherlich die Tatsache ein Rolle, daß man die Familie Pringsheim als Freunde Japans betrachtete. Das Engagement meines Vaters an der Kaiserlichen Musik-Akademie, wenngleich er diesen Job auf Betreiben der Nazis verloren hatte, war immerhin eine Anstellung durch das Kaiserhaus gewesen. Denn die Akademie unterstand mehr oder minder direkt seiner Kaiserlichen Hoheit Kaiser Hirohito. Daher galt mein Vater als jemand, der Japan jahrelang treu gedient hatte.

Inzwischen war ich in der Abschlußklasse der Schule für japanische Sprache und Kultur. Als die Zeit der Prüfungen anstand, wurden wir eines Tages gebeten, nach dem Unterricht noch zu bleiben. Es habe sich jemand angemeldet, der mit uns sprechen wolle. Es stellte sich heraus, daß dieser Jemand vom JOAK war, der japanischen Rundfunkgesellschaft (heute bekannt unter dem Kürzel NHK).

»Wir möchten Ihnen allen Jobs anbieten« erklärte er. »Die japanische Regierung sucht ganz dringend junge Leute, die Fremdsprachen beherrschen und in der nächsten Zeit im Bereich der internationalen Berichterstattung arbeiten können. Gerade Sie, die Sie bald diese Schule abgeschlossen haben, scheinen uns, da Sie die japanische Sprache fast wie Ihre jeweilige Muttersprache sprechen, überaus geeignet als Mitarbeiter in unserer Abteilung für internationale Berichterstattung. Wenn Sie also interessiert sind, dann füllen Sie dieses Bewerbungsformular für eine Beschäftigung bei der JOAK aus.«

Eine ganze Reihe meiner Mitschüler, vor allem die amerikanischen Japaner, füllten die Formulare tatsächlich aus. Wohl deshalb, weil ihre Aussichten, in absehbarer Zeit in die USA zurückkehren zu können, nach dem Ausbruch des Krieges ziemlich ungünstig waren. Sie hatten keine Wahl, sie mußten sich auf einen langen Aufenthalt in Japan einrichten und zusehen, wie sie ihren Lebensunterhalt bestritten. Eine von ihnen war meine Banknachbarin, Iva Toguri aus Los Angeles. Iva besuchte gerade ihre Familie in Japan, als die Bomben auf Pearl Harbor fielen. Sie war zwar keine begnadete Schülerin, aber nett und umgänglich. Und vor allem: Iva sprach ein nahezu akzentfreies Japanisch und zugleich ein exzellentes Englisch.

Iva also unterschrieb einen Arbeitsvertrag bei JOAK und wurde später berühmt unter dem Namen »Tokyo Rose«. Ihre Sendungen in Radio Tokyo sollten dazu dienen, die GIs im pazifischen Raum zu demoralisieren und zur Kapitulation zu bewegen. Dazu eignete sich Ivas Stimme ganz hervorragend, sprach sie doch ein lupenreines West-Coast-Amerikanisch.

Mir allerdings sagte mein Instinkt, es sei besser, die Finger vom JOAK zu lassen. Denn sollte es mir eines Tages doch gelingen, die Vereinigten Staaten zu erreichen, um amerikanischer Staatsbürger zu werden, dann wäre die Arbeit beim Feindsender wohl kaum eine gute Empfehlung. Also erklärte ich der Schulleitung rundweg, ich sei nicht weiter interessiert.

Dadurch aber stand ich bald vor einem Problem. Mein Unterrichtsgeschäft nämlich geriet in eine Flaute. Meine englischen und amerikanischen Schüler waren interniert worden, den deutschen legte man nahe, sich von mir fernzuhalten. Und auch meine japanischen Schüler, auf die ich gesetzt hatte, blieben nach und nach aus – sie wurden fast alle zum Militär einberufen. Da mein Vater aber nach wie vor sehr wenig verdiente und Hans gerade mal für sich selbst sorgen konnte, blieb den Pringsheims eigentlich nur noch die Hoffnung, daß der Krieg bald vorbei sein würde.

Diesbezüglich waren die Aussichten allerdings ziemlich ungünstig. Die Japaner marschierten von Sieg zu Sieg, zumindest wenn man ihrer Berichterstattung Glauben schenkte. Entsprechend ging das Leben auf den Straßen von Tokio allmählich wieder seinen gewohnten Gang. Schließlich fand der Krieg weit entfernt statt. Ganz so, wie es der Überzeugung der Japaner entsprach, schien die heilige Erde Japans sicher vor jedem Angriff der Kriegsgegner.

Dann aber kam der Tag, an dem dieser Glaube erschüttert wurde. Es war an einem Nachmittag im April 1942, fünf Monate nach dem Angriff auf Pearl Harbor. Ich saß zu Hause in meinem Zimmer und las. Auf einmal hörte ich das Krachen von Explosionen, die das ganze Haus erschütterten. Dann sogleich das Knattern der Flugabwehrbatterien. Offenkundig handelte es sich nicht um eine Übung.

Ich rannte aus dem Haus, sah zum Himmel und entdeckte in einer Höhe von wenigen hundert Metern zwei Flugzeuge. Die Piloten hatte ihre Kanzeln geöffnet und schauten herunter. Auf den Flügeln war aber nicht das gewohnte Emblem, nicht das Rund der aufgehenden Sonne zu erkennen. Ungefähr wußte ich, wie amerikanische B-25 Bomber aussahen. Mein Gott, schoß es mir durch den Kopf, das sind amerikanische Bomber, das ist ein amerikanischer Luftangriff!

Wie in aller Welt war das möglich? Amerikanische Flugzeuge konnten beim besten Willen nicht von Hawaii bis nach Tokio fliegen. Es gab keine Flugzeuge mit einer derartigen Reichweite. Sie konnten aber ebensowenig von den Midway-Inseln, den Aleuten oder aus Alaska kommen, auch diese Entfernungen waren zu groß.

Die Bomber unterstanden, wie man in Kriegsberichten nachlesen kann, dem Kommando von General James H. Doolittle. Gestartet waren sie vom Flugzeugträger *Hornet*, sechshundert Meilen vor der japanischen Küste.

Wie aber konnte ein Flugzeugträger unbemerkt derart dicht vor die japanische Küste gelangen? Zumal es doch hieß, die gesamte

Pazifik-Flotte sei in Pearl Harbor zerstört worden und die japanische Flotte und Luftwaffe kontrollierten den gesamten See- und Luftraum um Japan. Der Vorfall erschütterte Japan auch deshalb, weil der Feind da draußen auf einmal Wirklichkeit geworden war, es gab ihn, und er schlug zurück. Was war geschehen?

Den von ihrem hohen Roß gestürzten Beamten fiel die Erklärung nicht leicht. Hastig wurden Kabinettssitzungen einberufen, um zu klären, wie es den Amerikanern gelingen konnte, von den Toten aufzuerstehen, und welches Potential und welche Strategie sich dahinter verbargen. Admiral Isoroku Yamamoto, so wurde wiederholt erinnert, habe immer schon gewarnt, daß es nicht ausreichen würde, die Amerikaner in Pearl Harbor zu schlagen. Allein eine Invasion und die schließliche Besetzung Washingtons, so lautete Yamamotos Warnung, könne die Heimat vor Gegenschlägen durch die Vereinigten Staaten schützen. Daher müsse man alle erdenklichen Anstrengungen zum Schutz des japanischen Inselreiches unternehmen.

Entsprechend wurde die japanische Bevölkerung angewiesen, sich verstärkt dem Kampf gegen die Amerikaner zu verschreiben. Ein Kampf, der nicht leicht zu gewinnen war. Es ergingen Aufrufe, den Gürtel enger zu schnallen und alles menschenmögliche zum Schutz des Vaterlandes zu tun. Es wurden Luftschutzkeller gebaut und die Feuerschutzmaßnahmen verbessert – jeder mußte vor seinem Haus zwei Eimer Sand und fünf Eimer Wasser in Bereitschaft haben, falls Brandbomben abgeworfen wurden. Bis zu jenem Tag war das Wort Zivilschutz in Japan nahezu ein Fremdwort gewesen.

Ich allerdings hatte nach dem Doolittle-Angriff noch ein ganz anderes Problem, nämlich meine Hochstimmung zu verbergen. Ich redete zuviel und war von einer geradezu inquisitorischen Neugier. Ich wollte alles über die Stärke der Amerikaner wissen, wie weit sie entfernt waren, wie viele Schiffe da draußen kreuzten usw. Die Sonderausgaben der Zeitungen waren in dieser Hinsicht wenig informativ. Also machte ich mich auf, um meine Freunde in der Stadt zu treffen. Ob sie die Flugzeuge gesehen hätten? Wie viele es gewesen seien? Ob es Tote und Verletzte gegeben habe? Ich bestürmte sie mit Tausenden von Fragen.

Allerdings lernte ich schnell, daß man zu Kriegszeiten seine Nase besser nicht in Dinge steckt, die einen nach allgemeiner Ansicht nichts angehen. Und es gab viele derartige Dinge.

Da das Geschäft mit dem Sprachunterricht deutlich zurückging, nahm ich einen Teilzeitjob beim Okuyuma Nachrichtenservice an. Dessen einzige Aufgabe bestand darin, ausländische Geschäftsleute über das zu informieren, was *Asahi Shimbun* und andere große Tokioter Zeitungen schrieben. Die ganze Agentur im Zentrum Tokios bestand eigentlich nur aus einem einzigen Büro, ausgestattet mit einer Reihe von Schreibmaschinen und Wörterbüchern.

Mein Bruder Hans und ich gehörten zu den vier Mitarbeitern, die sehr früh morgens aufstanden, um in irrer Geschwindigkeit die Druckfahnen der wichtigsten Beiträge der jeweiligen Titelseiten ins Englische zu übersetzen. Dank des Okuyama Nachrichtenservice konnten Geschäftsleute bereits morgens um sieben zum Frühstück in englischer Sprache lesen, was in den japanischen Zeitungen stand. Der Job hatte freilich für mich den positiven Effekt, daß sich mein japanischer Wortschatz verbesserte und daß ich enorme Fähigkeiten erlangte, was die Interpretation des japanischen Denkens und Übersetzung ins Englische betraf. Die Bezahlung für drei Stunden Arbeit war okay, wenn auch nicht ausreichend.

Die ohnehin geringe Chance, vielleicht noch einen weiteren Job zu finden, wurde schließlich gänzlich zunichte gemacht durch eine offizielle Mitteilung der Deutschen Botschaft in Tokio. Man hatte Hans und mich in Abwesenheit des Landesverrats und der Verweigerung der Landesverteidigung in Kriegszeiten für schuldig befunden – Verbrechen, die mit dem Tode bestraft wurden. Großzügigerweise räumte man uns eine Frist ein, innerhalb derer wir unsere Meinung noch ändern konnten. Sollten wir dies nicht tun, so werde man uns in Deutschland in Abwesenheit zum Tode verurteilen. Das Urteil werde unmittelbar nach einer Festnahme durch deutsche Behörden vollstreckt.

Die nächste Hiobsbotschaft ließ nicht lange auf sich warten: Man entzog uns die deutsche Staatsbürgerschaft. Wir galten von nun an als staatenlos, und das bedeutete, daß wir völlig schutzlos waren. Niemand würde in Zukunft für uns eintreten und erklären: Dies sind deutsche

Staatsbürger, sie unterstehen unserem Schutz. Damit waren wir endgültig zu den Parias der deutschen Gemeinde in Tokio geworden.

In dieser Situation war es schwerlich vorstellbar, daß meine inzwischen fast verzweifelte Suche nach einem Job ausgerechnet von einem Deutschen, freilich einem sehr ungewöhnlichen Deutschen, beendet werden sollte. Einer meiner japanischen Sprachschüler machte mich mit Rudolf Ratjen bekannt. Es dauerte nicht lange, bis wir feststellten, daß wir mehr als nur die Nationalität gemeinsam hatten: Uns verband auch die Verabscheuung des Nazi-Regimes. Ratjen schien ausgesprochen erleichtert, endlich einmal seinen Gefühlen Luft machen zu können.

Ratjen war mit einer Japanerin verheiratet, obwohl für Deutsche die Order ausgegeben worden war, keine Mischehen einzugehen. Er war Geschäftsmann, tätig im Ex- und Importgeschäft und sehr reich. Neben seinem Haus in Tokio besaß er ein großes, fast hermetisch abgeriegeltes Anwesen am Strand von Chigasaki, etwa fünfzig Kilometer südwestlich von Kamakura. Ratjen war Repräsentant einer ganzen Reihe von deutschen Firmen, darunter als eine der größten auch Mercedes-Benz.

In Japan bestand eine enorme Nachfrage nach Mercedes-Limousinen. Kaiser Hirohito besaß eine ganze Kolonne extra angefertigter Limousinen für sich und seine Familie – selbst Kronprinz Akihito, ein Kind noch, hatte ein eigenes Auto. Es waren wunderschöne große, schwarze, gepanzerte Wagen mit Zwölfzylindermotoren, die schnurrten wie eine gut geölte Nähmaschine. Die Türen, so hieß es, waren mehr als zwanzig Zentimeter dick und absolut kugelsicher. Sogar der Unterboden war mit Stahlplatten gepanzert, gegen etwaige Minen auf der Straße.

Rudolf Ratjen verkaufte diese Wagen nicht nur an das Kaiserhaus, sondern kümmerte sich auch um Wartung und Reparaturen. Nur ganz selten wurden die kaiserlichen Automobile im Palast gewartet, meistens wurden sie in Rudolf Ratjens Werkstatt in der Nähe von Shibuya gebracht, wo er auch sein Büro unterhielt.

Nicht nur verschaffte mir Ratjen einen Job. Er entwickelte, ähnlich wie schon Henry Duveen während meiner Schulzeit in England, darüber hinaus ein fast väterliches Verantwortungsgefühl für mich. Wie die Duveens hatten auch die Ratjens keine Kinder. Rudolf Ratjen war kein junger Mann mehr, und ich vermute, er machte sich damals unter anderem Gedanken über einen möglichen Erben. Wie auch immer, ich war froh über das Vertrauen von seiten eines anerkannten Landsmannes. Staatenlos oder nicht, ich fühlte mich immer noch als Deutscher. Für Ratjen schien es überhaupt keine Rolle zu spielen, daß ich nicht unwesentlichen Ärger mit dem Nazi-Regime hatte. Vielleicht machte dieser Umstand mich für ihn sogar besonders interessant.

Er versprach mir, mich mit den verschiedenen Bereichen seiner Geschäfte vertraut zu machen, und zwar von der Pike, das hieß von der Autowerkstatt, auf: »Du wirst lernen, wie man einen Reifen wechselt, später wie man neue Bremszüge einbaut oder wie man einen Zylinderkopf ausbaut und neue Ventile einschleift. Du wirst alles über die Wartung eines Mercedes-Benz lernen. Mal sehen, vielleicht wird ja noch ein Ingenieur aus dir.«

Es war ein Full-time-Job, von halb neun morgens bis fünf oder sechs Uhr abends, eine Stunde Mittagspause. Das bedeutete, ich mußte meine Beschäftigung bei Okuyuma aufgeben. Ich sollte mich zunächst beim Chef der Werkstatt, Adolf Bumann, melden, einem schon fast legendären Meister der Motoren. Man hatte ihn direkt aus dem Hauptwerk in Stuttgart nach Japan beordert. Denn auch dort war man mächtig stolz darauf, daß der japanische Kaiser Mercedes fuhr. Zumal jetzt, wo man verbündet war. Also schickte man einen der besten und erfahrensten Mechaniker nach Japan, um die Staatskarossen in Schuß zu halten.

Bumann war in der Tat ein Phänomen. Wenn ein defekter Wagen in die Werkstatt gebracht wurde, dann legte er meist nur den Kopf schief, horchte einige Sekunden und diagnostizierte, ohne überhaupt die Motorhaube zu öffnen: »Die Kolbenringe und Dichtungen am zweiten Zylinder müssen ausgetauscht werden.« Es war unglaublich.

Im üblichen weißen Overall, Kappe auf dem Kopf gegen tropfendes Öl und Fett, erschien der neue Lehrling Pringsheim zu seinem ersten Arbeitstag. Bumann, ein älterer Mann mit vollem grauen Haar und einer riesigen Knollennase, saß in seinem kleinen Büro. Eine

Zigarette im Mundwinkel, streckte er mir die schon ganz leicht zittrige Hand entgegen. »Guten Morgen, Klaus, wie geht's dir heute morgen?«

»Danke gut, Herr Bumann.«

Er schlug vor, zunächst mal einen Kaffee zu trinken. Kaum halb geleert, stellte er seine Tasse wieder ab und deutete auf den Wagen, der uns am nächsten stand. »Wie wär's, wenn du bei dem da mal das rechte Vorderrad abnimmst? Weißt du, wie man das macht?«

»Ich fürchte, nein«, sagte ich vorsichtig.

Überaus geduldig zeigte mir Bumann, wie man die Räder abnahm und den Reifen wechselte, Schritt für Schritt und mit dem richtigen Werkzeug. So begann meine Karriere als Mercedes-Mechaniker. Dabei unterstützten mich zwei oder drei japanische Kollegen, die schon seit mehreren Jahren in der Werkstatt arbeiteten, nach besten Kräften. Die ganze Mannschaft, ungefähr zehn Leute, erwies sich als das absolute Expertenteam in bezug auf jedes noch so kleine Detail der Autos. Jeder Mechaniker hatte seinen eigenen Werkzeugkasten zusätzlich zum allgemeinen Werkzeug.

»Woran arbeitest du gerade?« fragten sie sofort, wenn sie sahen, daß ich nicht weiterkam. »Ah, die Hinterräder, dazu brauchst du einen Sechser-Schlüssel.« Und wenn ich diesen Schlüssel nicht sofort fand, was häufig geschah, so fanden ihn umgehend meine Kollegen für mich.

Die Woche über arbeitete ich wirklich hart und gab mir alle erdenkliche Mühe. Die Wochenenden verbrachte ich dagegen meist auf dem Anwesen der Ratjens in Chigasaki. In einem der Häuser des Anwesens hatte ich sogar ein eigenes Zimmer. Meist nahm mich Frau Ratjen an diesen Tagen unter ihre Fittiche und machte mich mit ihren Nichten und Neffen bekannt, die ungefähr in meinem Alter waren. Da Ratjen selbst brillant Japanisch sprach, war dies die Umgangssprache im Haus. Es waren immer wunderbare Tage. Exzellentes Essen, abwechselnd deutsch oder japanisch. Dazu den feinsten Kognak und den besten Wein, Zigarren aus Kuba oder von den Philippinen.

Traurigerweise aber war meine Karriere bei Ratjen & Company nicht von Dauer. Nicht, weil ich langsamer oder weniger hart gearbeitet hätte. Ich war inzwischen in der Lage, Bremsen zu reparieren, Ventile einzuschleifen und die Kolbenringe der kaiserlichen Karossen zu wechseln. Nun gut, meine Anstellung fand ihr Ende nicht zuletzt, weil ich mal wieder meinen Mund nicht halten konnte.

Der Krieg – man schrieb das Jahr 1943 – entwickelte sich für die Nazis nicht günstig. Feldmarschall Erwin Rommel, der »Wüstenfuchs«, hatte bei El Alamein eine vernichtende Niederlage einstecken müssen und war aus Nordafrika vertrieben worden. In Stalingrad mußte Generalfeldmarschall Paulus mit seiner Armee von fast einer halben Million Soldaten kapitulieren. Damit schien auch der Rußlandfeldzug gescheitert.

Diejenigen in Ratjens Betrieb, die mehr oder weniger offen mit der anderen Seite sympathisierten, rieben dies den Nazi-Anhängern immer wieder unter die Nase. »Na, und wie geht die Besetzung Moskaus voran?« oder »Wie steht's mit Leningrad, schon angekommen?« oder »Na, neue Erfolge bei Stalingrad?« Solche Sticheleien belasteten das Klima und schürten Aggressionen, vor allem wenn sie auch noch von einer so zwielichtigen Person wie mir ausgingen. Zudem genoß ich nicht nur das Vertrauen des großen Bosses, sondern stand ihm auch noch privat nahe. Wer ist dieser Pringsheim überhaupt, fragten sich einige Leute.

Meine allzu leichtfertigen und subversiven Äußerungen sickerten zunehmend durch die Wände der Werkstatt nach draußen. Jedenfalls erhielt Ratjen eines Tages einen Brief von der Deutschen Botschaft, in dem man nachdrücklich dem Befremden Ausdruck verlieh, daß er, Ratjen, einen jungen Mann namens Klaus Pringsheim beschäftige. Jener Klaus Pringsheim sei schließlich alles andere als ein Musterdeutscher.

Für Ratjen war das nichts Neues, es war ihm egal, solange es niemand ausdrücklich zum Thema machte und es kein Aufsehen erregte. Dabei hatte er mir gleich zu Beginn klargemacht, daß ich äußerst zurückhaltend zu sein hätte, so wie er selbst auch. Jede Indiskretion oder unbedachte politische Meinungsäußerung konnte schließlich den Zusammenbruch seines Geschäfts bedeuten.

»Ich kann solche Äußerungen nicht durchgehen lassen, du weißt das, Klaus. Ich gefährde damit nicht nur mich, sondern auch meine Familie und meine anderen Angestellten. Ich muß dich entlassen«, erklärte er mit ehrlichem Bedauern.

Aus war es mit einer Zukunft als Automechaniker oder gar Ingenieur und Juniorchef von Ratjen & Co., und es war ausschließlich meine eigene Schuld und Dummheit. Ich war wieder arbeitslos. Was nun?

Aber man sagt ja, Gott sei nachsichtig gegenüber armen Sündern. Noch vor Ablauf einer Woche bekam ich einen neuen Job bei der Schweizer Gesandtschaft. Dort suchten sie jemanden, der vom Englischen ins Japanische und umgekehrt übersetzen und so einen Teil der Korrespondenz erledigen konnte. Die Schweizer Gesandtschaft in Tokio – normalerweise nicht gerade als eine Institution von weltpolitischer Bedeutung bekannt – war in jener Zeit zu einer Art Mittlerinstitution zwischen Japan und seinen Kriegsgegnern geworden.

Man sollte denken, daß sich gegeneinander Krieg führende Länder nicht viel zu sagen haben. Gleichwohl schien es, als herrschte ein regerer Informationsaustausch als vor Ausbruch der Feindseligkeiten. Es wurden Protestnoten verfaßt, Wiedergutmachung für Schäden gefordert, Informationen über Kriegsgefangene erbeten oder deren Austausch geregelt usw. Für solche Angelegenheiten waren die Schweizer durch ihren neutralen Status von jeher zuständig, wobei sie auch noch gut daran verdienten.

Als Übersetzer der Gesandtschaftskorrespondenz und Verfasser von diplomatischen Noten verdiente ich sogar noch ein wenig mehr denn als ungelernter Mechaniker in Ratjens Werkstatt. Und ich hatte nicht ewig Öl und Schmutz unter den Fingernägeln. Meine Wochenenden verbrachte ich allerdings nach wie vor bei den Ratjens in Chigasaki.

Der neue Job in der Schweizer Gesandtschaft brachte noch einen weiteren Vorteil mit sich. Mein direkter Arbeitgeber, der Gesandte Camille Gorge, wohnte eigentlich im Haus der kanadischen Vertretung, einem der komfortableren Gebäude im Botschaftsviertel. Als die Bombardierungen Tokios begannen, zog er sich jedoch nach Karuizawa zurück, einem Urlaubs- und Kurort in den Bergen etwa neunzig Meilen nördlich von Tokio. Die alltägliche Arbeit überließ er weitgehend den Botschaftsangestellten. Von Zeit zu Zeit fiel mir nun die Aufgabe zu, die offizielle Korrespondenz in seinen Zufluchtsort zu bringen. Die Fahrten in die Berge boten eine willkommene Gelegenheit, etwas für die eigene Lebensmittelversorgung zu tun.

Eine gewisse Lebensmittelknappheit war bereits kurze Zeit nach Kriegsausbruch spürbar geworden. Schon bald kam der Tag, an dem es weder Fisch noch Fleisch zu kaufen gab, gelegentlich nicht einmal mehr Gemüse. Auf den Überlandfahrten nach Karuizawa ergab sich nun immer wieder die Möglichkeit, bei den Bauern Nahrungsmittel zu erwerben. Butter, Milch, Käse, Fleisch und Geflügel, alles das fand sich in den Vorratsräumen der Bauern, wenn man nur genug Geld hatte. Die meisten Japaner machten sehr bald die Erfahrung, daß es kaum etwas gab, was auf dem Schwarzmarkt zu einem entsprechenden Preis nicht zu haben war.

Einer der großen Nachteile unserer Ausbürgerung bestand darin, daß wir keinen Anspruch auf die von der deutschen Botschaft zur Verfügung gestellte Grundversorgung hatten. Diese Güter, darunter auch Lebensmittel, brachten die deutschen U-Boote in einer Art Frachtservice nach Japan, wobei sie unterwegs nebenbei noch das eine oder andere feindliche Schiff versenkten. Wohlgelittene Deutsche bekamen jeden Monat Lebensmittel- und andere Berechtigungskarten, die ihnen eine monatliche Grundversorgung garantierten. Andere, wie die beiden jungen Pringsheims, mußten selbst sehen, wo sie blieben.

Im übrigen war auch das Bier rationiert, und das war für mich fast noch schlimmer als die allgemeine Lebensmittelrationierung. Jeden Tag freute ich mich immer schon im voraus auf ein paar Gläser Bier am Abend. Dieses Vergnügen war jedoch nicht so einfach zu bekommen. Man konnte nicht mehr in einen Laden marschieren und ein paar Flaschen Bier verlangen. Manchmal gab es Bier in einem Restaurant, aber nur zu einer Mahlzeit. Die Restaurants aber hatten auch nicht immer geöffnet, sie waren ebenso von der Rationierung betroffen wie jeder einzelne.

Wie viele andere auch zog ich abends durch die Straßen Tokios, die Lauscher weit aufgesperrt in der Hoffnung, eines jener Gerüchte aufzuschnappen, daß dann und dann, da oder dort ein Restaurant geöffnet werde, man ein Schnitzel und ein paar Kartoffeln und vor allem Bier bekommen könne, wenn man rechtzeitig eintraf. Gleichzeitig spähte man Läden aus, in denen ab und zu Bier verkauft wurde – offene Bier-Bars waren inzwischen ziemlich rar geworden.

Ich hatte Glück und fand eine der wenigen gleich neben dem Hotel Imperial gefunden. Normalerweise war sie zwischen sechs und acht Uhr abends geöffnet. Das reichte aus, um den Tank wieder nachzufüllen. Allerdings nur, wenn man eine bestimmte Taktik anwendete. Der übliche Modus operandi war folgender: Man stellte sich in einer langen Schlange an; vorn angekommen, bekam man einen kleinen Bambusstab, der einen wiederum berechtigte, eine Flasche Bier zu kaufen. Später, wenn das Bier serviert wurde, mußte man das Stäbchen wieder abgeben.

Unseligerweise war die Schlange meist mehrere Blocks lang, so daß es manchmal länger als eine Stunde dauerte, bis man am Kopf der Schlange ankam. Daher steckte ich das Stäbchen in die Tasche und stellte mich sofort wieder hinten an. Oder, besser noch, man reihte sich mit Hilfe von Verbündeten weit vorne beiläufig wieder in die Schlange ein. Ein paar Mal wiederholt, und man hatte fünf bis sechs Bambusstäbchen in der Tasche, damit ließ sich dann schon ein Abend bestreiten.

Eine andere Technik, die Sache zu beschleunigen, bestand darin, den Verteiler zu überreden, einem zwei Stäbchen auszuhändigen. »Könnte ich auch noch eins für meinen Freund hier haben?« An guten Abenden konnte man es schon mal auf acht Stäbchen bringen, für die es jeweils einen Liter Bier gab.

War es im Tokio der Kriegszeit schon schwierig genug, seinen Bierbedarf zu decken, so war es schier unmöglich, Kontakt mit dem anderen Geschlecht aufzunehmen. Dabei war mir die Schönheit der jungen Mädchen Tokios bereits aufgefallen, als ich das erste Mal japanischen Boden betreten hatte. Und es schien Millionen wunderhübscher Mädchen zu geben, als wäre Tokio ein Magnet für weibliche Schönheit.

Aber wie sollte man sie kennenlernen? Ich hielt mich selbst für nicht ganz häßlich. Blonde, gewellte Haare, groß und schlank – knapp einen Kopf größer als die Japaner. Normalerweise war ich, wenn ich eine Bar betrat, der bei weitem Größte im Raum.

Es gab zu meinem Unglück auch keine gesellschaftlichen Anlässe, bei denen man die Bekanntschaft eines Mädchens machen konnte. Die meisten Mädchen oder Frauen, die ich bei uns zu Hause kennenlernte, waren die allzu ernsthaften und seriösen Musikschülerinnen meines Vaters. Nicht der Typ Mädchen, der mich interessierte. Außerdem schien es mir nicht unbedingt klug, etwas mit einer Schülerin meines Vaters anzufangen. So stand ich da wie vor einem gut gefüllten Brunnen, aus dem man doch nicht trinken darf.

Eines Morgens, ich musterte wie immer die Gesichter der Fahrgäste des Vorortzuges, fiel mein Blick auf ein ganz besonders hübsches Mädchen, das mir gegenüber auf der anderen Seite des Ganges saß. Ich starrte sie an, in der Hoffnung, daß sie meinen Blick erwiderte. Nun gilt es in Japan für eine Frau als unschicklich, einem Mann in die Augen zu schauen; das gehört sich nicht. Ich jedoch fixierte sie weiterhin, bis ich schließlich einen ganz kurzen Blickkontakt erhaschte, nur einen Augenaufschlag. Sie hatte mich angesehen, zumindest wollte ich das glauben. An der Meguro-Station stieg sie um in den Pendelzug ins Zentrum.

Ihr Gesicht ließ mich von da an nicht mehr los, es verfolgte mich den ganzen Heimweg. Ob ich sie wiedersehen würde? Immerhin benutzte sie den gleichen Vorortzug wie ich. Es konnte also sein, daß sie ganz in meiner Nähe wohnte. Ich beschloß, einen Tag frei zu nehmen und die Strecke wieder und wieder abzufahren, wenn nötig den ganzen Tag. Da diese Linie die einzige Verbindung ins Zentrum Tokios bildete, mußte ich sie so früher oder später wieder treffen.

Endlich, nach drei Monaten, in denen ich zweimal täglich den Vorortzug genommen hatte, begegneten wir uns wieder. In Meguro stieg sie ein, Richtung stadtauswärts. Wie der Blitz hechtete ich in den gleichen Waggon wie sie. Da der Zug überfüllt war wie immer, standen wir ein paar Schritte auseinander. Sie war bei weitem das hübscheste Mädchen, das ich bis dahin gesehen hatte. Ich war wie verzaubert. Erneut versuchte ich, einen Blick von ihr zu erhaschen. Flüchtig schaute sie irgendwann auf, auf ihrem Gesicht der Anflug eines Lächelns. Sie hatte mich also wiedererkannt. Das mußte allerdings nichts bedeuten, schließlich stieß man zu der Zeit nicht an jeder Ecke auf große blonde Europäer.

Meine Station war die vierte auf der Strecke. Wenn sie an der gleichen ausstieg, dann wohnte sie sogar in unserer unmittelbaren Nachbarschaft. Der Zug hielt an der ersten Station, an der zweiten, an der dritten, und noch immer war sie nicht ausgestiegen. Aber auch an der vierten fuhr sie vorbei, ich mit ihr.

An der fünften Station dann verließ sie schließlich den Zug. Ich folgte ihr die Treppen vom Bahnsteig hinunter auf die Straße, mit gebührendem und unauffälligem Abstand freilich. Sogar das Geräusch meines Atems versuchte ich zu unterdrücken. Ein ganzes Stück folgte ich ihrem Weg entlang der Bahnstrecke. Bis sie auf einmal in der Dunkelheit verschwunden war. Sie konnte nirgendwo anders abgeblieben sein als in einem der Häuser an der Bahnstrecke. Kein Zweifel, sie wohnte hier, fünf Bahnstationen von Meguro entfernt.

Ich schaute auf meine Uhr. Es war inzwischen halb zehn abends. Nun hängt in Japan praktischerweise am Torpfosten zum Vorgarten immer ein kleines Schild mit dem Namen der Bewohner. Ich trat etwas dichter an den Hauseingang, in dem sie verschwunden sein mußte. Danach war ihr Name Hirokawa.

Immerhin wußte ich nun, wo sie wohnte und wie ihr Familienname lautete. Ich notierte alles auf einem kleinen Stück Papier, steckte es in die Tasche und machte mich fröhlich pfeifend auf den Heimweg. Es gab Dutzende von Möglichkeiten, wie nun weiter zu verfahren war.

Eine bestand darin, immer zu bestimmten Zeiten den Vorortzug von Meguro aus zu nehmen. Offensichtlich war sie meist gegen neun Uhr auf dem Weg nach Hause. Ich konnte es also so einrichten, daß ich etwa zu dieser Zeit den Zug nahm. Das gleiche war auch morgens denkbar, in entgegengesetzter Richtung. Ich konnte auch von der fünften Station aus an den Bahngleisen entlanggehen und sie dabei ganz zufällig treffen oder schließlich einfach an ihrem Haus klingeln und nach der jungen Frau des Hauses fragen. Dazu allerdings fehlte mir der Mut.

So vergingen erneut zwei oder drei Wochen, dann endlich traf ich sie wieder. Es war am späten Vormittag. Und diesmal ein Lächeln, ohne jeden Zweifel: Da ist ja dieser große ausländische Kerl wieder! Sie kannte mich. Heute ist dein Tag, sagte ich mir, nur eine Frage des rechten Augenblicks. Ich folgte ihr, als sie ausstieg. Dann allerdings geschah etwas, worauf ich nicht vorbereitet war. Auf dem Bahnsteig löste sich aus einer anderen Gruppe von Fahrgästen ein Mädchen und steuerte grüßend auf sie zu. Offenbar waren die beiden verabredet und hatten gemeinsam etwas vor.

Ich folgte ihnen in den Zug Richtung Zentrum, wo sie schließlich ausstiegen. Ich stieg ebenfalls aus. Schwatzend und lachend zogen sie los, während ich gewissermaßen ihre Nachhut bildete. Mit der Zeit gab ich mir immer weniger Mühe, unauffällig zu bleiben. Ich glaube, die beiden hatten längst gemerkt, was los war, und spielten auf ihre Weise damit. In der Nähe der Yurakucho-Station gingen sie auf ein großes Kino zu, in dem ein amerikanischer Film gezeigt wurde. Ich glaube, es war »San Francisco« mit Clark Gable, ein Film über das große Erdbeben von 1906. Amerikanische Filme waren in der Zeit überaus populär in Japan. Die beiden Mädchen stellten sich an, kauften Karten und verschwanden im Kino. Ich schoß an den Schalter, ergatterte eine Karte und hastete hinterher. Hoffentlich setzen sie sich so, daß noch ein Platz neben ihnen frei bleibt, betete ich. Sie taten mir den Gefallen, neben ihnen am Gang blieb ein Platz unbesetzt. Wir setzten uns, als gehörten wir zusammen.

Jetzt mußte ich wohl etwas sagen. Ich nahm all meinen Mut zusammen, beugte mich zu ihr und preßte mir die Worte ab: »Sie sind doch Fräulein Hirokawa, nicht wahr?«

Sie wirbelte herum. »Woher wissen Sie das?« rief sie überrascht, aber hörbar angenehm überrascht. Das Eis war gebrochen. Ich stellte mich vor, und sie stellte mir ihre Freundin vor. Sie selbst übrigens hieß Ayako. Gemeinsam schauten wir uns den Film an, aßen später auf der Ginza amerikanischen Apple Pie und Eiscreme. Nach Stunden erst machten wir uns wieder auf den Heimweg. Ayakos Freundin mußte ab Meguro einen anderen Zug nehmen als wir. Ganz Gentleman und über beide Ohren verliebt, begleitete ich Ayako nach Hause.

Auf dem Rückweg zur Bahnstation schwebte ich mehr oder weniger. Es war ein wunderbarer Tag gewesen. Ich wußte nun nicht nur, wie sie hieß, sondern war sogar im Besitz ihrer Telefonnummer.

Ayako besuchte eine Tanzschule und war mit ihrer Ausbildung fast fertig. Außerdem gab sie mit einer Gruppe von Zeit zu Zeit Vorstellungen in klassischem Tanz. Entsprechend war sie ganz versessen auf klassische Musik. Dank meinem Vater war ich wiederum immer gut versorgt mit Konzertkarten, und so konnte ich sie drei- bis viermal im Monat ins Konzert einladen.

Allerdings war es für Ayako nicht ganz einfach, sich mit mir zu treffen. Vor allem, weil sie berechtigte Bedenken hatte, was ihr Vater und ihre Familie davon hielten. Die traditionsbewußten Japaner waren damals sehr darauf bedacht, jegliche Völkervermischung zu vermeiden. Wohl auch deshalb galten Mädchen, die sich mit Ausländern einließen, in den Augen vieler als Huren. Ein anständiges Mädchen tat so etwas nicht.

Gleichwohl vergingen einige Monate, in denen wir uns regelmäßig trafen. Alles hatte im Frühjahr begonnen, und noch im Herbst dauerte unsere Affäre ungebrochen an. Wir besuchten Konzerte, Lesungen und andere Veranstaltungen, trafen uns in Parks oder in Cafés, alles gänzlich unschuldig. Um der Beziehung von mir aus eine neue Wendung zu geben, war ich viel zu jung und zu unerfahren.

Und so begann ich denn an Boden zu verlieren. Immer häufiger ließ sich Ayako verleugnen oder fand fadenscheinige Entschuldigungen. Neben der Tatsache, daß ihre Eltern es auch mit Rücksicht auf die öffentliche Meinung nicht gerne sahen, wenn sie mit einem Ausländer ausging, war es nun auch die Weisung der Polizei, den Kontakt mit Fremden zu meiden, der sie sich zu beugen schien. Den alles entscheidenden Grund erfuhr ich zunächst nicht. Eines Nachmittags, als wir uns zum Tee trafen, ließ sie die Bombe platzen. Es gab einen anderen: ihren Tanzlehrer und Leiter der Tanzschule.

Sein Name war mir durchaus ein Begriff. Er gehörte zu den bekannten Größen der japanischen Unterhaltungsbranche. Eine anerkannte Persönlichkeit und reich dazu. Und ich, wer war ich schon, nur ein unbekannter Junge und Ausländer dazu, nichts, was man dagegen aufbieten konnte. Es war grauenvoll, ich fühlte mich hundeelend.

Schweigend tranken wir unseren Tee aus. »Okay«, seufzte ich schließlich, »es ist wohl besser, ich bring' dich jetzt nach Hause.«

Ohne viele Worte zu machen, wanderten wir die Bahngleise entlang bis zu ihrem Haus. Ein kurzer Abschied, dann huschte sie hinein. Ein bißchen Zeit blieb mir noch, bis der nächste Zug zurück ging. So trat ich zwischen die Büsche, die den Fußweg von den Bahngleisen trennten, und blieb dort eine Weile regungslos stehen. Es würde bald vorbei sein.

Nach einer Weile wandte ich mich zum Gehen, allerdings nicht ohne noch einen letzten Blick auf die Fenster des Hauses zu werfen – vielleicht in der Hoffnung, sie würde zu mir herabsehen. In gewisser Weise doch erleichtert, als ich die noch immer geschlossenen Vorhänge sah, trat ich den Heimweg an. So endete meine erste echte Romanze.

Die Wunden dieser ersten Liebe heilten schneller, als ich befürchtet hatte. Denn nur wenige Wochen später begegnete ich im Blumenmarkt eines Kaufhauses einem ausgesprochen hübschen Mädchen, das wie ich die kunstvollen Blumengestecke betrachtete.

Ein paar Mal umkreiste ich sie. Dann faßte ich mir ein Herz, steuerte auf sie zu und fragte sie direkt: »Haben Sie Lust, eine Tasse Tee mit mir zu trinken?«

Zu meiner Überraschung öffneten sich ihre Lippen, und sie sagte lächelnd: »Warum nicht?«

Nachdem wir einige Zeit gemeinsam die Gestecke angeschaut hatten, begleitete ich sie zum Campus der Universität, wo sie in einem der Wohnheime lebte. Sie war Chinesin und studierte Japanisch an der Universität von Tokio. Als wir uns trennten, gab sie mir ihre Telefonnummer, und wir vereinbarten ein Wiedersehen. In der Folgezeit unternahmen wir Bootsfahrten oder fuhren am Wochenende aufs Land. Gerade als ich hoffte, daß unsere Freundschaft in eine intensivere Phase eintreten könnte, erklärte auch sie mir, daß wir uns in Zukunft nicht mehr sehen könnten.

Diese Worte kamen mir allzu bekannt vor, nur daß sie diesmal schon sehr viel früher ausgesprochen wurden. »Um Himmels willen, was hab ich denn angestellt?« fragte ich entsetzt.

»Ich hatte vor ein paar Tagen Besuch von einem Polizisten. Erst hat er mich über dich ausgefragt und mir dann nachdrücklich klargemacht, daß es nicht klug wäre, mich weiterhin mit dir sehen zu lassen.«

Die Polizei hatte sie darüber belehrt, daß sie Gaststudentin in Japan sei und sich besser ausschließlich ihren Studien widme. Treffe sie sich weiterhin mit mir, so könne dies zu recht unangenehmen Nachforschungen von seiten der Universitätsleitung führen, mit dem Effekt, daß man sie unter Umständen nach China zurückschicken werde.

Diesmal war die Trennung nicht ganz so schmerzhaft wie beim ersten Mal. Ich lernte langsam, mit dem Trennungsschmerz umzugehen. Außerdem hatte es in diesem Fall ja nichts mit mir persönlich zu tun, wenngleich ich wohl doch nicht der geborene Don Juan war. Die Möglichkeiten, dazuzulernen und es besser zu machen, schwanden allerdings zunehmend, je länger der Krieg andauerte. Jede Form des Kontakts zu Fremden wurde beargwöhnt. Wer sich daran nicht hielt, mußte damit rechnen, bald Besuch von der Polizei zu bekommen.

5. WAS IST EINE ATOMBOMBE?

Der Argwohn gegenüber jeder Bekanntschaft mit Ausländern machte es nicht leicht, bestehende Freundschaften aufrechtzuerhalten. Japanische Freunde konnten nur noch spät nachts zu uns kommen und mußten selbst dann darauf achten, nicht gesehen zu werden und nur im Flüsterton zu sprechen: »Wir haben euch Kuchen mitgebracht.« Keiner traute sich, länger als ein paar Minuten zu bleiben. Auch konnte ich umgekehrt meine Freunde nicht besuchen, ohne ein immenses Risiko für beide Seiten einzugehen.

So blieben wir Ausländer – Deutsche, Franzosen, Russen, Italiener usw. – zunehmend unter uns. Was uns verband, war die Hoffnung auf einen baldigen Sieg der Alliierten. Darüber aber schwiegen wir und versuchten uns so zu verhalten, daß wir nicht im Gefängnis endeten – oder gar noch schlimmer. Eine ganze Reihe europäischer Dissidenten, Gegner der Regime Hitlers, Mussolinis oder der Marionetten-Regierung Petain und Laval in Frankreich, also im Grunde Leute wie Hans und ich, wurden verhaftet. Manche verschwanden einfach oder wurden hingerichtet.

Zum Mittagessen oder abends trafen wir uns, nervös und ängstlich, spielten Karten und tauschten flüsternd Neuigkeiten aus. »Haben Sie schon gehört, Heydrich, der Chef der SS in der Tschechoslowakei, ist bei einem Attentat getötet worden! Man sagt, die Amerikaner hätten eine große Seeschlacht gewonnen, stimmt das?«

Aufgrund meiner Anstellung in der Schweizer Gesandtschaft war ich es zumeist, der im Besitz der neuesten Informationen war. Nicht selten kamen Diplomaten, die Zugang zu den internationalen Kanälen hatten, am späten Nachmittag in mein Büro und versorgten mich mit Daten zur aktuellen Kriegsentwicklung. An der Wand meines Zimmers zu Hause hatte ich eine riesige Karte des gesamten pazifischen Raums aufgehängt, von Ostasien bis zur Westküste der Vereinigten Staaten.

Wo immer Schlachten, Landeoperationen und Bombardements stattfanden, markierte ich die Positionen mit Stecknadeln und versah sie manchmal mit kleinen Zetteln, etwa im Fall der Schlacht um die Midway-Inseln. Angeblich hatte Japan dort einen großen Sieg errungen. Tatsächlich war ein amerikanischer Flugzeugträger versenkt worden, während die Japaner deren vier einbüßten, die Soryu, Kaga, Hiryu und Akagi. In Wahrheit markierte jene Schlacht die Wende im Pazifik-Krieg, die Wende, auf die wir alle so sehnlich gewartet hatten.

Als die Amerikaner die Mariana-Inseln, 1200 Meilen von Japan entfernt, besetzten, heftete ich einen kleinen Zettel mit der Aufschrift »B-29 Bomber« an die Nadel, die bei Saipan in der Karte steckte. B-29 Bomber waren die neuesten fliegenden Festungen der Amerikaner, eine Weiterentwicklung der B-17 Bomber, die schon die Nazis in Europa das Fürchten gelehrt hatten. Die B-29 trugen eine größere Bombenlast und hatten eine noch größere Reichweite. Sie konnten von Saipan aus ohne weiteres Tokio erreichen, wie wir bald erfahren sollten.

Die B-29 Bomber läuteten das Ende für Japan ein. Meist kamen sie bei Nacht, in immer größeren Formationen. Dabei flogen sie so hoch – schätzungsweise in 10.000 Meter Höhe –, daß sie für die japanische Flugabwehr unerreichbar waren. Ich erinnere mich noch genau an das erste Mal. Es war eine sternenklare Nacht. Riesige Suchscheinwerfer wanderten über den Himmel. Es war erstaunlich, wie weit ihre Lichtkegel reichten. Ganz weit oben, kaum auszumachen, näherten sich die Bomber, unerreichbar auch für die japanische Luftwaffe.

Das Demoralisierendste an den amerikanischen Bombenangriffen war ihre unglaubliche Präzision. So etwas wie Bombenteppiche und technisch gesteuerte Präzisionsbombardierungen waren uns bis dahin unbekannt gewesen. Die Amerikaner besaßen ein den Japanern unbekanntes Hilfsmittel, mit dem es ihnen gelang, am Montag ein Stadtviertel Tokios und am Dienstag das angrenzende systematisch in Trümmer zu legen.

Ich war inzwischen aus dem Haus meines Vaters ausgezogen und in kürzester Zeit fünfmal ausgebombt worden. Beim sechsten Mal schließlich war es ein völlig verrückter Umstand, der mich davor bewahrte, nie mehr eine neue Bleibe suchen zu müssen. Ich saß an jenem Abend in meinem Apartment, als die Sirenen heulten. Alle neun Bewohner des Hauses hasteten aus ihren Wohnungen zum Luftschutzbunker, streng nach Vorschrift. Der Bunker bestand eigentlich nur aus einer schmalen, flachen Vertiefung im Boden, umgeben von Sandwällen und bedeckt mit vielleicht vierzig Zentimeter Erde. Wir krochen hinein, und ich zog als letzter die hölzerne Eingangstür zu und zwängte mich in die verbliebene Ecke.

Wie die Hühner auf der Stange hockten wir im Dunkeln, horchten auf die Granaten der Luftabwehr, die meist schon auf halber Strecke zu ihrem Ziel explodierten, und auf das gnadenlos-unaufhörliche Dröhnen der Motoren. Unser winziger Unterstand war schlecht belüftet. Man atmete mehr oder minder den Atem der anderen ein, nach kürzester Zeit hatte man das Gefühl, zu ersticken.

Irgendwann bekam ich einen Anfall von Klaustrophobie, ich mußte einfach raus. »Tut mir leid«, murmelte ich, schob die Tür auf und kroch ins Freie. Kaum heraus aus dem Erdloch, vernahm ich das tödliche Zischen einer herannahenden Bombe. Ich warf mich in den Rinnstein und barg mein Gesicht so gut es ging am Bordstein. Die Bombe traf eine Mauer, etwa drei Meter entfernt, prallte ab, fiel genau auf den Schutzbunker und explodierte in Feuer und Rauch.

Ich weiß nicht, wie lange ich regungslos dalag, fünf Minuten, vielleicht zehn. Wie durch ein Wunder war ich unverletzt geblieben. Schließlich rappelte ich mich auf, um nach meinen Gefährten im Bunker zu sehen. Er war unter der Wucht der Explosion eingestürzt und hatte alle acht unter sich begraben. Verzweifelt suchte ich irgendwas, womit man graben konnte. Ich fand eine kleine Schaufel, die aus welchem Grund auch immer da herumlag. Hektisch fing ich an zu graben. Bald fand ich den ersten, er war erstickt. Wie besessen wühlte ich weiter, so lange, bis ich alle Gesichter freigelegt hatte. Keiner von ihnen hatte überlebt.

All diese Menschen waren keine Unbekannten für mich, sie hatten mit mir im gleichen Haus gelebt. Wie oft hatten wir gemeinsam gehofft, der Krieg möge enden, bevor wir selbst von den Bomben getroffen würden.

Ich ließ die Schaufel fallen. Es war das erste Mal, daß ich leibhaftig mit dem Tod konfrontiert war. Er hatte reiche Ernte gehalten – und, was das Schlimmste war, unter Freunden. Mein Verstand setzte aus. Die B-29 Bomber richteten in jener Nacht verheerende Schäden an. Sie kreisten noch immer über Tokio, als ich schon ziellos durch die Trümmer in den zerstörten Straßen lief. Ich wußte nicht mehr, wer ich war, noch, wo ich hingehörte.

Anderthalb Tage irrte ich durch die Straßen, bevor ich von einem Polizisten nachts aufgegriffen wurde. »Wer sind Sie, und wo wollen Sie überhaupt hin?« fragte er mich. Aus den Papieren, die sich in meiner Hosentasche fanden, stellte er eine wie auch immer geartete Verbindung zur Schweizer Gesandtschaft her und brachte mich dort für den Rest der Nacht unter.

Am nächsten Morgen erfuhr ich, daß man mich für tot gehalten hatte. Die Polizei hatte angenommen, daß alle Bewohner des Hauses in dem provisorischen Bunker umgekommen seien. Man hatte meine Leiche nicht gefunden und daher vermutet, ich sei herausgeschleudert und getötet worden. Ein seltsames Schuldgefühl erfaßte mich. Wieso war gerade ich am Leben geblieben?

Die zweite unmittelbare Erfahrung von Tod und Vernichtung war nicht weniger traumatisch. Meine japanischen Freunde hatten mir bei unseren Gesprächen über die Bombenangriffe drei Faustregeln eingeschärft, die es im Ernstfall zu beherzigen gelte. Erstens: nie in die Richtung laufen, in der es wärmer wird; zweitens: immer in dunklere Gegenden laufen, nicht ins Licht; drittens: immer in die Richtung laufen, in die sich die anderen bewegen.

Japanische Häuser sind zumeist aus Holz und Papier gebaut und stehen zudem sehr dicht beieinander. Entsprechend ging alles sofort in Flammen auf, wenn Brandbomben fielen.

Da ich selbst inzwischen in einem jener sehr gefährdeten Distrikte Tokios wohnte, ließ der Tag nicht lange auf sich warten, an dem ich den Sinn dieser Überlebensregeln selbst erfahren mußte. Als die Bomber ihre brennende Fracht abgeworfen hatten, rannte ich aus dem Haus und wandte mich sofort in die Richtung, in der es offenkundig kühler war. Plötzlich aber bemerkte ich, daß es dort heller und heller wurde. Ich machte kehrt und rannte in die entgegengesetzte Richtung. Damit aber lief ich auf das Feuer zu. So schloß ich mich einer Gruppe von Leuten an, die in eine ganz andere Richtung rannten. Das aber war auch kein Ausweg, denn bald kam uns eine weitere Gruppe entgegen. Wir waren vom Feuer eingeschlossen. Es gab nur einen Ausweg. Wir sprangen in einen Abwasserkanal, in eine stinkende Brühe aus Urin und anderen menschlichen und tierischen Ausscheidungen. In dieser sich ständig weiter aufheizenden Brühe verharrten wir, bis die Bomber im Morgengrauen endlich abdrehten. Es war eine nicht enden wollende Nacht des Grauens.

Ein weiteres Mal war ich ausgebombt worden und hatte überlebt. Zu allem Unglück erwarteten mich auch noch schlechte Neuigkeiten in der Schweizer Gesandtschaft. Man erklärte mir, das Arbeitsverhältnis sei beendet. Keine weitere Begründung, nichts. Pleite, ohne Wohnung und ohne Job, zog ich wieder zu meinem Vater, dessen Haus bislang verschont geblieben war.

Er zeigte sich wenig überrascht von meiner Kündigung. Denn, so berichtete er, die Polizei sei vor wenigen Tagen bei ihm gewesen. »Sie wollten dein Zimmer sehen.« Die Haushälterin hatte sie ohne weiteres hereingelassen, denn in Japan gibt es so etwas wie eine offizielle Erlaubnis oder einen Durchsuchungsbefehl nicht. Man läßt die Polizei einfach gewähren.

Ich konnte mir das Gespräch der Polizisten beim Anblick der riesigen Landkarte an der Wand meines Zimmers lebhaft vorstellen. »Mein Gott, sieh dir das an. Der Typ muß ja eine Menge Insider-Informationen haben. Der hat hier Dinge markiert, von denen wir noch nie was gehört haben!«

Da der Name der Schweizer Gesandtschaft auf der Karte stand, war es nur logisch, daß die Polizei gleich am nächsten Tag dort vorstellig wurde mit der Bitte um Aufklärung. Ich war seit langem staatenlos, stand jetzt auch noch unter Polizeibeobachtung, und die Schweizer waren immer schon sehr vorsichtige Leute. Was auch passiert sein mag, die Schweizer Gesandtschaft hält sich da raus. Punkt. Der Fall Pringsheim war damit für sie erledigt.

Aber damit nicht genug. Ein oder zwei Tage später klopfte es an unserer Haustür. Da keiner außer mir zu Hause war, öffnete ich die Tür. Draußen stand ein Polizist vom örtlichen Präsidium. »Sie sind der junge Herr Pringsheim, nicht wahr?« fragte er sehr höflich.

»Ja, der bin ich.«

»Ich möchte, daß Sie mich aufs Präsidium begleiten, wir haben einige Fragen an Sie.«

Ich zog meine Jacke an – es war März und empfindlich kalt – und folgte ihm, in dem festen Glauben, bald wieder zurück zu sein. Im Präsidium allerdings warteten zwei Männer vom Kem Pei-Tai, der japanischen Militärpolizei. Zunächst versicherten sie sich erst einmal meiner Identität. Dann erklärten sie mir, ich müsse mit ihnen ins Hauptquartier des Kem Pei-Tai kommen. Mit diesen Worten schoben sie mich in einen Wagen, der schon bereitstand.

Im Hauptquartier führte man mich in ein spezielles Verhörzimmer. Drei Männer warteten bereits, zwei von ihnen führten das Verhör, einer machte Notizen. Nach allgemeinen Fragen zu meiner Herkunft kamen sie schließlich auf den Punkt. »Haben Sie jemals etwas mit Spionage zu tun gehabt?«

»Natürlich nicht«, antwortete ich im Brustton der Überzeugung.

Sie konterten mit der Frage, warum ich dann so ein großes Interesse an den Hintergründen des Doolittle-Angriffs gezeigt hätte. Außerdem habe man mich mehrfach mit verdächtigen Personen beobachtet. Sie nannten einige Namen, die mir durchaus bekannt waren. Einer von ihnen war der Name Richard Sorge.

»Ja, Dr. Richard Sorge habe ich kennengelernt«, antwortete ich, nicht ahnend, was dies für mich bedeuten sollte.

Nach diesem Eingeständnis wurden sie grob. Sie tobten, drohten, schlugen mich mehrmals nieder. Landesverrat könne in Kriegszeiten mit dem Tode bestraft werden, warnten sie mich. Sollte ich nicht kooperieren, so könne das ganz häßliche Folgen für mich haben. Andererseits, wenn ich ein volles Geständnis ablegen und alles sagen würde, was ich wisse, dann könnte ich möglicherweise mit ein paar Jahren Gefängnis davonkommen.

Es war in dieser Situation nur gut für mich, daß ich zu der Zeit weder wußte, wer Sorge wirklich gewesen war, noch, was ebendiese

Militärpolizei mit ihm angestellt hatte. Was immer auf mich zukam, ich war völlig unwissend. Es gab schlicht nichts, was ich hätte gestehen können. Das erklärte ich so lange, bis sie keine Lust mehr hatten. Eine Woche später wurde ich in das Polizeigefängnis in Meguro verbracht und befand mich damit nun in der Obhut der Tokioter Stadtpolizei.

Mit dem Hinweis, man werde mich weiter verhören, sperrten sie mich in eine winzige Zelle, höchstens zwei mal drei Meter groß, mit einem kleinen vergitterten Fenster. Sie befahlen mir, mich im Fersensitz auf den Boden zu knien, wie es in Japan üblich ist. So saß ich da, ganz aufrecht mit dem Rücken zur Wand und mit Blick auf die vergitterte Zellentür. Den ganzen Tag mußte ich dasitzen wie eine Buddha-Statue. In den ersten Tagen brachten mich meine schmerzenden Glieder fast um. Und immer, wenn ich mich zur Entspannung mit dem Rücken gegen die Wand lehnte, schlug die Wache mit dem Knüppel gegen meine Zellentür, so daß ich augenblicklich wieder in die aufrechte Position zurückschnellte.

Es gab nichts, was mich von den eigenen Gedanken ablenken konnte, keine Zeitungen oder Zeitschriften, nichts zu schreiben. Ich saß einfach nur da, Stunde um Stunde, dämmernd und mit Gedanken, die sich im Kreis drehten.

Einmal am Tag durften wir unsere Zellen verlassen, meist um die Mittagszeit. Es war eine Art Hofgang, fünfzehn, zwanzig Minuten, in denen wir uns bewegen durften. Außerdem gab es morgens eine kurze Gelegenheit, auf die Toilette zu gehen. Darauf mußte man seine Verdauung einstellen, denn die Wachen hatten es nicht gerne, wenn man sie tagsüber mit derartigen Bedürfnissen behelligte.

Das lernte ich bereits am ersten Tag. Ich war zwar während des Hofgangs auf der Toilette gewesen, aber zwei Stunden später überkam mich erneut ein heftiges Bedürfnis. Ich rief nach der Wache. »Du warst doch gerade erst«, schnauzte er mich an.

»Na ja, ich war pinkeln, aber jetzt …«, versuchte ich zu erklären.

»Was bist du denn für einer? Kannst du nicht auf einmal pinkeln und scheißen?« Dieses eine Mal machte er eine Ausnahme, weil ich noch nicht lange da war. Allerdings, daran ließ er keinen Zweifel, ein zweites Mal werde es eine derartige Nachsichtigkeit nicht geben.

Ich mußte also lernen, alle Geschäfte während des Hofgangs zu erledigen.

Dreimal am Tag gab es eine ziemlich dürftige Mahlzeit: morgens eine Schale Miso-Suppe mit ein paar Körnern Reis und einem Stück eingelegten Rettich, mittags etwas Ähnliches, und zum Abendessen gab es meist das Gleiche wie zu den vorhergehenden Mahlzeiten. Selten bekamen wir Fisch, an Fleisch gar nicht zu denken.

Nach einiger Zeit setzte man mich dann auch noch auf ›halbe Ration‹. Alles, was jetzt noch durch die kleine Klappe in der Zellentür geschoben wurde, war eine Kugel Reis am Tag. Diese von Hand geformten Reisklumpen nennt man *nigirimeshi.* Normalerweise haben sie in der Mitte eine eingelegte Pflaume, die dem Ganzen seinen Geschmack verleiht. In den Reiskugeln, die ich im Gefängnis bekam, fehlte diese Pflaume allerdings.

Als Folge dieser kümmerlichen Verpflegung magerte ich zusehends ab. Bei meiner Verhaftung mochte ich wohl 75 bis 80 Kilo gewogen haben, für meine Größe ganz in Ordnung. Am Ende meiner Haftzeit sollten es nicht einmal mehr 50 Kilo sein. Es dauerte nicht lange, und ich begann an deutlichen Zeichen von Unterernährung und allgemeinen Mangelerscheinungen zu leiden. Meine Zähne fingen an zu faulen. Wir versuchten zwar, den Mund mit kaltem Wasser zu spülen, wenn wir auf die Toilette gingen, doch Zahnbürsten hatten wir natürlich nicht.

Von Zeit zu Zeit setzten mich die Untersuchungsbeamten der Militärpolizei unter Druck: Ich solle doch endlich gestehen. Jedesmal versprachen sie, mir entgegenzukommen und Milde walten zu lassen, falls ich reinen Tisch machen und meine Komplizen nennen würde. Ich würde auch besseres Essen bekommen. Man werde mir zur Erleichterung sogar den Besuch bei einer Frau gestatten, erklärten sie. Meine Antwort jedoch war immer dieselbe, ich hatte einfach nichts zu gestehen, ich wußte doch kaum, wovon sie sprachen.

Nach einem jener Verhöre konnte ich ein Gespräch meiner Peiniger mit anhören: »Dieser Pringsheim ist einfach unglaublich. Entweder er ist der verschwiegenste und geheimste Geheimagent, der mir je untergekommen ist, oder er hat wirklich überhaupt keine Ahnung.«

Mehr und mehr schienen sie letzterer Meinung zuzuneigen. Ich bin niemals gefoltert und mißhandelt worden. Keine Schläge, keine Elektroschocks, keine Verletzungen mit scharfen Klingen usw. Abgesehen von dem Zwang, den ganzen Tag aufrecht dasitzen zu müssen, und davon, nicht genug zu essen zu bekommen, konnte ich mich nicht beklagen.

Was das Wort Hungern wirklich bedeutet, das allerdings habe ich im Gefängnis zu spüren bekommen. Niemals zuvor war ich in meinem Leben richtig hungrig gewesen, keinen Tag, keine Stunde. Immer bekam ich zu essen, was ich nur wollte.

Vom ersten Tag im Gefängnis an begannen sich meine Gedanken immer stärker aufs Essen zu konzentrieren, ich vergaß alles andere. Ich fragte mich, was in mir vorging, wie lange das anhalten würde, ob dies ihre Methode der Folter sei und ob sie mich auf diese Weise schlicht umbringen wollten. Immer wieder aber verlor ich die Fäden selbst dieser Gedanken und kehrte zurück zu Vorstellungen von etwas Eßbarem, versank in einer Art Hungerdelirium.

Ich fing an zu phantasieren: Schokoladenkuchen, Schokoladeneisbecher, Steaks, Shrimps, Fisch, Hummer, Wein. Es war ziemlich erschreckend, festzustellen, daß ich, wenn es hart auf hart kam, nicht dasaß und an meinen Vater, meine Mutter, meinen Bruder, an Jesus, die Philosophie Platons oder die Dramen Shakespeares dachte. Ich saß einfach nur da und dachte an ein Stück Brot.

Ich war ziemlich deprimiert, als ich erkennen mußte, wie ausschließlich sich mein gesamtes Vorstellungsvermögen auf die Befriedigung meines Hungers reduzierte. Es fiel mir nach einiger Zeit nicht schwer, zu verstehen, daß Menschen unter bestimmten Bedingungen alles, aber auch wirklich alles tun würden, um etwas zu essen zu bekommen.

Nun magerte ich nicht nur zusehends ab, sondern verwahrloste und verdreckte komplett bei den unerträglichen hygienischen Verhältnissen. Als man mich festnahm, trug ich einen braunen Anzug, ein weißes Hemd, Unterwäsche und Socken. Die Socken wurden mir ausgezogen, noch bevor man mich in die Zelle steckte. Die anderen Kleidungsstücke trug ich seitdem Tag und Nacht. Ich schlief darin auf einem Futon, wobei ich gezwungen war, wegen des Lichts, das rund um die Uhr in meiner Zelle brannte, immer in der gleichen Stellung zu liegen. An ein gelegentliches Bad war gar nicht zu denken. Alles, was wir tun konnten, war, während des morgendlichen Toilettengangs etwas Wasser an die entscheidenden Stellen zu spritzen.

Mit der Zeit zerfiel meine Unterwäsche, so daß ich bald nur noch in Jackett und Hose dasaß. Mehr war nicht geblieben, der Stoff war zerfetzt oder von Ungeziefer zerfressen. Kopf- und Filzläuse nisteten sich ein. Sie juckten, verursachten Hautausschlag und ließen die Haut regelrecht fleckig werden. Ich versuchte, die kleinen Quälgeister zu fangen und zwischen den Fingernägeln zu zerquetschen. Nach einer Weile kam ich sogar auf die Idee, sie zu essen.

Ich kaute meine Fingernägel ab vor lauter Hunger und die Hornhaut an meinen Füßen, die ich in meinem völlig abgemagerten Zustand erreichen konnte. Sogar auf den Haaren meiner Handrücken kaute ich herum, riß mir Haarbüschel vom Kopf oder biß auf Haarsträhnen, die mir bis auf die Schulter reichten.

Eines Nachts hätte ein amerikanischer Bombenangriff meinem Elend beinahe ein Ende gemacht. Die B-29 Bomber flogen nach wie vor unaufhörlich ihre Angriffe. Das Gebäude, in dem meine Zelle lag, war, abgesehen von den Gitterstäben vor den Fenstern, vollständig aus Holz gebaut. Normalerweise wurden die Gefangenen, wenn die Sirenen ertönten, aus den Zellen herausgelassen und gegen ihr Ehrenwort, bei Entwarnung zurückzukehren, nach Hause geschickt.

Eine einzige Ausnahme gab es von dieser Regel, und die betraf mich, den Spionageverdächtigen. Statt mich ebenfalls freizulassen, fesselte mich die Wache an Händen und Füßen und kettete mich mit Handschellen an die Zellentür. Da stand ich dann mutterseelenallein, bis der Angriff vorüber war, man mich wieder losband und ich erneut meine Buddha-Stellung einnahm. Dieses eine Mal jedoch fing das Gefängnisgebäude selbst Feuer. Langsam, aber unaufhaltsam krochen die Flammen auf mich zu. Die Wachen waren längst fort und hockten im Luftschutzkeller.

Allmählich füllte Rauch meine Lungen, Flammen züngelten um meine Füße, schließlich brach ich ohnmächtig zusammen. Ich weiß nicht, was geschah, aber jemand ganz oben muß ein Einsehen gehabt haben, denn aus irgendeinem Grunde brannte der Teil des Hauses, in dem meine Zelle lag, nicht völlig nieder. Später stellte sich heraus, daß jemand einen Löschwasserschlauch auf dem Dach direkt über meiner Zelle vergessen hatte – oder war's Absicht? So war das Wasser langsam durch Decke und Wände gedrungen und hatte verhindert, daß meine Zelle Feuer fing.

Als ich wieder zu mir kam, war ich noch immer allein. Erst nach einer Weile tauchte einer der Wachmänner auf.

»Bitte«, bettelte ich, »kann ich ein bißchen Wasser bekommen, und können Sie mir die Handschellen abnehmen?«

»Das mit dem Wasser muß warten«, bedeutete er mir. »Und was die Handschellen angeht, der Wachmann, der Sie an die Tür gekettet hat, trägt die Schlüssel am Körper. Aber leider ist der Mann tot, eine Bombe hat seinen Unterstand erwischt.«

Ob man die Handschellen nicht durchsägen könne, fragte ich. »Was glauben Sie denn? Die Handschellen sind Eigentum Seiner Majestät des Kaisers von Japan«, giftete er. »Ich werde doch nicht hingehen und Regierungseigentum zerstören, nur damit Sie es ein wenig bequemer haben. Sie sollten dankbar sein, daß man Sie in Ihrer Zelle gelassen hat, nur dadurch sind Sie noch am Leben.«

In diesem Punkt hatte er absurderweise recht. Wie es eben ging, arrangierte ich mich mit meinen Fesseln. Nicht einmal meine kümmerlichen Rationen konnte ich an jenem Tag essen. Sie wurden zwar in meine Zelle geschoben, doch erreichen konnte ich sie nicht. Erst als man am nächsten Tag die Leiche des Wachmanns unter den Trümmern geborgen und die Schlüssel aus seiner Tasche geholt hatte, wurde ich von meinen Fesseln befreit.

Die B-29 kamen nun beinahe jede Nacht und ließen Feuer über die Stadt regnen. Als die Bombardierungen an Heftigkeit zunahmen, gab der für mich zuständige Justizbeamte auf und schloß sich den Massen an, die Tokio verließen und aufs Land flüchteten. Sein Nachfolger war nun um so entschlossener, das Versagen seines Vorgängers vergessen zu machen.

Daher appellierte er an mein Verständnis: »Sehen Sie, ich bin in der Position eines Unterinspektors. Wenn ich den Fall nicht aufklären und Sie überführen kann, dann werde ich vermutlich niemals befördert. Sie könnten mir helfen.«

»Tut mir leid«, antwortete ich zum hunderttausendsten Mal. »Ich kann nun einmal nichts gestehen, weil ich nichts Unrechtes getan habe. Ich kann Ihnen nicht helfen.«

Manchmal wünschte ich, ich hätte etwas zu gestehen gehabt. So aber hockte ich in meiner Zelle, wurde dünner und dünner, verlauster und elender. Und dazu in jeder Nacht Luftangriffe. Ich konnte schließlich kaum noch einmal auf einen zufällig liegengebliebenen Schlauch hoffen. Vom gegenwärtigen Stand des Krieges hatte ich keinen Schimmer, besonders gut schienen die Dinge für Japan aber nicht zu stehen.

Meine Wache saß meist an einem kleinen Tisch, keine zwei Meter von meiner Zellentür entfernt. Gelegentlich brachte er eine Zeitung mit, die er auf dem Tisch liegen ließ, wenn er am anderen Ende des Zellenblocks zu tun hatte. Sofort klemmte ich mich an meine Tür, verdrehte den Kopf oder machte andere Verrenkungen, um wenigstens die Schlagzeilen entziffern zu können. Japanische Zeitungen aus der Ferne zu lesen ist schon nicht ganz einfach, sie auf dem Kopf zu lesen war fast ein Kunststück. Die einzige Information, auf die ich mich wirklich verlassen konnte, war die hörbare Zunahme der amerikanischen Luftangriffe – und einiges konnte ich auch an der Haltung der Wachen ablesen.

Erst im Juni/Juli 1945, nachdem die Kapitulation der Deutschen auch bis zu uns gedrungen war, wurden die Wachen gesprächiger. In Hörweite diskutierten sie über den Ausgang des Krieges und machten Bemerkungen, die eine Stellungnahme meinerseits provozieren sollten.

Meist war es Wachtmeister Kawata, der diese Situationen einfädelte. Kawata war jung, clever und wohl recht ambitioniert. Er interessierte sich für politische Fragen und war sichtlich neugierig, warum ich im Gefängnis saß. Eines Tages verwickelte er andere Gefangene in ein Gespräch: über den Krieg im allgemeinen und schließlich über die Niederlage und die Kapitulation Deutschlands.

»Nun«, so Kawata für mich unüberhörbar, »ich nehme an, Herr Pringsheim kann uns erzählen, warum die Deutschen verloren haben. Warum fragt ihr ihn nicht, was er darüber denkt?«

Die Unfähigkeit, den Mund zu halten, hatte mich in meine mißliche Lage gebracht. Das war mir eine Lehre gewesen, ich hatte keine Lust, den Gefängnis-Propheten zu spielen. Sie mußten schon selbst herausfinden, wie die Dinge lagen.

Die Niederlage der Deutschen war für die Japaner ein Schock, denn nun standen sie dem Feind ganz allein gegenüber. Wie sollte das enden? Diese Frage ließe sich mit mir doch bestimmt interessant diskutieren, unterstellte Kawata.

»Pringsheim weiß bestimmt eine Menge darüber!«

»Was wird geschehen, wenn Japan verliert?« fragte ein anderer.

»Ich nehme an, wir werden um Frieden flehen müssen.«

Derartige Gespräche waren vor der Kapitulation Deutschlands völlig undenkbar gewesen.

Ein anderes Mal versuchte Kawata mich eher privat in eine politische Diskussion zu verwickeln. »Meinen Sie nicht, man könnte mit den Amerikanern verhandeln?«

»Das kann schon möglich sein«, antwortete ich ausweichend. Auf keinen Fall wollte ich den Eindruck erwecken, ich verfügte über besondere Informationen, die mir ein Urteil ermöglichten.

Irgendwann trat auf einmal eine grundlegende Änderung in meiner Behandlung ein. Es gab keine Verhöre mehr, keine Beschimpfungen und Beleidigungen. Man ließ mich einfach in Ruhe. Als ich eines Tages bewußtlos zusammenbrach, beorderte man sogar einen Arzt in meine Zelle. Er gab mir einige Spritzen und stellte, nachdem ich wieder zu mir gekommen war, alle möglichen Fragen. Nach einigen Tests versprach er, mir von nun an Vitaminspritzen zu verabreichen, um meinen Zustand zu verbessern. Ich bekam auch wieder die volle Essensration – nicht nur mehr, sondern, wie mir schien, auch besseres Essen.

»Na ja«, ging es mir durch den Kopf, »entweder fangen die Japaner an, darüber nachzudenken, daß die Art und Weise, wie sie Gefangene behandeln, im Falle einer Kapitulation keine Empfehlung ist. Oder die

Militärpolizei hat endlich eingesehen, daß ich unschuldig bin.« Dann hätten sie mich aber ebensogut freilassen können.

So oder so, der Krieg schien ein für die Japaner kritisches Stadium erreicht zu haben. Man konnte es förmlich spüren. Eines Nachmittags gelang es mir, einen Blick auf die Schlagzeile der Zeitung zu werfen. Sie war deutlich größer als sonst, und so konnte ich zwei Worte entziffern: »Atom« und darunter »Bombe«. Der Untertitel sprach von Schäden in einem bisher nicht gekannten Ausmaß.

Aufgeregt tuschelten die Wachen miteinander. Der Besitzer der Zeitung kehrte zurück und nahm sofort wieder seine Lektüre auf, so daß ich mehr nicht erkennen konnte. Am nächsten Morgen fragte er mich: »Pringsheim, Sie sind doch so gebildet. Was ist eine Atombombe?«

»Da muß ich passen«, antwortete ich, »nie davon gehört!«

Mit finsterer Miene erklärte er: »Sie hat eine unglaubliche Zerstörungskraft. Zehntausende von Menschen sind getötet worden.«

»Wahrscheinlich eine ganz besonders große Bombe«, bot ich an. »Die Amerikaner haben es vermutlich geschafft, besonders viel Dynamit oder Ähnliches in eine einzige Bombe zu stopfen.«

Nach und nach allerdings begann ich mich an einen Roman von Hans Dominik zu erinnern. Seine Visionen technologischer Möglichkeiten waren es gewesen, die mich auf die Comic strips der amerikanischen Zeitungen vorbereitet hatten – Flash Gordon, Buck Rogers usw. Dominiks Roman *Atomgewicht 500* erzählt von einer atomaren Kernspaltung, bei der Kräfte frei werden, die einen ganzen Kontinent auslöschen können. Es dämmerte mir. Die Amerikaner hatten möglicherweise das Geheimnis der Kernspaltung entdeckt. Von diesem Augenblick an saß ich völlig verstört in meiner Zelle.

Eine zweite derartige Bombe wurde geworfen, kaum geringer das Ausmaß von Tod und Verwüstung. Kawata und andere machten in den folgenden Tagen wiederholt Bemerkungen, denen man entnehmen konnte, daß irgend etwas bevorstand. So war es auch. Uns Gefangenen wurde erklärt, wir sollten uns darauf vorbereiten, daß der Kaiser am kommenden Tag eine Rundfunkansprache an sein Volk richten werde.

Der Kaiser hatte noch nie eine Rede gehalten, weder im Rundfunk noch sonstwo. Er veröffentlichte Reskripte, die man in der Zeitung nachlesen konnte. Nie wandte er sich direkt an die Bevölkerung, das war nicht üblich. Wenn er nun diesen Brauch ignorierte, so konnte das nur einen Grund haben: Er hatte beschlossen, den Krieg zu beenden.

Am nächsten Morgen wurde uns befohlen, strammzustehen. Das Radio knisterte fürchterlich. Zunächst wurde die Nationalhymne gespielt, dann ließ sich der Kaiser vernehmen. Seine Ansprache war in einer Diktion gehalten, wie sie in alltäglicher Konversation nicht üblich war. Ich hatte allerdings so viel Kenntnis des literarischen Japanisch, daß ich einige Wendungen erkannte und schließlich auch den inhaltlichen Grundtenor erfaßte. Sinngemäß erklärte der Kaiser, Japan habe nun genug gelitten, und man müsse das Unerträgliche ertragen. Eine schreckliche Waffe, vor der es keinerlei Schutz gebe, sei vom Feind gegen Japan eingesetzt worden. Deshalb erkläre er hiermit den Krieg für beendet. Japan werde alle Kampfhandlungen einstellen.

Nachdem der Kaiser seine Ansprache beendet hatte, mahnte eine der Wachen: »Wir haben es alle gehört – wir müssen den Wünschen Seiner Majestät Folge leisten.« Mir war zwar nicht klar, was wir wohl sonst hätten tun sollen, aber gut.

Einige Tage später, ich hockte wie immer im Fersensitz in meiner Zelle, ging die Tür auf, und einer der Untersuchungsbeamten spazierte herein. Er müsse kurz mit mir reden, murmelte er knapp. Zum ersten Mal nach sechs Monaten durfte ich meine Zelle aus einem anderen Grund als Hofgang oder Verrichtung der Notdurft verlassen. Man führte mich in einen sauberen Raum mit Tisch und Stühlen.

Eine Zeitlang sah mich der Beamte ernst und traurig an. Dann begann er: »Nun, Pringsheim, ich weiß nicht, ob Sie sich schuldig gemacht haben, ich weiß auch nicht, ob Sie vielleicht unschuldig sind. Aber das spielt jetzt keine Rolle mehr. Tatsache ist, daß Japan den Krieg verloren hat, und das bedeutet: Sie werden freigelassen.« Er machte eine Pause. »Ich nehme an, Sie sind erfreut, das zu hören!«

»Natürlich«, stammelte ich, »sehr erfreut sogar.« Ich glaube, ich habe nie in meinem Leben etwas ernster gemeint.

»Es gibt allerdings eine Bedingung. Ich bin der Meinung, Sie sind hier recht anständig behandelt worden. Deshalb sollten Sie sich jetzt auch uns gegenüber anständig zeigen.«

»Natürlich, warum nicht«, versicherte ich.

»Meinen Sie nicht, daß Ihr Verhalten der Polizei genügend Gründe geliefert hat, um Sie zu verdächtigen?«

»Das ist durchaus möglich«, gab ich bewußt zu. »Aber dennoch, das möchte ich nochmals betonen, habe ich mich keines Verbrechens schuldig gemacht!«

»Keiner klagt Sie an. Alles, was wir von Ihnen wollen, ist die Unterschrift unter einer Erklärung, in der Sie aussagen, daß Ihr Verhalten den japanischen Behörden Gründe für eine Festnahme geliefert hat und daß Sie in der Zeit Ihrer Inhaftierung anständig und gerecht behandelt worden sind. Wenn Sie bereit sind, diese Erklärung zu unterzeichnen, so sind wir im Gegenzug bereit, Sie umgehend freizulassen.«

Einen Moment dachte ich darüber nach. Dann aber erklärte ich so verbindlich wie möglich: »Natürlich, kein Problem. Ich sehe schon ein, daß einige Dinge Anlaß zu Mißverständnissen geboten haben.«

Nach diesem Zugeständnis wurde mir ein Schriftstück vorgelegt, und ich unterzeichnete. »Gut, das war's. Wir werden alles für Ihre morgige Entlassung vorbereiten.«

Als meine Zellentür am nächsten Morgen geöffnet wurde, stand schon ein Mann vom Kem Pei-Tai bereit, um mich in Empfang zu nehmen. Er hatte einige Mühe damit, denn trotz der Vitaminspritzen und der verbesserten Verpflegung war ich so schwach, daß ich kaum mehr allein gehen konnte. Ich wog nur noch die Hälfte meines früheren Gewichts. Die Rippen schienen sich fast durch die Haut zu bohren, meine Augen waren tief in die Augenhöhlen zurückgetreten, und meine Zähne schmerzten. Ein Großteil meiner Kleidung war von Ungeziefer völlig zerfressen, mein Haar schulterlang und voller Läuse.

Bedenkt man, daß ich fast sechs Monate lang kein einziges Bad genommen hatte, so kann man sich vorstellen, warum der Beamte sofort vorschlug: »Am besten gehen wir zunächst rüber ins Badehaus.«

Nachdem mein Körper von der ersten Schmutzschicht befreit war – um richtig sauber zu werden, bedurfte es mehr als nur eines Bades –, drückte man mir etwas zum Anziehen in die Hand. Armeeunterwäsche und eine japanische Armeeuniform, mit Rangabzeichen. Die Hosenbeine reichten gerade bis kurz übers Knie, die Ärmel bis zur Hälfte des Unterarms. So ging's zur nächsten Station, zum Barbier, um meine Mähne zu stutzen.

Als ich schließlich wieder halbwegs manierlich aussah, brachte man mich zurück zur Polizeistation, wo man sich über meine Entlassung ehrlich zu freuen schien. »Es tut uns leid, daß es zu solchen Mißverständnissen zwischen Ihnen und der Regierung gekommen ist«, sagte der Inspektor entschuldigend. »Diejenigen, die die letzten Monate mit Ihnen verbracht haben, möchten daher eine kleine Party für Sie ausrichten.«

Die Party, so wurde mir erklärt, würde im Haus einer Dame auf der anderen Seite der Straße stattfinden. Dort habe man sich auch um einen Schlafplatz für mich bemüht. »Schließlich können wir Ihre Lage besser verstehen als jeder andere«, sagte er mitfühlend. »Außerdem, Sie kennen zwar die Dame nicht, aber die Dame kennt Sie.«

»Wie das?« fragte ich.

»Sie wußte, daß wir hier im Gefängnis einen Ausländer hatten. Sie ist diejenige, die das tägliche Essen für die Gefangenen geliefert hat. Alles, was Sie zu essen bekommen haben, hat sie gekocht. Und sie ist natürlich ganz besonders glücklich, daß Sie überlebt haben.«

Den Nachmittag verbrachte ich auf der Polizeistation, las Zeitung und versuchte mich auf den letzten Stand der politischen Ereignisse am Ende des Krieges zu bringen. Zur verabredeten Zeit dann trottete ich über die Straße, um der Ehrengast einer Party meiner bisherigen Ankläger und Bewacher zu sein.

Die Gastgeberin führte einen kleinen Kiosk mit Zigaretten und Tabak – einen jener Läden, bei denen sich, wenn man klopft, ein kleines Fensterchen öffnet und eine Stimme fragt: »Was darf es sein?« Sie lebte bestimmt nicht im Überfluß. Ich bin sicher, daß sie gute Verwendung für die Einnahmen aus der Essensversorgung des Meguro-Gefängnisses hatte.

Sie war ein kleine Person von ungefähr Sechzig. Sie empfing mich überaus herzlich. »Hallo, Herr Klaus, ich freue mich sehr, Sie kennenzulernen. Kommen Sie nach oben und machen Sie es sich bequem. Die anderen werden gewiß gleich dasein.«

Unsicher schwankte ich die Treppe hinauf und ließ mich auf einer Tatami-Matte nieder, diesmal allerdings nicht auf den Knien. Zunächst bekam ich eine Tasse Tee – die erste nach Monaten. Dann, mit der Zeit, trudelten die anderen Gäste ein. Als erster der Untersuchungsbeamte, der mich an den Galgen hatte bringen wollen. Jovial begrüßte er mich: »Hallo, Herr Klaus, schön, Sie zu sehen!«

Dann der Aufseher, der monatelang an seinem Tischchen in meiner Nähe gesessen hatte. Schließlich tauchte zu meiner Überraschung mein Mithäftling aus der gegenüberliegenden Zelle auf. Den Mann hatte man wegen Ehebruchs eingesperrt. Er war deshalb bisweilen so aufgezogen und verhöhnt worden, daß er mehrmals in Tränen ausgebrochen war. Er war gekommen, weil ich als einziger von Zeit zu Zeit etwas Freundliches zu ihm gesagt hatte.

Auf den Ehebrecher folgte der Hühnerdieb. Er hatte eigentlich gar kein Huhn gestohlen, sondern sich nur an eines herangepirscht und dabei nicht bemerkt, daß ein Polizist sich seinerseits an ihn herangepirscht hatte. Er habe nur davon träumen wollen, wie gut dieses Huhn schmecken würde, beteuerte er bei seiner Verhandlung. Umsonst, das Gericht entschied, daß der Vorsatz des Diebstahls ebenso verwerflich sei wie die Tat selbst. Als letzter kam ein Mann in der Uniform des Kem Pei-Tai. Ich hatte ihn nie zuvor gesehen. »Gestatten Sie mir, mich vorzustellen«, sagte er höflich und nannte seinen Namen. »Ich bin von der Militärpolizei!«

»Oh nein, nicht schon wieder«, entfuhr es mir, »ich bin doch gerade erst entlassen worden! Sie werden mich doch nicht schon wieder einsperren?«

»Nein, keine Angst, ich bin nur hier, um Sie in der Freiheit willkommen zu heißen.« Unter allgemeinem Gelächter setzte er sich.

Nach ein paar Worten zum Anlaß der kleinen Feier reichte unsere Gastgeberin Sake und brachte einen Toast auf meine Freilassung aus.

»Sie können es sich vielleicht nicht vorstellen, aber alles, was Sie in den vergangenen sechs Monaten gegessen haben, stammt aus meiner Küche. Ich war Ihre Köchin!«

Ich spielte den Überraschten. »Ich frage mich allerdings, warum Sie mir nicht von Zeit zu Zeit ein bißchen mehr gegönnt haben«, gab ich mit einem Augenzwinkern zurück.

»Das wird von der Gefängnisleitung bestimmt«, erklärte sie ernst. »Alle Gefangenen werden gleich behandelt. Ich konnte Ihnen nur so viel geben, wie gestattet war.« Sie wurde etwas vertraulicher. »Manchmal habe ich Ihnen schon ein wenig mehr auf den Teller getan. Erinnern Sie sich an die Zeit, als Sie nur eine Kugel Reis pro Tag bekamen?«

»Und wie ich mich daran erinnere!«

»Sehen Sie, eigentlich sollten Sie reinen, ungewürzten Reis, ohne eingelegte Pflaume, ohne Salz oder sonst etwas bekommen. Aber ich hab ihn immer ein wenig gesalzen, Sie haben es sicher geschmeckt?«

»Natürlich, es war delikat«, antwortete ich zur allgemeinen Erheiterung.

Es wurde eine weitere Runde Sake gereicht. »So, meine Herren, ich habe etwas ganz besonders Gutes für heute vorbereitet«, kündigte unsere Gastgeberin nach einer Weile an. »Ich werde Tempura servieren.«

Während des Krieges war Fisch sehr knapp gewesen, ebenso wie die Zutaten, die man für Tempura brauchte, wie etwa Mehl und Öl. Daher handelte es sich in der Tat um etwas ganz Besonderes. Noch während wir uns über das Tempura hermachten, ging der Sake aus. Der Mann vom Kem Pei-Tai flüsterte daraufhin seinem Nachbarn etwas zu. Der lächelte wissend, verschwand und kam nach kaum fünf Minuten mit einem halben Dutzend Flaschen Bier zurück.

Seit Ewigkeiten hatte ich nichts derart Gutes mehr gegessen. Dem Alkohol war ich ebenso entwöhnt. So kam, was kommen mußte. Mein Magen, an ungewürzte Reisbällchen gewohnt, gab alles wieder von sich. »Ach Gott, er ist nicht mehr gewohnt, so viel zu essen«, sagte unsere Gastgeberin verständnisvoll. Alle versuchten mir mit ähnlichen Kommentaren über die peinliche Situation hinwegzuhelfen, während ich nur Entschuldigungen vor mich hin murmelte.

Schließlich begann sich die Party aufzulösen. Nach und nach gingen die Gäste, bis auf den Mann vom Kem Pei-Tai. Nach dem Abzeichen auf seinem Hemdkragen, einem roten Streifen mit Stern, zu urteilen, war er Offizier mit recht niedrigem Rang, wahrscheinlich Leutnant.

»Wenn es Ihnen nichts ausmacht, würde ich gerne noch kurz mit Ihnen sprechen«, begann er. »Sie sprechen doch sehr gut Japanisch und sehr gut Englisch. Wir brauchen derzeit dringend gute Dolmetscher. Sehr viel zahlen können wir nicht, aber immerhin haben Sie ja von uns schon ein paar Kleidungsstücke bekommen, und verpflegt werden Sie dann auch.«

Dagegen war nichts einzuwenden. Jede noch so geringe Entlohnung konnte mir nur helfen, zudem befand ich mich auch nicht gerade in einer günstigen Verhandlungsposition. »Scheint mir ein faires Angebot«, sagte ich schließlich.

Die Nacht verbrachte ich im Haus unserer Gastgeberin. Ich schlief auf einer Tatami-Matte, sogar eine wärmende Decke hatte ich bekommen. Als meine neuen Arbeitgeber mich am nächsten Morgen mit einem Militär-Jeep abholten, fühlte ich mich so gut wie schon lange nicht mehr. Man brachte mich ins Hauptquartier des Kem Pei-Tai, wo ich dem Kommandeur vorgestellt wurde – nennen wir ihn hier Yamada.

Er war Brigadegeneral, so um die Sechzig, untersetzt, mit Schnauzbart und Brille. »Ich hoffe, Sie können mehr oder weniger alles übersetzen«, brummte er.

»Na ja, ich denke schon, allerdings ist mein technischer Wortschatz nicht sonderlich groß. Also wenn ich die Teile eines Panzers auflisten soll, dann muß ich passen.«

»Gehen Sie rüber in die Messe und holen Sie sich etwas zu essen, heute ist sowieso nichts mehr zu tun«, unterbrach mich Yamada im Befehlston.

Ein Sergeant führte mich hin und stellte mich den anderen Soldaten vor. Sie erwiesen sich als sehr freundlich und entgegenkommend. In erster Linie aber waren sie neugierg: Wer mochte dieser lange dünne Fremde mit der großen Nase und den hervorstehenden Rippen unter der viel zu kleinen Uniform sein? Der Sergeant klärte sie auf.

»Gibt es hier ein Bad?« fragte ich nach einer Weile vorsichtig. Ich hatte noch immer das Gefühl, als ob mein ganzer Körper von Ungeziefer bewohnt sei. In der Nacht zuvor war ich sogar davon aufgewacht, daß ich begonnen hatte, mich zu kratzen. Der Sergeant bejahte meine Frage, und so nahm ich zunächst ein weiteres, ausgiebiges Bad. Nach zwei oder drei Tagen, an denen ich andauernd badete, fing ich an, mich wieder halbwegs sauber zu fühlen. Genau wie mit dem permanenten Reinigungsbedürfnis erging es mir mit dem Hunger. Das Essen, das wir bekamen, war einfach, aber nahrhaft: Reis, Gemüse, dazu meist Fisch. Und das Wichtigste, es war immer genug da.

Am frühen Morgen des 30. August, also etwa zehn Tage nachdem ich aus dem Gefängnis entlassen worden war, fuhr ich mit einer ganzen LKW-Ladung Kem-Pei-Tai-Männern nach Yokosuka, einem großen Marinestützpunkt an der Küste in der Nähe von Tokio. Vor dem Eingangstor zum Stützpunkt wurden wir abgesetzt. Die normalen Soldaten mußten vor dem Tor warten, während General Yamada mit fünf ausgesuchten Männern, zwei Leutnants, zwei Sergeants und mir, das Gelände betrat.

Es war der Tag, an dem die Amerikaner nach der Kapitulation Japans mit der Landung und Besetzung begannen. Ich sollte General Yamada als Dolmetscher zur Verfügung stehen, denn es war seine Aufgabe, die amerikanischen Landungstruppen mit den nötigen Informationen zu versorgen. Seine Soldaten außerhalb des Militärgeländes hatten wiederum den Auftrag, für Ruhe unter der Bevölkerung zu sorgen.

Die Dämmerung brach gerade an, als wir unsere Blicke über die Bucht von Yokosuka schweifen ließen. Vor der aufgehenden Sonne machten wir bald die Silhouetten von Kriegsschiffen aus. Aufgereiht reichten sie von einem Ende des Horizonts bis zum anderen. Schlachtschiffe, Kreuzer, Flugzeugträger, Zerstörer, Truppentransporter, es war einfach unglaublich. Es muß so ziemlich die größte Ansammlung von Kriegsschiffen gewesen sein, die es je gegeben hat. Und über all dem der Himmel voller amerikanischer Kampfflugzeuge.

»Oh mein Gott«, entfuhr es General Yamada bei diesem Anblick, »das sind ja Hunderte oder sogar Tausende! Kein Wunder, daß wir den Krieg verloren haben.«

Die Landungstruppen schienen es nicht besonders eilig zu haben. Ich nehme an, sie prüften und beobachteten die Lage zunächst sehr sorgfältig, es bestand immerhin die Möglichkeit, daß es zu Auseinandersetzungen und kleineren Scharmützeln kam. Dann, ganz plötzlich, wurden unter dem Schutz mehrerer Schlachtschiffe von den Truppentransportern kleine Landungsboote zu Wasser gelassen, die auf uns zukamen. Auf dem Strand aufgesetzt, ließen sie ihre Bugklappen herunter, und Hunderte von Marines in voller Kampfmontur schwärmten aus. Zum ersten Mal in tausend Jahren machten die Japaner in diesem Moment die erniedrigende Erfahrung, daß ihr Land erobert wurde.

General Yamada schob uns ein wenig zur Seite und baute sich auf. Er wollte offenbar unmißverständlich zeigen, daß er mit dem, was da geschah, keineswegs einverstanden war und daß er sein Schwert nicht nur zur Zierde trug.

Die landenden Truppen nahmen uns allerdings kaum zur Kenntnis. Nach einer Weile kam ein amerikanischer Offizier auf uns zu, deutete mit dem Finger auf Yamada und fragte: »Wer ist denn der Typ?«

»Er hat das Kommando über diesen Küstenabschnitt. Er ist hier, um zu kooperieren und zu helfen«, versuchte ich zu erklären.

Ein zweiter Offizier meldete sich daraufhin zu Wort: »Wir brauchen die japanische Armee nicht als Empfangskomitee. Wir kommen auch ganz gut allein zurecht.«

Am Abend des dritten Tages – bislang hatte es keine größeren Probleme gegeben – sprach mich Yamada an: »He, Sie, Übersetzer – wie war noch Ihr Name? Klaus? Kommen Sie später zu mir rüber, dann trinken wir ein Glas Sake!«

Zunächst wollte ich ablehnen. Aber im Grunde empfand ich ihm gegenüber keine große Feindseligkeit. Wie ich überhaupt keinen generellen Groll gegen die Japaner hegte. So hatte während meiner Gefangenschaft ein Richter bei einer Anhörung immer wieder von meinen Anklägern verlangt, doch endlich Beweise für meine angebliche Spionagetätigkeit zu erbringen. Solange es keine Beweise gäbe, sehe er sich außerstande, mich zu verurteilen. Aber was noch wichtiger war, die Japaner hatten mir das Leben gerettet. Hätten sie mich den Nazis ausgeliefert, dann wäre ich mit Sicherheit hingerichtet worden.

Da mein Terminkalender nicht eben voll war, nahm ich die Einladung an. Wir trafen uns in seinem Büro, ganz in der Nähe des Stützpunktes Yokosuka. Mit seinem Wagen fuhren wir zu einem kleinen Restaurant in der Stadt. Während wir am Sake nippten, erkundigte Yamada sich nach meiner Geschichte, wie ich überhaupt in derartige Schwierigkeiten geraten sei usw.

Dabei gab er sich alle Mühe, freundlich zu sein. Hinter seiner rauhen Schale verbarg sich tatsächlich eine menschliche Seele. Denn es war keineswegs üblich, daß ein General jemanden in meiner Position einlud. Aber er schien den Abend zu genießen und taute mehr und mehr auf. Er erzählte, wie es zu Japans Niederlage gekommen war und vertraute mir sogar an, wie er sich persönlich, als Offizier, in dieser Situation fühle, nämlich erniedrigt und gedemütigt.

»Traditionellerweise läßt es ein Samurai nicht zu, daß er gefangengenommen wird«, sinnierte er. »Wenn er einen Kampf verliert, zieht er sein Schwert und tötet sich selbst. Nun gut, ich werde mich nicht umbringen. Aber trotzdem hat Japans Niederlage mein Leben zerstört. Ich werde vermutlich aus dem Dienst entlassen und habe keine Ahnung, was ich dann tun soll. Wahrscheinlich werde ich mir Arbeit suchen müssen.«

Yamada versank immer tiefer in Selbstmitleid. Ich wußte nicht recht, wie ich auf seine Vertraulichkeit reagieren sollte. Was konnte ich schon sagen? Am wenigsten: »Herr General, es tut mir leid, daß Sie den Krieg verloren haben.« Das wäre schlicht gelogen gewesen. So schwieg ich und ließ ihn einfach reden.

»Wissen Sie, wir hätten nicht verlieren müssen, wir sind einfach durch die zahlenmäßige Überlegenheit überwältigt worden, obwohl wir die besseren Soldaten waren. Denken Sie an den Anblick am Strand vor ein paar Tagen. Wo immer man hinschaute, nichts als amerikanische Schiffe und Flugzeuge.«

»Stimmt, Herr General.«

»Was soll man dagegen tun?« fragte er und schaute mich dabei verzweifelt an. »General MacArthur kann meinetwegen stolz sein auf seinen Sieg. Aber mit dieser Übermacht hätte selbst ein unfähiger Trottel den Krieg gewonnen. Wir Japaner hatten weder Öl noch Eisen, noch Stahl! Wie sollten wir da gewinnen?«

»Herr General, mit Verlaub«, wandte ich nun doch ein, »genau das Argument haben einige Leute in Japan bereits vor Ausbruch des Krieges vorgebracht.«

»Wer?«

»In erster Linie waren es Ihre Kollegen von der Marine, die nicht bereit waren, ein so großes Risiko einzugehen.«

»Ja natürlich, das hätte ich mir denken können«, er nickte gereizt, »die sind immer schon Klugscheißer gewesen.«

6. WER ZUM TEUFEL SIND SIE?

Es war an einem der folgenden Tage am Strand von Yokosuka, die Landeoperation an Japans Küsten befand sich in vollem Gange. Wir waren zu viert unterwegs, ein Leutnant, zwei Soldaten und ich.

Plötzlich hielt ein amerikanischer Armee-Jeep neben uns. Auf dem Rücksitz ein großer massiger Mann mit dünnem Schnurrbart und Sonnenbrille. Seiner Uniform nach zu urteilen ein amerikanischer Offizier. Und er machte einen ausgesprochen wichtigen Eindruck, wie er da allein auf der Rückbank thronte, obwohl er nur wenig älter schien als der Leutnant vor ihm am Steuer. Sie erkundigten sich nach dem Weg zu einem bestimmten Marine-Stützpunkt.

Ich gab die Frage auf japanisch an den Offizier und die beiden Soldaten weiter. Währenddessen musterte mich der Schnauzbärtige auf dem Rücksitz ebenso ungeniert wie neugierig, offenbar amüsiert von meiner Erscheinung: wilder Haarschopf, blasses, eingefallenes Gesicht, dazu ein völlig abgemagerter Körper, der in einer viel zu kleinen japanischen Uniform steckte – das gab schon ein ziemlich groteskes Bild ab.

»Und wer zum Teufel sind Sie?« platzte er nach Weile heraus.

»Ich bin hier der Dolmetscher.«

»Aber wieso stecken sie in dieser lächerlichen japanischen Uniform? Wieso arbeiten sie überhaupt für die Japaner?«

»Ach, das ist eine ziemlich lange Geschichte«, antwortete ich.

»Es ist eine lange Geschichte«, echote er. »Wenn es eine gute lange Geschichte ist, dann würde ich sie gerne hören.«

Ich zögerte. »Ich weiß nicht, das ist jetzt wohl nicht der rechte Zeitpunkt.« Die Japaner wurden bereits ungeduldig. Warum übersetzte ihr Dolmetscher jetzt nicht? »Vielleicht, wenn wir hier für heute fertig sind.«

»Ich habe eine bessere Idee. Ich komme morgen mit meinem eigenen Wagen wieder, der hier gehört nämlich dem Leutnant. Ich werde darum bitten, daß Sie bei uns als Dolmetscher beschäftigt werden. Wir müssen nämlich in den nächsten Tagen eine Reihe von Befestigungen entlang der Küste zerstören, und da könnte ich Sie gut gebrauchen. Sie können Ihrem Vorgesetzten ja schon mal mitteilen, daß die US-Marine ihre Dienste als Dolmetscher beansprucht.« Bei diesen Worten gab er dem Fahrer ein Zeichen, und sie brausten davon.

An diesem Abend kehrte ich wie üblich in die Kem-Pei-Tai-Kaserne zurück. Ich aß zu Abend, verbrachte die Nacht dort und bezog am nächsten Morgen wieder meinen Posten am Strand. Zuvor hatte ich meinen Leutnant informiert, daß der Amerikaner vom Vortag käme, um mich irgendwo anders einzusetzen. Deshalb nahmen wir einen zweiten Dolmetscher als Reserve mit.

Am späten Vormittag kam der Amerikaner tatsächlich. Mit ihm ein Trupp Männer. »Wir kommen, um uns diesen Mann da auszuleihen«, sagte er und deutete auf mich. »Wir bringen ihn heute abend zurück.« Ich übersetzte seine Worte und kletterte in den Jeep.

Wir waren kaum auf die Uferstraße gebogen, als sich mein Arbeitgeber für diesen Tag zu mir umdrehte. »Ich sollte mich erst mal vorstellen. Ich heiße Pepper Martin. Ich arbeite für die *New York Post.*« Erst jetzt nahm ich das aufgenähte »C« für »War Correspondent« an seiner Kappe wahr.

Ich nannte ihm meinen Namen. »Klingt deutsch«, stellte er fest.

»Ich bin Deutscher.«

»Ach so, jetzt versteh' ich. Sie waren bei der deutschen Wehrmacht, und man hat Sie hierher geschickt, um den Japanern zu helfen.« Er schien sich meine Geschichte sofort zurechtgelegt zu haben.

»Nein Sir, ich war nicht bei der Wehrmacht.«

»Nicht? Wie das? Sie sind doch genau im richtigen Alter.«

»Ich habe mich geweigert, in Hitlers Armee zu dienen!«

»Okay, okay, ich glaube, Sie fangen besser ganz vorn an«, drängelte er ungeduldig. »Wie hat es Sie nach Japan verschlagen, und vor allem: Wie sind Sie in diese gottverdammte japanische Uniform geraten?«

Ich gab ihm einen kurzen Abriß meiner Geschichte, der mit der Szene am Strand von Yokosuka endete.

»Arbeiten Sie gerne für die Japaner?« fragte Pepper.

»Nicht unbedingt«, antwortete ich. »Aber ich hatte keine große Wahl, und der Kem Pei-Tai hat mir einen Job angeboten. Bislang haben sie mich gut behandelt und versprochen, mich nächste Woche sogar zu bezahlen.«

Pepper Martin ging einen Moment lang in sich. Schließlich sagte er nachdenklich: »Was für eine Geschichte! Was meinen Sie, hätten Sie nicht Lust, für die Amerikaner zu arbeiten? Wir haben nicht viele Leute, die Japanisch lesen und schreiben können.«

»Natürlich!« Sofort schossen mir Bilder durch den Kopf: Die Amis haben alles, was das Herz begehrt. Bei ihnen gibt's Fleisch und Kartoffeln, Cola, Schokolade und Biskuits. Schon bei der Vorstellung lief mir das Wasser im Mund zusammen. Den Amerikanern mangelt es an gar nichts, und ich war noch immer verdammt hungrig.

Inzwischen waren wir an der Feuerstellung, die gesprengt werden sollte, angekommen. »Na, haben Sie nicht Lust, eine dieser japanischen Kanonen zu demolieren?« lud mich der Leutnant ein und reichte mir einen Vorschlaghammer.

Ich konnte den riesigen Hammer kaum heben. Schließlich gelang mir doch ein halbwegs vernünftiger Schlag. Den Rest erledigten die anderen. In Kürze hatte sie alle vier Kanonen demontiert und Dynamitladungen an der Feuerstellung angebracht.

Als wir zurückfuhren, fragte Pepper: »Haben Sie über mein Angebot nachgedacht? Wollen Sie wirklich zurück in die Kaserne der Japaner?«

Ich zögerte einen Augenblick. Dann erklärte ich: »Für heute schon. Ich denke, es ist nicht in Ordnung, wenn ich einfach so klammheimlich verschwinde.«

Außerdem hatte ich dort die wenigen persönlichen Dinge deponiert, die ich besaß: meine Brieftasche mit ein wenig Geld, ein kleines Notizbuch, meinen deutschen Paß und einen wertvollen Füller. Diese Dinge hatte man während meiner Gefangenschaft im Meguro-Gefängnis für mich aufbewahrt.

Nach einer weiteren Nacht in der Kaserne des Kem Pei-Tai verabschiedete ich mich von den Japanern und fuhr mit den neuen Besatzern nach Tokio. Pepper brachte mich ins Hauptquartier des amerikanischen Generalstabs im Stadtzentrum. Ich hielt mich etwas im Hintergrund, während Pepper mit dem Major sprach. »Der Mann lebt seit 1939 in Tokio«, hörte ich ihn erklären. »Er spricht und schreibt fließend Japanisch, ich dachte, wir könnten ihn brauchen.«

»Okay, wir brauchen immer gute Dolmetscher und Leute, die Erfahrung mit den Japanern haben.« Daraufhin drückte er mir ein Einstellungsformular in die Hand. Ich füllte es aus und gab es zurück. Der Major warf einen kurzen Blick darauf und rief mich noch einmal zu sich. »Warten Sie einen Moment. Ihr Name ist Pringsheim? Gestern war auch schon einer mit dem Namen Pringsheim hier und hat sich nach einem Job erkundigt. Den haben wir auch eingestellt.«

»Das ist mein Bruder!« rief ich überrascht. Hans hatte also überlebt, ich hatte es kaum zu hoffen gewagt.

»Ihr Bruder spricht auch verdammt gut Japanisch«, meinte der Major. »Wir haben ihn bei der Zensurabteilung angestellt. Er arbeitet in der Stelle für Pressezensur. Trauen Sie sich das auch zu?«

»Wenn ich paar Instruktionen bekomme, was ich zu zensieren habe, dann denke ich schon.«

»Für den Laden arbeiten ein Haufen Leute«, erklärte der Major weiter. »Vielleicht kennen Sie einige von ihnen. Da ist einer dabei, der heißt Paul Langer, kennen Sie den?« Paul gehörte auch zu denen, die, um Hitlers Kriegsmaschinerie zu entgehen, ins Ausland geflüchtet waren. »Oder Peter Berstein?« Peter war Geiger im Orchester meines Vaters gewesen.

»In Ordnung, aber vor allem müssen wir Ihnen erst mal was Vernünftiges zum Anziehen besorgen«, meinte er dann mit skeptischem Blick auf meine Kluft, die nach wie vor aus der viel zu kleinen japanischen Uniform bestand. »Ich werde Sie gleich zum Versorgungsdepot bringen lassen, die werden sich Ihrer annehmen. Eine Unterkunft brauchen Sie vermutlich auch. Okay, Sie werden dem Bataillon des Hauptquartiers zugeteilt, drüben im Gebäude des Finanzministeriums.« Damit drückte er mir eine Ausweiskarte in die Hand und schickte mich los.

Das ehemalige Finanzministerium befand sich kaum einen Kilometer entfernt. Ich ging zu Fuß. Dort angekommen, streckte ich dem

Sergeant meine Karte entgegen. »Okay, Zimmer 23, drittes Bett rechts«, kommandierte er knapp. »Decken und Bezüge finden Sie dort.«

Nachdem ich schließlich auch noch neu ausstaffiert war, mit einer amerikanischen GI-Uniform in meiner Größe, erklärte man mir, wann und wo ich am nächsten Morgen meinen Dienst anzutreten hätte.

Es stellte sich heraus, daß die Zensurstelle der Amerikaner im Gebäude der JOAK untergebracht war, ebenjener japanischen Rundfunkgesellschaft, die mir einige Jahre zuvor einen Job angeboten hatte. Die Abteilung für Presse und Öffentlichkeit befand sich im zehnten Stock. Ich nahm den Fahrstuhl. Oben angekommen, sah ich mich einem immensen Saal gegenüber, in dem ich sofort Hans und Paul Langer erspähte. Sie saßen an großen Schreibtischen und sichteten sorgfältig die neuesten Zeitungen und Zeitschriften.

Der Leiter der Abteilung, dem ich zunächst vorgestellt wurde, hieß William Huxley Garner, kurz Bill Garner, ein freundlicher Mittvierziger mit gewaltigem Bierbauch. Wie ich bald erfahren sollte, genoß Bill Garner einen gewissen Bekanntheitsgrad, weil er der Vater eines Hollywood-Kinderstars war, Peggy Ann Garner.

Dann endlich konnte ich meinen Bruder begrüßen. »Ehrlich gesagt habe ich gedacht, sie hätten dich erledigt«, stotterte Hans fassungslos. »Ein ganze Menge Leute, die unter Spionageverdacht standen, hat man hingerichtet. Vater wird sich *irrsinnig* freuen. Du weißt ja, er hat sich immer mehr Sorgen und Gedanken um dich als um mich gemacht.« Noch immer schien bei Hans ein Stück der alten Geschwisterrivalität lebendig.

Die Aufgabe der Abteilung für Presse und Publikationen bestand in erster Linie darin, die japanischen Zeitungen, Zeitschriften und Bücher zu kontrollieren. »Wir wollen nur sichergehen, daß die japanischen Medien keinerlei Feindseligkeit gegenüber der Besatzungsmacht propagieren«, erklärte mir der Offizier, der mich in die Arbeit einwies. »Alle Artikel, die nach Aufruf und Anstachelung zur Gewalt gegenüber den amerikanischen Truppen klingen, werden gestrichen oder geändert.«

Man hatte gleich in den ersten Tagen der Okkupation die großen Verleger zusammengerufen und genaue Richtlinien ausgegeben, was gedruckt und was nicht gedruckt werden durfte. Im großen und ganzen funktionierte das mit der Zeit recht gut, wohl auch, weil die japanische Presse immer schon zensiert wurde und die Situation daher für sie nicht neu war.

Und dennoch mußten wir mit der englischsprachigen *Japan Times* einige Monate nach der Besetzung die Erfahrung machen, daß sich nicht alle an die Richtlinien hielten. In einem Leitartikel rügte die Zeitung ihre Leser dafür, den Weg zur Demokratie nicht schnell und entschlossen genug zu beschreiten. Man müsse mehr Initiative zeigen, forderte der Autor. Es sei an der Zeit, die Dinge selbst in die Hand zu nehmen und nicht immer alles General MacArthur zu überlassen. Denn schließlich – darin gipfelte der Artikel – »ist General MacArthur kein Gott, sondern auch nur ein Mensch.«

In der Zensurabteilung bekamen wir Wind davon, daß der Artikel in der Morgenausgabe erscheinen sollte. Sofort wurde der Befehl ausgegeben, alle Exemplare der Ausgabe zu konfiszieren. MacArthurs Leiter der Nachrichtendienste, General Charles A. Willoughby, kommandierte persönlich einen der Jeeps, die durch Tokio jagten und alle Exemplare des Blattes einkassierten. Freilich, einige entgingen der Fahndung und wurden voller Schadenfreude herumgereicht. Welche Schlüsse man aus den Bemerkungen über MacArthurs göttlichen Status zu ziehen habe, war denn auch für einige Zeit das Thema fröhlicher Spekulationen.

Mir gefiel mein neuer Job. Alles, was ich zu tun hatte, war dazusitzen, zu lesen und zu beurteilen, ob etwas den Richtlinien entsprach und durchging oder nicht. Meistens konnte ich schon nach einem ersten Durchblättern sagen, ob ein Buch oder eine Zeitschrift den Vorgaben entsprach. Wenn ja, versah ich das Titelblatt mit dem Stempel »Pass« und griff nach der nächsten Publikation.

Eines Morgens, gut eine Woche nachdem ich meinen Dienst angetreten hatte, kam Pepper Martin bei mir vorbei. Er wolle in die bislang noch unbesetzten Gegenden fahren und damit den anderen Kriegsberichterstattern zuvorkommen, erklärte er mir. Dabei hatte er an die Gegend um Kyoto, die Honshu Ebene bis Maizuru und die Küste gedacht. General Krueger und seine Sechste Armee, die diese Gegenden übernehmen sollten, befanden sich zu der Zeit noch auf See.

»Ich möchte wissen, was da so los ist, ob die Japaner wirklich bereit sind, aufzugeben, oder ob sie im Landesinneren noch Waffen gebunkert haben, mit denen sie uns ein paar unangenehme Überraschungen bereiten könnten. Wer weiß, vielleicht planen die ja noch die eine oder andere Banzai-Attacke? Auf jeden Fall brauche ich für die Tour einen Dolmetscher. Haben Sie Lust?«

»Keine Frage«, antwortete ich, ohne zu zögern, »wenn mein Boß damit einverstanden ist.«

Captain Garner hatte nichts dagegen. Er gab mir zehn Tage frei. Nicht nur war es mir seit einigen Wochen erlaubt, ganz offiziell die amerikanische Uniform zu tragen, nun drückte man mir auch noch einen Karabiner in die Hand. Es war das erste Mal in meinem Leben, daß ich eine Waffe in der Hand hielt. Großzügig mit Verpflegung und Getränken versehen, machten wir uns mit dem Zug nach Kyoto auf. Kyoto war die eigentliche kulturelle Hauptstadt Japans, über tausend Jahre lang befand sich dort der Sitz des japanischen Kaiserhauses. Etwa hundert Meilen außerhalb Tokios verließen wir das amerikanisch kontrollierte Gebiet. Von nun an waren wir auf uns allein gestellt.

Als wir uns langsam Kyoto näherten, sagte Pepper plötzlich aufgeregt: »Hören Sie, Klaus, mir ist gerade eingefallen, daß wir überhaupt keine Hotelreservierung haben.«

»Machen Sie sich darum keine Sorgen«, versicherte ich ihm. »Ich werde schon ein schönes Plätzchen für uns finden. Bestes Essen, bester Service, dafür garantiere ich. Ich bin schon öfter in Kyoto gewesen.«

»Klingt nicht schlecht.«

In Kyoto angekommen, machten wir uns zunächst auf den Weg zum Haus eines Zen-Priesters mit Namen Shimizu, den ich aus der Zeit vor dem Krieg kannte. Er hatte damals vergeblich versucht, mich bei einem meiner kurzen Aufenthalte in seinem Tempel zum Zen-Buddhismus zu bekehren. »Ah, verstehe, Sie sind zur amerikanischen Armee gegangen«, rief er ein wenig mißbilligend, als er mich in meiner Uniform sah.

»Nein, ganz so ist es nicht«, wehrte ich ab. »Ich bin nur vorübergehend im Hauptquartier von MacArthur als Dolmetscher angestellt. Wir sind in einer besonderen Mission unterwegs und brauchen für ein paar Tage eine Unterkunft. Ich dachte, Sie könnten uns vielleicht weiterhelfen.«

Shimizu führte ein paar Telefongespräche. Dann erklärte er feierlich: »Ich habe den perfekten Ort für Sie gefunden. Eins der besten Geisha-Häuser im Gion-Distrikt. Ich kenne die Dame des Hauses persönlich. Das Essen ist erstklassig, alles andere im übrigen auch.«

Shimizu hatte nicht zuviel versprochen. Das Etablissement wurde offenbar sehr gut geführt. Die Zimmer waren nett und sauber, hinter dem Haus lag ein Garten mit kleinen Wasserspielen. Die Dame des Hauses schien ebenso erfreut, uns als Gäste begrüßen zu können, wie wir, ihre Gäste zu sein. Sich mit den Amerikanern gut zu stellen bedeutete für viele Japaner, an Dinge heranzukommen, die sie lange Zeit hatten entbehren müssen. Neben Nahrungsmitteln im Überfluß hatten wir jede Menge Zigaretten im Gepäck, die heimliche Währung Japans in jener Zeit.

Ob die Herrschaften gleich etwas zu essen haben wollten? fragte die Dame des Hauses. Wir wollten, denn seit dem Frühstück in Tokio hatten wir nichts mehr zu uns genommen. Als wir schließlich unser Mahl beendet hatten, war es zu spät, um noch mit der Arbeit zu beginnen. So ließen wir es uns den Rest des Abends gutgehen. Pepper zeigte mir, was ein Boilermaker ist, ich führte ihn im Gegenzug in die Welt des Sake ein. Und das, obwohl mein Fassungsvermögen für alkoholische Getränke keineswegs besonders groß war. Ich hatte noch immer gut zwanzig Kilo Untergewicht und litt nach wie vor an den Folgen meines Gefängnisaufenthalts.

Als sich langsam die Nacht über Kyoto senkte, schlüpften zwei Geishas zu uns ins Zimmer und tanzten flüsternd und kichernd durch den Raum. Sie tanzten mit uns und sorgten dafür, daß unsere Gläser nie leer wurden. Üblicherweise bieten Geishas – die »Unterhaltungskünstlerinnen« – ihre Dienste nur an, wenn man ausdrücklich darum bittet. Nach einiger Zeit, die Nacht war schon fortgeschritten, wurden sie von zwei anderen Damen abgelöst.

Als ich am nächsten Morgen erwachte, ein wenig benommen, blickte ich in zwei dunkle Augen, in das Gesicht einer dunkelhaarigen Frau an meiner Seite.

»Guten Morgen, wie fühlst du dich?« fragte sie lächelnd. »Wer sind Sie?« erkundigte ich mich verdutzt.

»Erinnerst du dich nicht?«

»Erinnern, an was?«

»Ich bin gestern zu dir gekommen und habe bei dir geschlafen.«

Ich fragte mich, was ich wohl noch alles vergessen, welche abenteuerlichen Dinge ich in meinem Rausch möglicherweise noch angestellt hatte. Wir zogen uns an. Ich meine amerikanische Dienstkluft, sie dagegen trug nur einen Nemaki, eine dünnes, fast durchsichtiges Nachtgewand. Sie war ausnehmend hübsch, aber dennoch, ich konnte mich beim besten Willen nicht daran erinnern, sie jemals zuvor gesehen zu haben.

Inzwischen regte sich überall im Haus emsige Betriebsamkeit. Pepper nahm eine ausgiebige Dusche und erschien danach in einer frisch gebügelten Uniform. Das Frühstück war wunderbar, Spiegeleier, Brot, jede Menge Butter und Kaffee, dazu die Gesellschaft der Dame des Hauses und der Mädchen. Schließlich war es an der Zeit, den Dingen nachzugehen, um derentwillen wir hier waren.

»Am besten wir gehen erst mal zum Polizeipräsidium, damit die wissen, daß wir hier sind und was wir wollen«, schlug Pepper vor. Es war nur ein kurzer Weg dorthin. Die Beamten hätten kaum entgegenkommender sein können. Der Chef der Behörde erklärte uns mit ausgesuchter Höflichkeit: »Wann immer Sie noch irgend etwas brauchen, Verpflegung, Ausrüstung, bitte lassen Sie es uns wissen.«

Von Pepper instruiert, legte ich ihm eine Liste der Orte vor, die wir zu besuchen gedachten: Militäranlagen, Sperrgebiete, Lagerhallen und andere Orte, an denen möglicherweise militärische Ausrüstung gebunkert war. Außerdem wollten wir alle Flughäfen, Landepisten und Flugzeuge in der Gegend besichtigen, um sicherzugehen, daß die Armee auch tatsächlich aufgelöst und die Soldaten ohne ihre Waffen nach Hause geschickt worden waren. Mit anderen Worten, wir wollten sehen, ob alles den Kapitulationsvereinbarungen entsprechend abgewickelt war, so daß General Krueger und seine Sechste Armee problemlos die Kontrolle über das Gebiet übernehmen konnten.

Der Polizei-Captain stellte uns sogar einen Wagen mit Fahrer zur

Verfügung – einen alten Dodge mit Holzvergaser. Schnell waren wir so zum Zentrum einer kleinen Prozession geworden; ein Polizeiwagen vorneweg, einer hinterher.

Die erste Station war ein alter Tempelbau, der bis unters Dach gefüllt war mit Artillerie-Granaten, alles sorgfältig mit Ölplanen abgedeckt. Überall, wo wir unter die Planen schauten, das gleiche Bild. Es müssen Tausende von Granaten gewesen sein.

»Sagen Sie den Leuten, ich will das ganze Zeug in Lagerhallen außerhalb der Stadt gebracht haben«, wies Pepper mich an. »Gibt's so was, wenn ja, kann man die verschließen?« Es gab. »Okay, dann sollen sie die Granaten auf Lastwagen verfrachten und in die Lagerhalle schaffen. Dann schließen wir das Ding ab und übergeben den Schlüssel an General Krueger.«

Als die Japaner sicher gewesen waren, daß Kyoto von den Amerikanern nicht bombardiert werden würde, hatten sie alle ihre militärische Ausrüstung in die großen Tempelanlagen, jene großartigen und friedlichen Heiligtümer mit ihren wundervollen Gärten, geschafft. Wir fanden einen Tempelbezirk nach dem anderen vollgepackt mit militärischer Ausrüstung, einschließlich Panzern und Kanonen. Und jedesmal erklärten wir der örtlichen Polizei, daß das ganze Zeug aus der Stadt heraus und an abgelegene und sichere Orte auf dem Land gebracht werden müsse, wo es dem unmittelbaren Zugriff der Bevölkerung entzogen sei.

Die Lagerhäuser der Stadt enthielten die weniger tödlichen, wenngleich nicht weniger wichtigen Güter für Kriegszeiten. So fanden wir eines, in dem bis unters Dach palettenweise *Suntory Whisky*, der japanische *Chivas Regal*, gestapelt war. Mit der Erlaubnis des diensthabenden Polizeibeamten requirierten wir schnell einige Kisten, um unsere eigenen Bestände aufzufüllen. So wie der letzte Abend verlaufen war, bestand schließlich ernsthaft die Gefahr, daß wir bald auf dem trockenen saßen. In einem anderen Lagerhaus fanden sich Tausende von Fern- und Nachtgläsern der Armee, ein weiteres enthielt Unmengen von Samurai-Schwertern, wie Offiziere sie trugen.

So verlief unser erster Tag als inoffizielle Vorhut von General Krueger und seiner Sechsten Armee. Als wir in unser Geisha-Haus zurückkehrten, wurden wir bereits erwartet. Die Dame des Hauses öffnete die Tür und begrüßte uns. »Willkommen zu Hause«, flötete ein sanfter Chor. Die Mädchen hatten sich den Tag über um unsere Wäsche gekümmert und für den Abend ein kleines Festmahl vorbereitet. Schinken aus unserem Proviant, Fisch und Shrimps, alles ganz wunderbar zubereitet.

Es wurde ein weiterer stürmischer Abend, meine Gefährtin begann mir mehr und mehr zu gefallen. Sie war grazil und zärtlich, hatte wunderbares, langes schwarzes Haar und eine zauberhafte Figur. In dieser Nacht wurde ich unter der Anleitung dieser Frau endlich im Alter von zweiundzwanzig Jahren in die Geheimnisse der Liebe eingeführt.

Nach zwei weiteren Tagen, die immer in derartigen kulinarischen und sonstigen Ausschweifungen endeten, mußten wir mit Bedauern feststellen, daß die Arbeit in Kyoto wohl erledigt sei. Allerdings war Pepper der Meinung, daß wir von nun an etwas bequemer reisen sollten. »Ich schlage vor, wir bringen sie dazu, uns einen eigenen Waggon anzuhängen«, meinte er.

Ich übermittelte diese Bitte dem Bahnhofsvorsteher. Zu meiner Überraschung stand am nächsten Morgen tatsächlich ein eigener Waggon für uns bereit. Wir studierten ausführlich die Fahrpläne der Strecken zu jenen Orten weiter im Norden, an denen sich laut Peppers Karte vermutlich militärische Stützpunkte befanden. Die Japaner hängten uns immer einfach an die Züge an, manchmal änderten sie sogar die Fahrpläne für uns. Wenn wir irgendwo über Nacht bleiben wollten, wurde unser Wagen einfach abgehängt und am nächsten Morgen an einen anderen Zug angehängt.

Von Zeit zu Zeit baten wir das Zugpersonal, unseren Waggon für andere Fahrgäste zu öffnen. Dann gab Pepper unseren Gästen kurze Einführungen in die Grundprinzipien der Demokratie. Gelegentlich hielten wir auch unterwegs an, um einen kurzen Blick auf ein verdächtig aussehendes Gebäude zu werfen. Stehen da vielleicht ein paar Panzer in der Scheune? Sind dort möglicherweise leichte Waffen gebunkert? Nach ein paar Tagen hatte sich unsere Mission so weit herumgesprochen, daß der Polizeichef unserer nächsten Stadt uns oftmals schon auf dem Bahnsteig erwartete. »Ja, wir haben schon einige Flugzeuge, aber wir haben keinen Tropfen Kerosin.« Derart freimütige Auskünfte ersparten uns viel Zeit.

Aber nicht nur wir hatten Fragen an die Japaner, die Japaner hatten meist ebenso viele an uns. Eine der häufigsten lautete, ob denn nun alle japanischen Soldaten ins Gefängnis müßten? Natürlich nicht, versicherten wir jedesmal. Nur ihre Uniformen müßten sie ablegen und ihre Schwerter bei der örtlichen Polizeidirektion abgeben.

In einem kleinen Städtchen in der Nähe der Küste sahen wir uns allerdings einer gänzlich anderen Situation gegenüber. Daß etwas Ungewöhnliches an diesem Ort vorging, spürten wir sofort, als wir die Polizeistation betraten. Niemand trug eine Uniform. Und das, obwohl japanische Polizisten normalerweise immer in voller Montur, mit Kappe, kleinem Schwert und Dienstpistole, herumliefen. Aber hier befanden sich in der ganzen Station nur Männer in Zivil, ein ziemlich furchterregender Haufen noch dazu. Was tun?

»Wir kommen von General MacArthurs Hauptquartier in Tokio, und wir wollen den Polizeichef sprechen«, erklärte ich einem der Männer.

»Der ist im Moment nicht zu sprechen«, war die Antwort.

»Dann möchten wir eben mit dem sprechen, der im Augenblick das Kommando hat.«

Daraufhin wurden wir in einen Nebenraum geführt, in dem ein weiterer Beamter am Schreibtisch saß und in einer mir unbekannten Sprache mit unserem Begleiter sprach. Japanisch war es nicht. Auch nicht Chinesisch, soviel konnte ich aufgrund einiger Chinesischkenntnisse schon sagen. Dennoch klang es wie eine asiatische Sprache.

»Haben Sie hier das Kommando?« fragte ich.

Er antwortete nun auf japanisch, allerdings mit deutlich koreanischem Akzent. Offenbar hatten also die Koreaner das Ruder übernommen.

»Was geht hier eigentlich vor?« wollte ich wissen.

»Das ist ganz einfach«, erklärte er, wobei seine Stimme einen bösen Unterton hatte, »die Japaner haben uns zu Beginn des Krieges hierher deportiert, um für sie in den Minen zu schuften.«

Das freilich erklärte die Lage sofort. Die Japaner hatten im Verlauf der Geschichte die Koreaner immer wieder als Untermenschen betrachtet und auch so behandelt, als unzivilisiert, als notorische Diebe und Lügner. Alles, was als verwerflich und böse galt, hatte man den Koreanern angedichtet. Für die Japaner waren sie immer die Sündenböcke. Als nach dem großen Erdbeben 1923 durch die vielen offenen Feuerstellen in den Häusern verheerende Brände ausbrachen, in denen Tausende von Menschen starben, wurde sogar das Gerücht in die Welt gesetzt, die Koreaner hätten die Brände gelegt.

Die Unterdrückung der Koreaner hatte eine lange Geschichte. Seit 1910 war Korea eine japanische Kolonie. Und seitdem hatte man mehrmals Koreaner nach Japan deportiert und dort als billige Arbeitskräfte eingesetzt. Unterbezahlt, zu härtester Arbeit gezwungen und mißbraucht, wurden die Koreaner von den Japanern wie eine minderwertige Rasse behandelt.

Gleichwohl war die Situation, die wir vorfanden, unhaltbar. Es ging schlicht nicht an, daß ein ungeordneter Haufen einfach die Polizeigewalt übernahm. Pepper und ich berieten, was zu tun sei. »Wo ist der Kommandeur der hiesigen Polizei?« fragte ich.

»Den haben wir eingesperrt«, erklärte man uns knapp.

»Wir möchten mit ihm sprechen. Bitte bringen Sie ihn her«, forderten wir.

Etwas zögernd wurde uns schließlich der Polizeichef mit zweien seiner Mitarbeiter vorgeführt. Die wiederum präsentierten sofort ihre Sicht der Dinge. Danach war es unmittelbar nach Bekanntwerden der Kapitulation Japans zu Unruhen und Aufständen der Koreaner gekommen. Da sich die Koreaner, wie sie meinten, seit 1910 mit den Japanern im Krieg befanden, betrachteten sie sich nach der Kapitulation auch als Sieger – mit etwas Unterstützung von auswärts. So hatten sie sich kurzerhand zur Vorhut jener Truppen, die Japan okkupieren sollten, erklärt.

Nach einem wohl nur kurzen Schußwechsel hatte die Polizei aufgegeben, war von den Koreanern entwaffnet und, soweit der Platz reichte, ins Gefängnis gesperrt worden. Die Koreaner warteten nun ihrerseits auf die Landung der amerikanischen Truppen, ihren »Alliierten« im Kampf gegen Japan.

Es blieb uns nichts als der Versuch, den Koreanern klarzumachen, daß sie kein Recht hatten, die japanische Polizei zu inhaftieren. Zu unserer Überraschung wurde die gesamte Polizei auch umgehend und ohne große Widerrede freigelassen. Schließlich erklärten wir den Koreanern, sie könnten nun, da die amerikanische Armee mit der Besetzung Japans begonnen habe, jederzeit in ihre Heimat zurückkehren. Das sei zwar gut und schön, antworteten sie, aber zuvor habe man noch einige Rechnungen mit der japanischen Regierung zu begleichen. Darum werde man sich ganz gewiß kümmern, sobald General Krueger eingetroffen sei, versicherten wir.

Wir verließen jenen seltsamen Ort mit dem Gefühl, die explosive Situation zumindest ein Stück weit entschärft zu haben. Die Polizei war freigelassen und in ihre alten Rechte zurückversetzt. Im Gegenzug hatten die Polizisten versichert, daß es keinerlei Repressionen gegenüber den Koreanern geben werde. Wenn wir so die Welt wieder geraderücken konnten, kamen wir uns ein wenig vor wie Don Quijote und Sancho Pansa.

Bei unserer nächsten Station war es Peppers Empfindlichkeit gegenüber Mißbrauch und Unfug, die für Aufregung sorgte. Nachdem wir mit der Polizei unsere Checkliste durchgegangen waren und nichts zu beanstanden fanden, unternahmen wir noch einen Gang durch die Straßen der kleinen Stadt. Auf einmal rief Pepper, der etwas zurückgeblieben war: »Klaus, kommen Sie, sehen Sie sich das an!«

Er war vor einem Haus stehengeblieben, neben dessen Eingangstür Sandsäcke aufgestapelt waren. Er deutete voller Entrüstung auf einen der Säcke. »Schauen Sie sich den Sack an! Was ist das?«

Bei genauem Hinsehen erkannte ich eine aufgedruckte amerikanische Fahne. »Nun, Klaus, bei uns in den Staaten gibt es ein Gesetz gegen den Mißbrauch der amerikanischen Flagge«, erklärte er ernst.

Pepper hatte zuvor bereits den einen oder anderen Boilermaker zu sich genommen. Unter solchen Bedingungen neigte er dazu, sich höllisch aufzuregen, wenn ihm etwas gegen den Strich ging. Es stand zu befürchten, daß er das mit der kleinen Fahne nicht auf sich beruhen lassen würde. So war es denn auch: das Star Spangled Banner auf einem Sandsack, das empörte die amerikanische Seele zutiefst. Pepper ließ eine Kanonade von Beschimpfungen und Flüchen los, die meinen englischen Wortschatz um einiges bereicherten. »Los, wir gehen zur Polizeistation, ich will wissen, wer dafür verantwortlich ist!« schnaubte er.

Ich trottete hinter ihm her zur Station. Dort wurden wir sehr höflich empfangen und in den besten Salon des Hauses geführt. Man servierte Tee, offenbar hatten die Beamten gespürt, daß Ärger in der Luft lag.

»Wer ist hier der Chef?« polterte Pepper sofort los. Der wiederum gab sich nur zögernd zu erkennen. Pepper wandte sich zu mir und befahl: »Erklären Sie ihm, daß wir gerade etwas gesehen haben, was uns zutiefst verärgert hat. Und sagen Sie ihm, was es war!«

Der Beamte machte ein langes Gesicht und wurde blaß, als ich übersetzte. Und er wurde noch blasser, als Pepper einen weiteren Anfall bekam. »Der heiligste Gegenstand der USA ist die Fahne. Wir nennen sie Star Spangled Banner. Und wir behandeln sie mit Respekt. Es ist verboten, sie verkehrt herum aufzuziehen; es ist verboten, sie zu verbrennen; es ist verboten, darauf herumzutreten. Und es ist natürlich auch verboten, sie als Sandsack zu mißbrauchen.« Mit diesen Worten wandte er sich an den Chef: »Oder würden Sie vielleicht aus der japanischen Flagge einen Sack machen und Sand hineinschütten?«

Jedesmal, wenn er zur Antwort ansetzen wollte, ließ Pepper eine weitere verbale Breitseite los. Der arme Mann zitterte fast vor Angst und dachte vermutlich, wir würden ihn über kurz oder lang aufknüpfen.

Als er schließlich doch zu Wort kam, sagte er mit dünner Stimme: »Bitte, Herr Dolmetscher, bitte sagen Sie dem Captain, daß es uns furchtbar leid tut. Hätte ich das alles gewußt, hätte ich natürlich besser darauf geachtet. Aber sehen Sie, in Japan ist der Stoff zur Zeit sehr knapp. Ich kann mir nur vorstellen, daß jemand ein Stückchen von einer amerikanischen Fahne zu Hause hatte und es verarbeitet hat. Es bestand gewiß nicht die Absicht, die amerikanische Fahne zu beleidigen.«

Einer der Polizisten beugte sich herüber und flüsterte seinem Chef etwas zu. »Ach so, ja, pardon, Sir. Man hat mir gerade berichtet, daß die amerikanische Luftwaffe in den letzten Kriegstagen Säcke mit Flugblättern über der Gegend abgeworfen hat. Dazu hat man Säcke mit einer aufgedruckten Fahne benutzt. Möglicherweise hat jemand einen solchen Sack gefunden und weiterverwendet.«

Langsam dämmerte wohl dem Polizeichef, daß die Situation so bedrohlich doch nicht war. Denn am Ende war die kleine Fahne vermutlich von den Amerikanern selbst abgeworfen worden – auch nicht der übliche Umgang mit Fahnen.

Dennoch fuhr er fort, den Unterwürfigen zu mimen. »Bitte nehmen Sie unsere Entschuldigung an«, sagte er in flehendem Ton. »Ich werde umgehend meine Leute losschicken, um sicherzugehen, daß nirgendwo in der Stadt die amerikanische Fahne in ähnlich respektloser Weise behandelt worden ist.«

Das schien Pepper schließlich zu besänftigen. Als wir die Station verließen, nahm mich der Chef noch einmal beiseite. »Bitte sagen Sie dem Captain, daß wir unser Bedauern über den Vorfall gerne dadurch zum Ausdruck bringen würden, daß wir Sie zu einem kleinen Dinner im besten Restaurant der Stadt einladen. Bei der Gelegenheit könnte ich meine Entschuldigung für den unschönen Vorfall offiziell zum Ausdruck bringen. Für angemessene Unterhaltung werden wir freilich auch sorgen.«

Ich erzählte es Pepper. Der grinste nur und meinte: »Überaus anständiger Vorschlag.«

So kamen wir zu einem feudalen Festmahl mit allem Drum und Dran, und das nur, weil Pepper wegen einer albernen kleinen Fahne einen Höllenkrach geschlagen hatte. Vermutlich war es wirklich einer jener Verpflegungssäcke gewesen, die die Amerikaner gegen Kriegsende in den Gegenden abgeworfen hatten, in denen man Kriegsgefangenenlager vermutete. (Pepper erzählte diese Geschichte noch immer mit einem Grinsen, als ich ihn nach über vierzig Jahren wiedertraf. »Wir haben die ganz schön auf Trab gebracht! Erinnerst du dich an das Bankett und die Mädchen?« kicherte er.)

Da sich die Zeit, für die ich freigestellt worden war, langsam dem Ende zuneigte, machten wir uns auf den Rückweg nach Kyoto. Dort feierten wir noch einmal groß den erfolgreichen Verlauf unserer Mission, bevor wir uns von der Dame und den Mädchen des Geisha-Hauses verabschiedeten und nach Tokio zurückkehrten.

Dort, während der alltäglichen Routine der Buch- und Zeitungszensur, fand sich genügend Zeit, die vielen Höhepunkte jener Reise Revue passieren zu lassen. Ich hatte zum ersten Mal mit einer Frau geschlafen. Ich hatte zum ersten Mal einen Vollrausch gehabt und ihn überlebt. Und ich hatte mit Pepper Martin einen überaus ungewöhnlichen Menschen kennengelernt. Nie wußte man sicher, ob er es ernst meinte oder sich gerade einen Jux machte. Als Pepper seinen Unsinn mit der Fahne veranstaltete, hatte ich tatsächlich Angst gehabt, er würde den Polizeichef im nächsten Moment erschießen.

Keine Frage, die ganze Geschichte wirkte ziemlich unglaubwürdig. Entsprechend traf ich in den folgenden Jahren auf einige Skepsis, wenn ich die Geschichte von »Captain« Robert P. Martin, dem Kriegsberichterstatter, und mir, dem staatenlosen Deutschen, die sich gemeinsam als Vorhut der amerikanischen Besatzungstruppen in Zentraljapan betätigt hatten, erzählte. Es klang einfach zu unglaublich, mehr wie Szenen aus einer Kriegsklamotte.

Es sollte sich jedoch bald herausstellen, daß die Geschichte noch nicht zu Ende war. Denn nicht lange nach unserer Rückkehr – ich saß im Büro an meinem Schreibtisch und zensierte eifrig – ging eines Morgens die Tür auf, ein japanisches Paar trat ein und fragte nach mir. Die beiden waren mein Freund Shimizu, der für Pepper und mich den Aufenthalt im Geisha-Haus in Tokio arrangiert hatte, und das Mädchen, mit dem ich dort das Bett geteilt hatte.

Verunsichert und nervös stand ich auf und begrüßte sie. Die Situation war, vorsichtig ausgedrückt, etwas schwierig. Denn schließlich wohnte ich im ehemaligen Finanzministerium mit Hunderten anderer Männer. Alles, was ich hatte, waren ein Bett und ein Spind. Und Hotelzimmer gab es in Tokio nicht. Alle Hotels, die noch standen, waren von amerikanischen Offizieren, Korrespondenten usw. okkupiert. Und schließlich bestand noch die Not, zu erklären, wer das Mädchen sei. Ganz unbekannt war ich in Tokio auch nicht mehr.

So borgte ich mir etwas Geld, kaufte ihr ein kleines Geschenk, lud die beiden zum Essen ein und brachte sie danach wieder zur Bahnstation. Es war eine ziemlich traurige und bedrückende Situation. Ich war sicher, sie hatte gehofft, ein wenig mehr Zeit mit mir verbringen zu können, vielleicht hatte sie in mir gar die Chance ihres Lebens gesehen. Andererseits war wirklich nichts Ernstes zwischen uns gewesen, wenn es auch mehr als nur eine flüchtige Begegnung war. Ich habe sie nicht wiedergesehen.

7. NAOKO

Es war ein milder Herbstabend. Ich hatte gerade die Schlange vor der Essensausgabe im Finanzgebäude hinter mich gebracht, da traf ich zwei meiner amerikanischen Soldatenfreunde. »Was ist, Klaus, hast du Lust, tanzen zu gehen? Wir kennen einen Laden auf der Ginza – The Oasis. Da haben sie japanische Tänzerinnen. Man muß am Eingang eine Karte kaufen, dann darf man mit ihnen tanzen. Willst du nicht mitkommen?«

Es war noch hell und der Abend noch lang. Außer in der letzten Ausgabe von *Stars and Stripes* zu lesen, meinem neu erstandenen Radio zu lauschen und irgendwann ins Bett zu gehen, hatte ich eigentlich nichts vor. Warum sollte ich die beiden also nicht begleiten? Eine folgenreiche Entscheidung, wie sich später herausstellen sollte.

Nach einem längeren Fußmarsch kamen wir am Oasis an. Wir kauften Karten, stiegen eine Treppe in den Keller hinab und tauchten ein in die Musik. Meine Begleiter fanden schnell zwei Partnerinnen und begannen ausgelassen zu tanzen. Ich aber ließ eine Weile den Blick schweifen, bis er auf ein Mädchen fiel, das etwas abseits saß, offenbar auf Distanz zum allgemeinen Spektakel bedacht. Sie trug einen dunklen, goldbraunen Kimono, der sich auffällig von den bunten Kleidern der anderen Eintänzerinnen abhob. Nach einer Weile faßte ich mir ein Herz, ging zu ihr hinüber, drückte ihr meine Karte in die Hand und forderte sie auf.

Es war wunderbar. Während wir durch den Saal schwebten, machten wir ein wenig Konversation. Wo sie herkomme und ob sie schon lange tanze, wollte ich wissen. Sie antwortete höflich, aber einsilbig. Doch schien ich sie mit meiner Fragerei verärgert zu haben. Denn als ich sie nach dem Tanz zu ihrem Platz zurückgeleitete und mich artig mit den Worten: »Vielen Dank, ich hoffe, wir haben noch einmal das Vergnügen« verabschiedete, bekam ich zu hören: »Vielleicht lieber nicht.«

Von dieser Antwort war ich überrascht und betroffen zugleich. »Warum sagen Sie so etwas?«

»Ich mag es nicht, wenn Ausländer Japanisch sprechen.«

Diese Antwort war bemerkenswert in ihrer unverblümten Offenheit. Normalerweise sagen die Japaner aus Gründen der Höflichkeit nicht so direkt, was sie denken. Weniger bemerkenswert war allerdings das, was sie sagte. Denn sehr viele Japaner mißtrauten Fremden, die ihre Sprache beherrschten. Warum, konnte ich mir damals nicht erklären.

Ich ließ einige Zeit verstreichen, bis ich noch einmal ins Oasis ging. Mein verletzter Stolz mußte erst heilen. Als ich mich dann doch überwand, tanzte ich wieder mit Naoko. Auch diesmal verhielt sie sich kühl, aber wenigstens nicht abweisend. Etwas ermutigt, ging ich nun öfter in das Lokal, und immer, immer tanzte ich ausschließlich mit Naoko.

In der Zwischenzeit hatte es angenehme Veränderungen bei der Unterbringung der Angestellten der neuen Besatzungsmacht gegeben. Einige Zimmer im Marunouchi Hotel waren verfügbar geworden, und eines davon hatte man für mich vorgesehen, Zimmer 812. So hatte ich endlich wieder meine eigenen vier Wände und eine Tür, die ich hinter mir zumachen konnte. Und ich konnte sogar meine Freunde zum Dinner einladen.

Auch in anderer Hinsicht war ein Fortschritt zu verzeichnen. Dank des Kasinos in MacArthurs Hauptquartier hatte sich meine körperliche Verfassung deutlich verbessert. Rationierungen bei der Versorgung gab es nicht. Man konnte zwei Portionen – oder vier oder sechs oder ein ganzes Dutzend – bekommen; drei oder vier Steaks, Kartoffeln, Gemüse, soviel man mochte; Butter, Brötchen, Dessert. Niemand kontrollierte es. Der Überfluß war schier unglaublich.

Ganz anders war die Situation für die Japaner. Sie hatten nichts zu essen. Viele Menschen verhungerten im Winter 1945/46. Zwar zeigte sich Präsident Truman auf General MacArthurs Bitte um zusätzliche Versorgung der japanischen Bevölkerung überaus großzügig, aber erstens stand auch Europa in jenem Nachkriegswinter vor einer Hungerkatastrophe, und zweitens waren die Transportkapazitäten begrenzt.

Wie verzweifelt die Lage war, machte mir besonders ein Erlebnis nachhaltig klar. Es war um die Mittagszeit. Ich stand an der Hibiya-Kreuzung in der Nähe von MacArthurs Hauptquartier, als ein älterer Mann auf mich zukam und mit leiser, unsicherer Stimme sagte: »Entschuldigen Sie, mein Herr, ich brauche unbedingt Geld für etwas zu essen.« Mit diesen Worten öffnete er seinen Mantel und brachte ein Samurai-Schwert zum Vorschein. »Das ist ein sehr altes Familienerbstück, überaus wertvoll.« Er zog das Schwert aus der Scheide, es war in der Tat eine sehr schöne Klinge.

»Bitte, mein Herr, können Sie mir dafür etwas geben?« bat er. »Meine Familie ist sehr hungrig.«

Es war erschütternd. Nie zuvor hatte ich einen Japaner gesehen, der sich so erniedrigte. Nie hatte ich bisher einen Japaner betteln gesehen, unter welchen Umständen auch immer. Betteln, schon das Wort gab es kaum in Japan. Da ich ohnehin auf dem Weg zum Essen war, sagte ich zu dem alten Mann: »Mein Herr, würde es Ihnen etwas ausmachen, hier auf mich zu warten? Ich werde Ihnen etwas zu essen besorgen.«

»Wirklich?«

»Ja, aber es kann einige Minuten dauern, zehn oder fünfzehn vielleicht.«

»Das werde ich Ihnen nicht vergessen. Ich warte.«

Ich hastete zum Hauptquartier und fuhr mit dem Aufzug in die Kantine. Dort belud ich ein Tablett mit mehreren Steaks, Kartoffeln, Gemüse und dem, was so da war. Dann verzog ich mich in die äußerste Ecke der Kantine und packte alles in eine Papiertüte. Ich stellte das Tablett mit den leeren Tellern zurück und fuhr wieder hinunter.

Der alte Mann saß noch da, wo ich ihn verlassen hatte. Tränen liefen über seine Wangen, als ich ihm die Tüte reichte. Er entschuldigte sich immer wieder für seine Situation. »Sehen Sie, es ist das Traurigste, was passieren kann, wenn man die Familienerbstücke verkaufen muß. Vielen Dank, daß Sie mich für heute davor bewahrt haben!«

Viele der Soldaten pflegten ihre Teller und Tabletts in der Kantine mit mehr zu beladen, als sie überhaupt essen konnten. Das Übriggebliebene wurde zusammen mit allem möglichen anderen Abfall in große

Mülltonnen gekippt. Die vollen Tonnen wurden dann vom Küchenpersonal ins Erdgeschoß und zu einer Sammelstelle hinter dem Gebäude gebracht.

Es dauerte nicht lange, bis sich in der hungernden Bevölkerung herumgesprochen hatte, daß die Amerikaner Essen wegwarfen. Mit Tellern und Schalen in der Hand standen sie stumm in langen Reihen vor den Mülltonnen und Containern und füllten ihre Gefäße mit den Abfällen aus der Kantine der Amerikaner.

Ein paar Mal schaute ich mir die grauenvolle Szene an. Beim zweiten Mal eigentlich nur, weil ich es beim ersten Mal nicht hatte glauben können, was ich sah. Von dem Tag an lud ich mein Tablett bei jeder Mahlzeit besonders voll, aß nur einen Teil und packte den Rest in Papiertüten. Diese Tüten verteilte ich dann nach jeder Mahlzeit an die hungernden Männer und Frauen auf der Rückseite des Gebäudes.

Diese Rationen waren um einiges appetitlicher, denn in die Mülltonnen wurden auch Aschenbecher und Ähnliches geleert. Meine Tüten enthielten meist zwei komplette Essensportionen, inklusive Butter, Brot und Obst. Im Vorübergehen übergab ich sie an einen der Hungernden in der Schlange vor den Mülltonnen, wobei ich darauf achtete, daß es immer andere waren. Ich ermunterte sogar meine Freunde, es genauso zu machen. Nach meinen Erfahrungen im Gefängnis wußte ich, was es bedeutete, hungrig zu sein.

Was mein privates Leben anging, so begann ich nach dem Umzug in das Marunouchi Hotel, den Kontakt zu alten Freunden wieder aufzunehmen. Wenn ich zu Naoko in den Tanzpalast ging, nahm ich immer etwas von den Köstlichkeiten mit, die wir wie vieles andere auch zollfrei im sogenannten PX-Store im Hauptquartier bekamen. Zuerst wies sie die kleinen Geschenke – eine Schachtel Mandelkekse, Schokolade oder Pfirsichmarmelade plus ein oder zwei Essensrationen – stolz zurück. Sie nahm sie erst, als ich erklärte, sie seien für ihre Eltern.

Meine Gefühle für Naoko wurden von Tag zu Tag intensiver. Ich war schlicht und ergreifend verliebt. Eines Abends, nachdem ich Naoko schon mehrere Wochen kannte, lud ich sie zum Essen ins Hotel ein. Sie nahm die Einladung tatsächlich an. Und so lud ich sie immer öfter ein, bis wir eines Abends fast zwangsläufig in meinem Zimmer landeten.

Ohne daß ich es bewußt forciert hatte, war eine Situation entstanden, die unweigerlich gebrochene Herzen hinterlassen mußte.

Denn eins war klar: Ich würde in die Vereinigten Staaten gehen. Seit meiner Kindheit hatte ich davon geträumt. Dabei stand mir ein überaus idealisiertes Bild Amerikas vor Augen. Ein Land, das reich war und schön, das fortschrittlichste auf dem gesamten Globus, und nun auch noch die Nation, die Adolf Hitler besiegt und Europa vom Faschismus befreit hatte. Es war für mich das sagenhafte Land, wo Milch und Honig fließen.

Mein Vater hingegen, obwohl auch er sein Leben lang davon geträumt hatte, nach Amerika zu gehen, hatte zunächst Bedenken, im Alter von über sechzig Jahren noch auszuwandern. Ich aber bedrängte ihn unaufhörlich. »Schau, deine Schwester lebt dort. Thomas Mann ist da und dein Bruder Peter. Sie wären verdammt enttäuscht, wenn du nicht kämst.«

Schließlich willigte er ein. »Ist ja mal was Neues. Außerdem können wir dann zusammenbleiben«, meinte er nach Tagen massiver Bearbeitung.

Ganz so einfach war es freilich nicht. Wir waren staatenlos – Menschen ohne Heimatland. Und die Amerikaner erwarteten eine Sicherheit, daß wir den dortigen Behörden nicht finanziell zur Last fielen. Sobald der Post- und Nachrichtenverkehr zwischen Japan und den Vereinigten Staaten wieder eingerichtet war, schrieb mein Vater an seine Schwester in Pacific Palisades bei Los Angeles und bat, die Familie Mann möge doch eine eidesstattliche Versicherung abgeben, ein sogenanntes Affidavit, daß für unseren Unterhalt gesorgt sei. Mit einem solchen Dokument mußte Thomas Mann erklären, daß wir so lange von ihm unterstützt würden, bis wir auf eigenen Füßen stehen konnten.

Einige Wochen dauerte es freilich, bis von Thomas Mann eine Antwort kam. Er hatte zwar umgehend die notwendige Erklärung abgegeben, aber Luftpost gab es noch nicht. Ich besitze jenes Dokument noch immer. Wir seien herzlich willkommen, heißt es darin, und sein Haus stehe uns offen, so lange wir bei ihm wohnen wollten.

Allerdings mußten wir bei der Ausreise Bargeld vorweisen können, und zwar nicht wenig. Mindestens drei- bis vierhundert Dollar pro

Person, die wir nicht hatten. Das Problem war, es mußten Dollars sein, Yen konnte man aber nicht gegen Dollars tauschen, zumindest nicht auf legalem Wege. Nun wurden mein Vater und ich in Yen bezahlt, ich als Dolmetscher, er als Dirigent des Militärorchesters in Tokio. Ziemlich verzweifelt fragte ich schließlich einen meiner amerikanischen Freunde, wie wir wohl an Dollars kommen könnten.

»Das darf ich dir eigentlich nicht sagen«, erklärte er mit Verschwörermiene. »Du gehst in den PX-Store und kaufst Zigaretten. Die verkaufst du dann wieder gegen Yen, machst einen hübschen Profit und kaufst mit diesen Yen dann Dollars auf dem Schwarzmarkt.«

Auf dem Schwarzmarkt kostete ein Dollar 300 Yen, der offizielle Wechselkurs dagegen lag bei 15 Yen. Auf diese Weise versuchte ich nun mühsam, Dollar für Dollar die Reisekasse zusammenzukratzen, immer in dem Wissen, daß wir, sollte jemand von diesen Geschäften Wind bekommen, unsere Pläne ein für allemal vergessen konnten.

Eine große Hilfe bei unseren Bemühungen, die notwendigen Papiere für eine Ausreise zusammenzubekommen, war Douglas Overton, der erste amerikanische Diplomat im Japan der Nachkriegszeit. »Wir kennen Ihren Fall«, sagte er bei einer der ersten Begegnungen und deutete an, daß es ein großer Vorteil sei, daß wir bereits 1939 einen ersten Einreiseantrag gestellt hatten.

Bevor wir nun Japan endgültig verließen, wollte ich einen letzten Blick auf das Gefängnis werfen, in dem ich sechs Monate lang eingesperrt gewesen war. Und ich wollte mich von den Polizisten und Wärtern verabschieden. So schrecklich diese Zeit auch immer gewesen war, wußte ich doch, daß es mir noch ganz anders und schlimmer hätte ergehen können. In vielen Fällen waren Leute unter Spionageverdacht schwer gefoltert und hingerichtet worden. An einem meiner freien Tage kündigte ich telefonisch meinen Besuch im Meguro-Gefängnis an. Im PX-Store kaufte ich ein paar Kleinigkeiten – Zigaretten, Süßigkeiten und eine Packung Kaffee. Zwei Freunde von der Militärpolizei boten mir an, mich in ihrem Jeep hinzufahren.

Als wir vorfuhren, stand am Tor ausgerechnet einer der Polizisten, die ich kannte. Etwas steif salutierte er und ließ uns passieren. Man geleitete uns sofort in das Büro des Anstaltsleiters, das gleiche Büro, in dem ich schon einmal gestanden hatte, am Tag meiner Entlassung. Er war es auch gewesen, der mir damals meine Habseligkeiten ausgehändigt, sich verbeugt und mir alles Gute gewünscht hatte. Da stand ich nun noch einmal an der gleichen Stelle, begleitet von Kameraden von der amerikanischen Militärpolizei. Die Spannung, die den kleinen Raum erfüllte, war kaum zu ertragen. Vielleicht glaubten die Beamten, ich käme als Racheengel. Die Anwesenheit der beiden bewaffneten Amerikaner ließ sich ja durchaus in diesem Sinne deuten.

»Ich bin gekommen, um dem Ort, an dem ich eingesperrt war, einen letzten Besuch abzustatten«, erklärte ich unbeholfen.

»Ja, mein Herr, können wir noch irgend etwas für Sie tun?« fragte der Beamte nicht weniger unsicher.

»Nein, ich bin eigentlich nur gekommen, weil ich noch etwas sagen wollte.«

»Das ist verständlich und Ihr gutes Recht. Bitte setzen Sie sich doch.« Das klang schon etwas entspannter.

Ich setzte mich und trank eine Tasse Tee. Unruhig stand ich wieder auf. »Was ich vor allem sagen wollte, ist, daß ich die anständige Behandlung, die ich hier im Gefängnis erfahren habe, sehr wohl zu schätzen weiß«, erklärte ich zur Überraschung meiner Gastgeber. »Man hat mir klargemacht, daß ich den Anweisungen und Regeln zu folgen habe, mich aber nie unfair behandelt oder gar mißhandelt.«

»Es freut mich sehr, das aus Ihrem Mund zu hören.«

»Ich bin aber auch gekommen, um Ihnen mein Beileid zum Verlust eines Ihrer Männer auszusprechen«, fuhr ich fort. »Er hat mich sehr gut behandelt. Außerdem hat jemand während eines Bombenangriffs, bei dem ein Teil des Gefängnisses abgebrannt ist, freundlicherweise einen Wasserschlauch auf das Dach über meiner Zelle gelegt. Nur deshalb habe ich jene Nacht überlebt. In gewisser Weise verdanke ich Ihnen und Ihren Männern also mein Leben.«

»Ja, ich weiß«, erinnerte sich der Gefängnischef jetzt ganz aufgeregt, »es ist uns allen bis heute ein Rätsel, wie das passiert ist. Keiner weiß es.«

»Es hat mir das Leben gerettet.« Mit diesen Worten übergab ich die Zigaretten und anderen Geschenke aus dem PX-Store. Ich sah, wie ihm die Tränen in die Augen schossen. »Vielen Dank, das ist sehr freundlich von Ihnen. Bitte vergeben Sie uns, vergeben Sie uns«, murmelte er.

Mehr war nicht zu sagen, ich drehte mich um und ging.

Je näher der Tag meiner Abreise rückte, desto mehr Zeit verbrachte ich mit Naoko. Wir waren inzwischen längst ein Liebespaar, auch wenn ich mich ein wenig dafür haßte, daß ich es so weit hatte kommen lassen. Ich hatte nicht viel getan, um es zu verhindern und uns beiden damit einigen Schmerz zu ersparen. Da half es auch wenig, daß ich ihr von Beginn an die Wahrheit gesagt hatte. Sie wußte, daß der Tag meiner Abreise kommen würde, und sie wußte auch, daß ich sie nicht mitnehmen konnte. Aber daß sie all dies wußte, war letztlich doch eine ziemlich lausige Entschuldigung.

Die letzten Tage verbrachten wir ausschließlich gemeinsam. Als es schließlich soweit war, versuchte ich möglichst fröhlich zu klingen. »Ich werde dir schreiben, sobald wir dort sind«, versicherte ich munter, »wir sehen uns bestimmt bald wieder.« Dann nahm ich meine Taschen, versuchte möglichst forsch zu erscheinen und marschierte davon, ohne mich umzuwenden.

Ich war sicher, daß Naoko auch wußte, daß ich nicht zurückkommen würde. Ein dutzendmal hatte ich *Madame Butterfly* gesehen und von Leutnant Pinkerton nicht viel gehalten. Das änderte sich auch dadurch nicht, daß Pinkerton in diesem Falle Pringsheim hieß.

8. DER HUND SPRICHT NICHT!

Die *USS Marine Falcon* verließ Yokohama am 16. Oktober 1946. Während mein Vater und ich an der Reling standen und Japan langsam hinter dem Horizont verschwinden sahen, fragte ich mich, wie es um unsere Ausgangsposition für das Leben in einer ganz anderen Welt bestellt war.

»Hast du eigentlich amerikanisches Geld?« fragte ich meinen Vater.

»Ja.« Mehr sagte er nicht. Das war nichts Ungewöhnliches, mein Vater hatte über Geldangelegenheiten nie viele Worte verloren.

»Komm schon«, drängte ich. »Wieviel hast du?«

»Also gut, ungefähr dreihundertfünfzig Dollar.«

»Das ist ja phantastisch«, rief ich. »Dann stehen wir ja gar nicht so schlecht da. Ich habe achthundert. Davon bekommst du dreihundert, das macht sechshundertfünfzig Dollar für dich. Damit ist das Geld angemessener zwischen Vater und Sohn verteilt.« Mit diesen Worten drückte ich ihm drei Hundertdollarnoten in die Hand.

In den folgenden geruhsamen Tagen dachte ich viel über unsere Vergangenheit nach. Man konnte nicht sagen, daß meine gerade einmal dreiundzwanzig Jahre glatt und ereignislos verlaufen waren. Ich war Augenzeuge von Ereignissen gewesen, die die Welt verändert hatten – Ereignisse, die Millionen von Menschen das Leben gekostet hatten. Nur wegen mehrerer absurder wie glücklicher Zufälle war ich nicht unter ihnen. Und nun war auf einmal das, wovon ich jahrelang geträumt hatte, nämlich eines Morgens in Amerika aufzuwachen, in greifbare Nähe gerückt. Es würde nicht mehr lange dauern, und wir würden im Haus von Thomas und Katia Mann, der Zwillingsschwester meines Vaters, aufwachen.

An meine Tante Katia erinnerte ich mich. Sie war gelegentlich bei uns in Berlin zu Besuch gewesen. Die Bücher Thomas Manns hatte ich nahezu alle gelesen, und natürlich wußte ich sonst einiges über ihn, schließlich wurde in unserer Familie viel über ihn gesprochen. Dennoch war er für mich bislang eine Art Legende geblieben, ich hatte ihm nie zuvor gegenübergestanden.

An einem Spätnachmittag im Oktober näherte sich unser Schiff Seattle. Schon als wir die Straße von Juan de Fuca passierten, hatte uns die Schönheit der Küste betört. Und dann, als wir an Land waren: alle Passanten gut angezogen und vor allem unglaublich viele Autos. Mit einem Blick sah man mehr Autos, als es zu der Zeit in ganz Tokio gab. Die Beamten der Einwanderungsbehörde winkten uns durch die Sperren, nachdem sie einen flüchtigen Blick auf unsere Visa geworfen hatten. Wir suchten uns ein kleines Hotel, genossen ein amerikanisches Dinner im Speisesaal und machten dann einen Abendspaziergang, um das neue Heimatland richtig unter den Füßen zu spüren.

Am nächsten Morgen suchten wir die Greyhound-Station auf und fragten nach einer Busverbindung nach Pacific Palisades, dem Wohnort der Familie Mann in Kalifornien. Es gebe keine direkte Verbindung dorthin, wurde uns erklärt. »Ich kann Ihnen Tickets nach Los Angeles verkaufen. Von da aus gibt es sicherlich eine Verbindung nach Pacific Palisades«, schlug der Mann am Schalter vor.

Die Abfahrt nach Los Angeles verzögerte sich ein wenig. Aber kaum hatte der Bus die Stadt hinter sich gelassen, machte sich der Fahrer daran, die verlorene Zeit wieder aufzuholen. Es dauerte jedoch nicht lange, da wurde der Bus von einem Polizisten auf einem Motorrad angehalten. Es entspann sich ein lautstarker Disput zwischen Fahrer und Polizist. Er habe schließlich einen Fahrplan einzuhalten, hörte man den Fahrer argumentieren. Einige Minuten später setzten wir unbehelligt unsere Reise fort. Ich war nicht wenig verblüfft. Das öffentliche Leben verlief hier ganz anders, als wir zwei Ausländer es gewohnt waren. Wir kamen aus einem Land, in dem es undenkbar gewesen wäre, einer Autorität in Uniform zu widersprechen.

Zunächst durchquerten wir den Staat Washington, dann ging es durch Oregon, fast immer an der Küste entlang. Am meisten faszinierte uns der gelegentliche Blick in die unendlichen Weiten des Landesinneren. Die Vereinigten Staaten schienen ausgesprochen spärlich besiedelt. Kaum hatten wir die Grenze nach Kalifornien passiert, befanden wir uns inmitten riesiger Redwood-Wälder, mitten zwischen den gigantischen Mammutbäumen. Der Busfahrer hielt extra an und machte eine kleine Führung mit uns. Er zeigte uns Bäume von bald hundert Meter Höhe, mehrere tausend Jahre alt. Überhaupt kümmerte sich unser Fahrer ganz rührend und fürsorglich um seine Fahrgäste. Wenn er eine Tankstelle oder einen Rastplatz ansteuerte, so kommentierte er freundlich: »So, Ladies und Gentlemen, wir machen mal eine kurze Pause, damit Sie sich die Beine vertreten und einen Kaffee trinken können.« Er war auf seine Weise nicht nur Fahrer, sondern auch ein Reiseführer, der sich um das Wohl seiner Fahrgäste bemühte. Er machte die Reise zu einem echten Erlebnis.

Drei Tage dauerte es, bis wir schließlich Los Angeles erreichten. Dort nahmen wir unser Gepäck in Empfang und bestiegen den Bus in Richtung Pacific Palisades. Niemals werde ich die Route vergessen, die der Bus nahm, nämlich den Sunset Boulevard hinunter bis zum Pazifik. Wahrscheinlich gehörte ich damals zu der verschwindend kleinen Minderheit, die noch nie etwas vom Sunset Boulevard gehört hatte. In Pacific Palisades angekommen, der Fahrer half noch, unser Gepäck auszuladen, entdeckte ich auf der anderen Straßenseite eine ältere Dame. Zwar hatte ich meine Tante Katia seit zwanzig Jahren nicht gesehen, aber diese Frau sah meinem Vater zum Verwechseln ähnlich, sie hatte sogar den gleichen Gang.

»He, Papa, ich glaube, da drüben, das ist deine Schwester«, rief ich aufgeregt und deutete zu ihr hinüber.

»Das kann nicht sein, so einen Zufall gibt es nicht.«

»Doch, sieh genau hin.«

Sein Blick folgte meinem Finger. »Mein Gott, du hast recht, das ist meine Schwester.«

Er ließ das Gepäck fallen, rannte ohne zu zögern quer über die Straße und brüllte: »Katia, Katia!« Sie dreht sich um, starrte ihn den Bruchteil einer Sekunde an, dann fielen sie einander in die Arme. »Und das ist also dein Sohn«, sagte sie nach einer Weile und deutete auf mich, der ich inzwischen bei den beiden angekommen war. »Wir haben zwar gewußt, wann euer Schiff in Seattle ankommt, aber nicht, wie und wann ihr in Los Angeles ankommen würdet. Wir wußten nur, daß es bald sein würde.«

Das Haus der Familie Mann lag etwa zwei Meilen vom Ort Pacific Palisades entfernt. Wenn nur ein paar Kleinigkeiten einzukaufen seien, so wie an diesem Tag, dann käme sie nach Palisades. Sonst, erklärte Katia, fahre sie nach Santa Monica. Mit diesen Worten geleitete sie uns zu einem großen Buick, der am Straßenrand geparkt war.

Wir holten unser Gepäck von der Busstation, luden es ein und stiegen dann in den Wagen, mein Vater vorne, ich hinten. Ein Stück fuhren wir nun den Sunset Boulevard wieder zurück. Dabei kamen wir an den Anwesen von Will Rogers und anderen Berühmtheiten vorbei. Nach etwa einer Meile bogen wir links ab und fuhren hinauf in die Hügel. Nach wenigen Metern hielten wir, um einen weiteren Passagier aufzunehmen.

Thomas Mann hat jenes zufällige Zusammentreffen in seinen Tagebüchern festgehalten: »Überraschende Ankunft von Klaus Pr. und Sohn mit Bus in Pacific Palisades, wo sie K. trafen. Holten mich auf dem Spaziergang am Ende von Amalfi Drive ein. Lunch mit ihnen, Bekanntschaft mit Haus und Garten. Viel zu berichten.«

Am Tag zuvor noch hatte er notiert: »Klaus Pr. und Sohn von Seattle stündlich erwartet.« Einer Eintragung vom 20. August zufolge hatte Thomas Mann durchaus einige Bedenken, was unsere Einwanderung betraf, »wegen der ihm (KP Senior) unbekannten Schwierigkeiten hierzulande« (etwa einen Job zu finden).

Das Haus der Familie Mann lag etwas abseits der Straße, gut verborgen in einem Wäldchen aus Orangenbäumen. Das Haus selbst war im spanischen Stil gebaut, verziert mit ein wenig Stuck. Daneben ein kleiner Hof mit einer Doppelgarage für den Buick und den kleinen alten Plymouth, der vor der Garage stand. Wir trugen unsere Sache hinein und wurden als erstes mit den Räumlichkeiten vertraut gemacht.

Das Haus hatte immerhin sechs Schlafzimmer, zwei davon gehörten zu den Gemächern der Eltern Mann. Erika und Monika bewohnten je eines. Die anderen Kinder waren nicht da. Klaus trieb sich irgendwo in Europa herum, Golo unterrichtete am Claremont College. Michael und seine Familie wohnten in Mill Valley ganz in der Nähe von San Francisco, wo er Mitglied des San Francisco Symphony Orchestra war. Elisabeth hatte im Alter von zweiundzwanzig Jahren Giuseppe Antonio

Borgese, Professor an der Universität von Chicago, geheiratet und lebte seitdem in Chicago.

Wie die Dinge standen, waren zwei Schlafzimmer frei. Eins für jeden von uns. Wir packten aus, schrubbten uns den Reisedreck aus den Poren und erschienen frisch gereinigt zum Vier-Uhr-Tee im Salon. Thomas Mann war sehr korrekt und elegant gekleidet, dunkelgraue Hose, blaues Jackett mit einem Tuch in der Brusttasche, das farblich genau zur Krawatte paßte.

Thomas Mann war nun nicht etwa anläßlich unserer Ankunft besonders gekleidet. Er war ein zutiefst formbewußter Mann, wie ich bald lernen sollte. In den sechs Jahren, die ich in seiner unmittelbaren Umgebung zubrachte, habe ich ihn niemals mit offenem Kragen oder ohne Krawatte gesehen. Er trug eine Krawatte, wenn er zum Frühstück kam, beim Mittagessen, zum Abendessen und auch dann noch, wenn er seinen Kräutertee trank, bevor er zu Bett ging.

Während wir an unserem Tee nippten, ließ Thomas Mann erkennen, daß er durchaus Spaß verstand und seinen ihm eigenen Humor hatte. Er hatte mich eine Weile gemustert und dann festgestellt: »Also, Klaus, da ich selbst einen Sohn habe, der Klaus heißt, habe ich beschlossen, dich einfach ›Sonny Boy‹ zu nennen.« Offensichtlich kannte er die Geschichten, die zu diesem Spitznamen geführt hatten: ein Spitzname, den mir Hans und Milka in jener Zeit verpaßt hatten, als ich noch als kleiner Satan die Familie tyrannisierte. Ich besitze noch immer einige Bücher, die dem »Sonny Boy« gewidmet sind. Während dieser ersten Teestunde im Hause Mann hieß uns der Hausherr willkommen: »Wir freuen uns, euch als Gäste zu haben«, verkündete er.

Nachdem er uns noch einige Zeit über Japan und die Überfahrt nach Seattle befragt hatte, zog er sich in sein Arbeitszimmer zurück. Ich bemerkte sofort, daß die Tür einen Spaltbreit offenblieb. Auf meine Bemerkung hin wies mich meine Tante in die unausgesprochenen Regeln des Hauses ein. »Wenn er sich in sein Arbeitszimmer zurückzieht, darf man ihn nicht ansprechen, egal ob die Tür offen ist oder geschlossen. Wenn er arbeitet, muß im ganzen Haus Ruhe herrschen.« Im Wohnzimmer gab es ein Telefon, im ersten Stock einen Zweitanschluß. Immer nahm meine Tante die Anrufe entgegen. Niemals rief sie Thomas Mann selbst ans Telefon, wenn er in seinem Arbeitszimmer saß.

Meine Tante lud uns ein, sie beim Einkauf, der durch unser Eintreffen notwendig geworden war, zu begleiten. Diesmal ging es nach Beverly Hills. Dabei lernten wir einige der Nachbarn kennen, die engeren Freunde des Hauses wurden uns später bei einer kleinen Dinnerparty vorgestellt.

Am Nachmittag des nächsten Tages, ich saß in der Bibliothek und blätterte in einer deutschen Ausgabe von *Lotte in Weimar* – ich kannte diesen Roman noch nicht –, kam meine Tante herein und fragte ohne Umschweife: »Klaus, kannst du Auto fahren?«

»Nein, wir hatten in Japan kein Auto.«

»Na gut, aber jetzt bist du in Südkalifornien, und du mußt unbedingt fahren lernen. Die Busverbindungen taugen hier nicht viel. Um vier habe ich Zeit, dann zeig ich dir, wie man ein Auto fährt.«

Auf dem Treppenabsatz machte sie noch einmal kehrt und ermahnte mich: »Du kannst gerne hier sitzen und lesen, aber bitte geh nicht zu deinem Onkel hinein. Wenn er aus seinem Arbeitszimmer kommt, okay. Aber nicht zu ihm hineingehen!«

Exakt um vier Uhr hörte ich Schritte auf der Treppe. Meine Fahrlehrerin. »Also dann«, sagte sie, »auf zur ersten Stunde.« Wir gingen hinaus zu dem kleinen Plymouth, einem alten 1932er Sportwagen – ein himmelblauer Zweisitzer mit einem Notsitz hinten, ein stattliches und recht sportliches Gefährt.

»Es ist eigentlich Erikas Wagen, aber da sie kaum noch hier ist, gehört er jetzt dir.« Mit diesen Worten drückte sie mir die Schlüssel in die Hand.

Da stand ich nun, kaum zwei Tage im Paradies und schon hatte ich ein eigenes Auto. Noch bevor ich meine Stimme wiederfand, war meine Tante bereits eingestiegen. Aber nicht etwa auf der Fahrerseite, sondern auf der Beifahrerseite. »Setz dich hinters Steuer«, befahl sie. Zögernd folgte ich dem Befehl. »Als erstes erkläre ich dir die Schaltung.« Sie schob den Schaltknüppel in die verschiedenen Positionen: »Erster, zweiter, dritter Gang. Das üben wir jetzt erst mal eine Weile.«

Als ich das mit den verschiedenen Gängen begriffen hatte, wandten wir uns den Pedalen zu. »Siehst du das Pedal ganz links? Das ist die Kupplung. Jedesmal, wenn du einen Gang einlegen oder in den nächsten Gang schalten willst, mußt du die Kupplung treten. Dann läßt du die Kupplung ganz langsam kommen, während du mit dem rechten Fuß leicht das Gaspedal trittst.« Sie deutete auf das Pedal ganz rechts. »Wenn du gelernt hast, diese beiden Dinge aufeinander abzustimmen, dann hast du Fahren gelernt. Am Anfang geht's ein bißchen holprig, aber ehe man sich versieht, ist es einem in Fleisch und Blut übergegangen.«

Bis dahin waren alles nur Trockenübungen gewesen. »So, jetzt läßt du den Motor an. Dazu mußt du das Gaspedal ganz durchtreten, denn unter dem Gaspedal befindet sich ein Schalter, den man auf diese Weise herunterdrückt. Das ist der Starter«, erklärte meine Tante. »Allerdings, wenn der Motor noch kalt ist, z.B. morgens, dann muß man zuerst den Knopf da am Armaturenbrett ziehen. Das nennt man den Choke. Sobald der Motor gleichmäßig und rund läuft, kannst du den Choke wieder reinschieben.«

Ich mußte den gesamten Vorgang einige Male mit ihr durchgehen, dann durfte ich den Motor wirklich anlassen. »Denk daran, den Starter nicht zu lange zu betätigen, das strapaziert die Batterie.« Zur Sicherheit zeigte sie mir, wo die Kurbel verstaut war und wie man sie ansetzte. »Damit springt er immer an«, versicherte sie mir. »Man sollte sie sowieso immer benutzen, wenn die Batterie ein bißchen schlapp ist. So, und jetzt laß uns fahren.«

Ich ließ den Motor an. »Kupplung treten, Gang rein, Kupplung kommen lassen und ein wenig Gas geben«, wiederholte ich das Gelernte. Der Wagen hoppelte ein paar Meter und blieb stehen. »Du mußt es ganz langsam machen, ganz, ganz langsam«, erklärte meine Lehrerin noch einmal. Sie ließ mich geduldig so lange probieren, bis das Anfahren etwas sanfter gelang.

Inzwischen befanden wir uns irgendwo in den Hügeln oberhalb des Hauses der Familie Mann. Wir waren seit gut einer Stunde unterwegs. Schließlich meinte meine Tante: »Ich sollte mich jetzt wohl besser um das Abendessen kümmern. Fahr' mich doch bitte nach Hause, du kannst dann ja noch eine Weile allein herumkutschieren.«

»Wie, du meinst ganz allein?«

»Natürlich ganz allein.«

»Aber ich hab' doch gar keinen Führerschein«, wandte ich ein.

»Das macht nichts«, versicherte sie. »Bis hierher verirrt sich kein Polizist. Außerdem, was anderes als eine der Palmen kannst du hier kaum umfahren.«

Gesagt, getan. Ich setzte sie zu Hause ab und übte eine weitere Stunde: Kupplung, Gang rein, Kupplung kommen lassen, Gas geben. Die Palmen blieben stehen, nur die Bordsteine hatten es mir angetan. Außerdem würgte ich den Wagen so oft ab, daß ich ihn nur noch mit der Kurbel anwarf, aus Angst, die Batterie könnte am Ende leer sein. So besaß ich schließlich nach zwei Tagen in den Vereinigten Staaten nicht nur ein Auto, ich konnte es auch fahren.

Meine Tante war sehr zufrieden: »Siehst du, jetzt kannst du deinen Vater fahren, wohin er will.«

Katia selbst war eigentlich immer beschäftigt. Sie führte den Haushalt, wobei es nie endende Schwierigkeiten mit dem Personal zu geben schien. Das Personal wurde gestellt von der *National Association for the Advancement of Coloured People,* die zu unterstützen die Manns für eine soziale Aufgabe hielten. Aber es war nicht immer einfach. Mal waren es Eheprobleme; mal trank der Mann, und es fehlten regelmäßig Flaschen aus dem Weinkeller; mal kündigten sie von einem Tag auf den nächsten. Das führte dazu, daß nicht selten ich in der Küche aushalf.

Den Einkauf erledigte Katia Mann selbst, sie suchte Fleisch, Gemüse und Obst aus. Auch gab sie präzise Instruktionen für die Zubereitung und behielt die Oberaufsicht über allem. Dann waren da noch die Mann-Kinder. Zwar waren sie inzwischen allesamt erwachsen, aber sie blieben eben trotzdem ihre Kinder. Von überall riefen sie zu Hause an: »Mutti, kannst du mir ein bißchen Geld schicken?« oder: »Mutti, ich hab' das und das Problem.« Was immer es war, Katia war da und tat, was sie konnte.

Es dauerte nicht lange, bis sie auch mich unter ihre Fittiche nahm. »Hier, Klaus, ich habe dir ein Paar Socken mitgebracht. Junge, hast du genug Geld? Du siehst nicht besonders glücklich aus, willst du darüber reden?« Sie war es auch, die mich tröstete, wenn mich die Sehnsucht nach Naoko quälte. Es war, als hätte ich eine zweite Mutter bekommen.

Ihre vorrangige Aufgabe aber bestand eindeutig darin, sich um Thomas Mann und dessen Angelegenheiten zu kümmern. War ein Brief an einen der Verleger zu schreiben, weil das angebotene Honorar oder die Tantiemen viel zu gering waren, oder mußten andere weltliche Dinge erledigt werden, so kümmerte Katia Mann sich darum. Thomas Manns Tage dagegen folgten einer geradezu rigiden Routine, und die Familie erinnerte bisweilen an eine Prätorianergarde, die ihn gegen jegliche Störung durch die Außenwelt abschirmte.

»Wie soll er sich konzentrieren, wenn er alle paar Minuten unterbrochen wird?« fragte Katia, ohne freilich eine Antwort zu erwarten.

Thomas Mann stand gegen acht Uhr auf. Dann verbrachte er geraume Zeit im Ankleidezimmer – er hat in seinen Tagebüchern gelegentlich vermerkt, wie lange sich seine Morgentoilette manchmal hinzog. Gegen neun Uhr erschien er zum Frühstück im Speisezimmer. Gefrühstückt wurde meist dort nur manchmal, bei gutem Wetter, im Patio. Es gab Kaffee oder Tee, Toast und Corn-flakes, Eier und Orangensaft.

Eine der ersten Aufgaben, die ich im Hause Mann zu übernehmen hatte, bestand darin, Orangen auszupressen und das Fruchtfleisch herauszufiltern. Wie so viele Kalifornier, die Orangenbäume im Überfluß auf ihren Grundstücken stehen haben, kauften die Manns ihre Orangen dennoch im Lebensmittelladen – genauso wie die Leute, die von Orangenhainen nur träumen können. Ich habe nie verstanden, warum.

Während Thomas Mann frühstückte, las er die *Los Angeles Times.* Exakt um 9.40 Uhr stand er auf und entschuldigte sich mit den Worten: »Nun gut, Zeit zu arbeiten.« Er ging die paar Schritte in sein Arbeitszimmer, schloß die Tür hinter sich und durfte höchstens noch gestört werden, wenn das Haus brannte oder Ähnliches passierte.

Genau um 11.15 Uhr brachte ich ihm seinen Morgentrunk. Es war immer der gleiche: ein langstieliges Glas mit italienischem Wermut, den ich zuvor mit einem Eigelb und zwei Teelöffeln Zucker verrühren mußte. Anklopfen durfte ich nicht. Statt dessen öffnete ich möglichst lautlos die Tür, schlich in das Arbeitszimmer und stellte das Glas auf den Schreibtisch. Zumeist war es dort ziemlich dunstig vom Zigarettenqualm. Denn obwohl man ihm nur ein Jahr zuvor wegen deutlicher Anzeichen von Lungenkrebs einen Lungenflügel entfernt hatte, rauchte er, zumindest wenn er arbeitete, eine Zigarette nach der anderen.

Dabei saß er immer in der einen Ecke des Sofas, die Schreibunterlage, eher ein kleines Pult, auf dem Schoß. Es war eine große Platte, etwa 50 x 50 cm, auf einem Ständer, den er ausklappte, sobald er sich hingesetzt hatte. Fast nie saß er an seinem Schreibtisch. Er schrieb immer auf gelbem Papier in normalem Manuskriptformat, mit einem *Montblanc*-Füllfederhalter. In der rechten Hand hielt er den Stift, in der linken, zwischen Daumen und Mittelfinger, eine Zigarette.

Gelegentlich stand er, wenn ich den Drink brachte, auch auf einer Trittleiter an den Bücherregalen, suchte einen Band heraus, stellte einen anderen zurück oder schlug etwas nach. Eines Vormittags, er war gerade von der Leiter heruntergestiegen und blätterte in dem Buch, das er aus dem Regal gezogen hatte, brach er aus irgendeinem Grund das Schweigen.

»Weißt du, Klaus, Schreiben ist in erster Linie eine Frage des Lesens. Wir Schriftsteller – zumindest die meisten von uns – schreiben eigentlich nichts wirklich Neues. Im Grunde schreiben wir nur, was schon ein-, zwei-, dreimal vor uns geschrieben worden ist. Wenn wir der Meinung sind, bestimmte Dinge sind heute interessant und wichtig, dann stellen wir sie in einen neuen Kontext und beschreiben sie aus einem neuen Blickwinkel. Mein ganzes Schreiben speist sich aus zwei Quellen. Da sind erstens meine persönlichen Lebenserfahrungen, Dinge, die ich selbst erlebt habe, und zweitens gibt es die Erfahrungen, die andere vor mir gemacht haben und die, wie ich meine, einen wichtigen Bezug zur Gegenwart haben. Ich forme und schreibe dieses Material um, und am Ende scheint es dann etwas ganz Neues zu sein.«

Fast klang es, als wollte er sich entschuldigen: »Schau, auch Wagner hat die meisten Melodien und Themen seiner großen Kompositionen nicht selbst erfunden. Es sind meistens Melodien aus

Traditionen der Volksmusik, die er in neue musikalische Kontexte gesetzt und gewissermaßen nachkomponiert hat. Genau betrachtet entsteht wenig wirklich Neues unter der Sonne. Die Schriftsteller heutzutage schreiben nur schon bestehendes Material um. Alles ist schon einmal geschrieben worden.«

Thomas Mann schrieb ausschließlich am Vormittag. Oft war es nur eine einzige Seite, manchmal waren es zwei, selten jedoch mehr als zwei. Er war dabei von einer unfaßbaren Beständigkeit. Setzte er sich einmal auf sein Sofa und baute das kleine Pult auf seinem Schoß auf, so kam zwingend etwas dabei heraus. Nie blieb das Blatt vor ihm lange weiß. Niemals überarbeitete er oder schrieb grundlegend um, was er einmal zu Papier gebracht hatte. Gelegentlich veränderte er hier ein Wort, dort einen Ausdruck. So gut wie nie schrieb er einen ganzen Satz neu.

Hatte ich den Morgentrunk serviert, üblicherweise leise und schweigend, zog ich mich wieder zurück und schloß die Tür. Thomas Mann arbeitete dann weiter bis etwa 13.30 Uhr. Dann trat er aus dem Arbeitszimmer, nahm Hut, Mantel und Stock aus dem Garderobenschrank und sagte zu dem kleinen Pudel, der schon zwischen seinen Füßen herumtollte: »Komm, Niko, wir machen einen kleinen Spaziergang!«

Oberhalb des Sunset Boulevard, am Fuß der Hügel von Santa Monica, konnte man stundenlange einsame Wanderungen unternehmen. Dort hinauf marschierte Thomas Mann in einem recht flotten Tempo, wobei er sich damit unterhielt, Stöckchen zu werfen, die der Pudel dann immer brav zurückbrachte. Er bewundere die Dummheit dieses Pudels, bemerkte er häufig, wobei es aus seinem Mund gar nicht abwertend und negativ klang. Zumal er Hunde liebte. Sein ganzes Leben über hatte er immer einen Hund.

Der Höhepunkt seiner Wanderungen war jedesmal der Blick, den man von den Hügeln um Santa Monica hatte. Thomas Mann pflegte diesen Teil der Pazifikküste die Riviera der westlichen Hemisphäre zu nennen. An einem klaren Tag hatte man den Pazifik im Westen vor sich und die schneebedeckten Berge von San Gabriel im Osten hinter sich. An solchen Tagen wollte Thomas Mann Pacific Palisades niemals mehr verlassen.

Seine täglichen Spaziergänge endeten immer oben auf den Kuppen der Hügel, wo er die Aussicht genoß, ohne an den bevorstehenden Abstieg zu denken. Er haßte es nämlich, einen Weg zurückzugehen. Statt dessen ließ er sich von Katia mit dem Wagen abholen. Sie wußte nach jahrelanger Erfahrung immer exakt, wo sich ihr Mann gerade befand.

Nun galten diese Spaziergänge nicht allein der physischen Ertüchtigung, wie ich bald lernen sollte. Eines Tages nämlich fing ich ihn ab, als er aus seinem Arbeitszimmer kam und zu seinem gewohnten Gang aufbrechen wollte. »Hallo, Onkel, es ist ein so schöner Tag, daß ich mir gedacht habe, ich könnte dich vielleicht begleiten.«

Er blieb stehen, schaute mir direkt in die Augen und erklärte deutlich: »Ich glaube nicht, daß das eine gute Idee ist.«

»Warum?« fragte ich irritiert.

»Weil ich mich nicht unterhalten möchte. Es könnte deine Gefühle verletzen, wenn du mich etwas fragst und ich antworte nicht. Deshalb nehme ich auch meine Kinder oder meine Frau niemals mit. Nur den Hund, denn der spricht nicht.«

Zurück von seinem täglichen Gang, hängte Thomas Mann Hut und Stock in den Garderobenschrank und wusch sich die Hände. Unmittelbar drauf vernahm man den Gong zum Mittagessen. Es war immer ziemlich genau 14.15 Uhr. Wenn Gäste zum Essen kamen, gab es Wein anstelle von Wasser oder Saft. Immer gab es mittags etwas Leichtes. Überhaupt war das Mittagessen keine große Angelegenheit. Die Hauptsache schien Thomas Mann ohnehin die Zigarre nach dem Essen zu sein. Dazu trank er eine kleine Tasse Kaffee, pechschwarz mit einem großen Stück Zucker. Gelegentlich auch einen Likör, Vieille Cure oder Triple-Sec, unbedingt französisch.

Die Zigarren kamen immer von seinem Verleger, Alfred Knopf, der ihm jedes Jahr zwei Kisten schickte, eine zu Weihnachten und eine zum Geburtstag am 6. Juni. Es ging der Scherz um, Präsident Roosevelt habe die Landung seiner Truppen in der Normandie für den 6. Juni angeordnet, um Thomas Mann zu ehren. Nun gut, auf jeden Fall wurden die Zigarren so sorgsam rationiert, daß eine Kiste immer genau bis zum Eintreffen der nächsten reichte. So gab es denn jeden Tag genau zwei Zigarren, eine mittags, die andere nach dem Abendessen.

Ich denke, er bemerkte gleich am ersten Tag nach unserer Ankunft, daß da ein Problem auf ihn zukam, denn auch ich hatte schon länger meine Liebe zu Zigarren entdeckt. So griff ich nur allzugern zu, als er mir die Kiste reichte und fragte: »Vielleicht möchtest du eine von diesen probieren?« Auch am zweiten Tag holte er nach dem Essen die Kiste mit den Zigarren aus seinem Arbeitszimmer. Er nahm sich selbst eine Zigarre, schob mir dann etwas zögerlich die Kiste hin, warf noch einmal einen prüfenden Blick hinein und sagte dann: »Du weißt, Klaus, dies sind ganz besondere Zigarren. Wenn ich dir jeden Tag eine anbiete, dann gehen sie mir vor der Zeit aus. Deshalb werde ich es nicht tun.«

»Das ist schon in Ordnung«, versicherte ich. »Das verstehe ich.«

Das nächste Mal, als er mir eine Zigarre anbot, lehnte ich daher dankend ab und zog meine eigene aus der Jackentasche. »Gute Idee«, entfuhr es ihm mit einem zufriedenen Nicken, »jetzt reichen meine ja doch noch bis Weihnachten.«

Nicht nur einmal erklärte er mir, während er seine Zigarre genoß: »Weißt du, Sonny (er sprach es ›Sony‹ aus), eine Zigarre ist eigentlich nur so lange gut, bis man zum ersten Mal die Asche abgestreift hat. Danach schmeckt sie bei weitem nicht mehr so gut. Deshalb versuche ich, diesen Moment so lange wie nur möglich hinauszuschieben.«

Üblicherweise folgte dieser Erklärung die Geschichte von dem Geschäftsmann, dessen Sekretärin eines Tages in sein Büro kam, sich auszog, fürchterlich anfing zu schreien und ihn dann, als Hilfe kam, unter Zeugen der Vergewaltigung beschuldigte. Der Geschäftsmann aber deutete nur ruhig auf die sechs Zentimeter lange Aschenspitze seiner Zigarre als Beweis, daß er sich in den letzten Minuten nicht vom Fleck bewegt haben konnte.

»Wenn du also mit einer Frau allein in einem Zimmer bist, zünde dir eine Zigarre an, dann bist du sicher«, so Manns Moral von der Geschichte.

Es fiel mir weiß Gott nicht schwer, mich an diesen Lebensstil zu gewöhnen. Zigarre nach dem Mittagessen, dazu Kaffee und einen Likör, der von der Frau des Hauses gereicht wurde. Nach einiger Zeit fühlte ich mich so entspannt und heimisch, daß ich mir die Freiheit nahm, mir selbst einen zweiten Likör einzuschenken. Damit allerdings kam ich nicht weit.

»Nein, nein, laß es bleiben«, sagte Katia Mann streng. Überrascht schaute ich sie an und stellte die Flasche wieder hin. »Es ist gar nicht gut, mittags schon mehr Alkohol zu trinken. Das kann schnell zur Gewohnheit werden. Bleib bei einem Likör.« Ich bin dieser Maxime in meinem weiteren Leben tatsächlich mehr oder minder treu gefolgt.

War die Mittagszigarre schließlich zu Ende geraucht, erhob sich Thomas Mann. »Ich muß gehen und ein wenig lesen.« Das hieß unter anderem, die Post aus der ganzen Welt durchzusehen. Täglich trafen Manuskripte von Autoren ein, die auf einen Kommentar des Meisters hofften. Um vier Uhr dann kam seine Sekretärin Hilde Kahn, um zu transkribieren, was er am Vormittag geschrieben hatte. Sie war gebürtige Deutsche, arbeitete kompetent, effizient und besaß – das Allerwichtigste – die Gabe, Thomas Manns Handschrift entziffern zu können.

War sie mit dem Abschreiben fertig, diktierte er diverse Briefe. Alle persönlichen Briefe las und beantwortete er selbst. Tausende von Briefen hat er im Laufe der Jahre geschrieben, praktisch alle in deutsch, denn so richtig wohl fühlte er sich in der englischen Sprache nie. Dabei sprach er sie recht gut, wenn auch mit einem erheblichen Akzent. Fand sich einmal ein Brief, der unbedingt auf englisch beantwortet werden mußte, so wandte er sich an Erika mit der Bitte um Übersetzung.

Um fünf Uhr dann verließ Thomas Mann erneut sein Arbeitszimmer. Es gab Tee – die Arbeitspause, in der auch Besuch empfangen wurde. »Bitte kommen Sie doch einmal zum Tee«, lautete die Einladung üblicherweise. Die Empfangszeit war allerdings recht knapp bemessen, denn schon etwa eine halbe Stunde später verschwand der Meister und erschien erst wieder gegen acht Uhr, wenn der Gong zum Abendessen geschlagen wurde.

Das Abendessen war meist ein lebendiges, bisweilen stürmisches Ereignis. Die Manns wie auch die Pringsheims hatten zu nur wenigen Themen keine Meinung. Zumeist hatten sie ziemlich fundierte Überzeugungen und keine Scheu, diese zu vertreten. Außerdem waren beide Familien für ihre scharfen Zungen bekannt. Die Streitlustigsten jedoch waren Erika und Golo, besonders wenn es um politische Fragen ging. Allein die Erwähnung etwa des republikanischen Senators Robert Taft führte bei Erika fast zu einem hysterischen Anfall. Ihre Antipathie war allerdings keineswegs parteigebunden. Den Demokraten Harry Truman mochte sie ebensowenig. Das war insofern etwas prekär, als mein Vater und ich wiederum große Anhänger Trumans waren.

Unsere Beiträge zur abendlichen Diskussion beschränkten sich zunächst auf das neutrale Terrain der Erfahrungen in Japan. Ansonsten schien es mir für meine Person am angemessensten, mich ganz gegen meine sonstige Neigung aus den Diskussionen herauszuhalten, zumindest solange ich nicht direkt angesprochen wurde. Als der Jüngste und Ungebildetste bewegte ich mich da in einer anderen geistigen Gewichtsklasse. Sobald ich einen sachlichen Fehler beging oder etwas von mir gab, was allgemeinen Widerspruch hervorrief, wurde ich heftig attackiert: »Das ist doch völliger Blödsinn! Eine völlig haltlose Aussage, durch nichts begründet!« Und so weiter.

Irgendwann kam dann die Gelegenheit, mich zu wehren. Im Zusammenhang einer Diskussion über Musik erwähnte ich eher beiläufig das Geburtsjahr Tschaikowskys, das Jahr 1840, worauf Golo wegen des Ausmaßes meiner Unbildung über mich herfiel und eine andere Jahreszahl in den Raum warf.

»Ich glaube, dein Sohn ist zu Unrecht über mich hergefallen«, maulte ich, zu Thomas Mann gewandt. Damit stand ich auf, holte ein Lexikon und fand meine Angabe bestätigt. Thomas Mann leistete Schützenhilfe: »Seid nicht so hart zu Klaus. Er hat zwar keinen Abschluß an der Berliner Universität gemacht oder Ähnliches, aber auch er hat einen klugen Kopf zwischen den Schultern.«

Thomas Mann selbst hielt sich aus den abendlichen Scharmützeln weitgehend heraus. Er betätigte sich meist als Friedensstifter. »Kommt, Kinder, geht nicht so bissig miteinander um, seid ein bißchen weniger kritisch«, appellierte er ebenso häufig wie vergebens.

Nach dem Abendessen wurde meist Musik gehört. Erst kurz vor unserer Ankunft aus Japan waren zwei *high fidelity* Lautsprecher im Wohnzimmer eingebaut und Thomas Manns Lieblingssessel zwischen ihnen plaziert worden. In diesem Sessel lehnte sich der Meister dann zurück, streckte die Beine aus, schloß die Augen und setzte sein, wie Erika es nannte, »Musik-Gesicht« auf.

Thomas Manns Interesse an der Musik erschöpfte sich allerdings nicht im Hörgenuß. Es geschah des öfteren, daß er sich bei Diskussionen um große Komponisten ans Klavier setzte und einige Takte spielte, und sei es nur zur Illustration eines musikalischen Gedankens. »Wenn ich nicht gerade Schriftsteller geworden wäre«, pflegte er dann zu bemerken, »wäre ich vermutlich Musiker geworden. Komponiert hätte ich dann wahrscheinlich in der Art von César Franck.«

Opernsänger schätzte er besonders. Einer seiner Favoriten war Ezio Pinza, der berühmte Baß der Metropolitan Opera. Thomas Mann bewunderte ihn seines »Don Giovanni« wegen. Während eines Aufenthalts in Kalifornien wurde Pinza daher zum Dinner eingeladen – ganz gegen die Gepflogenheit des Hauses, nur engere Freunde zum Abendessen einzuladen.

Auf den ersten Blick schien Pinza auch tatsächlich jener strahlenden Persönlichkeit zu entsprechen, die man auf der Bühne bewundern konnte – groß, anziehend, elegant, dazu eine wunderbare Stimme. Der Abend begann als regelrechte Staatsaktion im Hause Mann. Allerdings sollte er nicht halten, was man sich von ihm versprochen hatte. Zunächst gab es einen Champagnercocktail, an sich schon ungewöhnlich. Und auch die ersten Worte des Gastes klangen noch vielversprechend. »Sie wissen vermutlich nicht viel über meinen Werdegang. Ich bin früher Radrennfahrer gewesen, und im Grunde meines Herzens bin ich es wohl immer noch.«

In der Tat war Pinza zu einiger Berühmtheit gelangt, weil er kurz vor dem Ersten Weltkrieg ein bedeutendes Radrennen gewonnen hatte. Nach dem Rennen forderte ihn jemand auf, ein Lied zum besten zu geben. So begann Pinzas Gesangskarriere. Dann aber wechselte Pinza zu einem Thema, dem er trotz aller Ablenkungsversuche den Rest des Abends treu bleiben sollte. Das Thema betraf seine sexuellen Eroberungen. Davon gab es offenbar nicht wenige, und Pinza schien sich vorgenommen zu haben, jede einzelne im Detail zu schildern.

Da war zunächst eine Reihe von Damen aus dem Ballett-Ensemble der Metropolitan Opera. »Eigentlich sind sie alle wunderschön, schmale

Hüften, wunderbare feste Brüste und unwiderstehliche Hintern.« Die Beschreibung begleitete er mit verzückter Gestik. Er fuhr fort mit recht ausführlichen Beschreibungen, wie viele dieser entzückenden Kreaturen er mit der Zeit wie verführt habe. Dabei sei es eigentlich nicht er gewesen, vielmehr hätten die Mädchen ihm aufgelauert. Einmal etwa sei eine in seine Garderobe eingedrungen und habe ihn nach der Vorstellung seines Kostüms beraubt.

Inzwischen hatten wir – Katia und Thomas Mann, Erika, Golo, mein Vater, unser Gast und ich – uns zu Tisch gesetzt, aber auch das hielt Pinza keineswegs davon ab, in allen Einzelheiten zu berichten, was sich im weiteren in der Garderobe zugetragen hatte. Noch bei Likör und Kaffee erörterte er diese Geschehnisse, bis ihn seine Limousine schließlich abholte.

Als er verschwunden war, brauchte es einige Minuten, bis Thomas Mann seine Sprache wiederfand. Dabei sah er aus wie jemand, der gerade aus einem zerschellten Autowrack geklettert ist. Schließlich stellte er sinnend fest: »Nun, das war nicht unbedingt die Persönlichkeit, die ich erwartet habe. Eigentlich hatte ich gedacht, wir würden über Mozart sprechen. Aber Musik scheint ihn so sehr nicht zu interessieren.«

Auch einen Lieblingsentertainer hatte Thomas Mann. Es war Jack Benny. Sorgsam wurde darauf geachtet, daß man am Sonntagabend ungestört der Benny-Show im Radio lauschen konnte. Für Thomas Mann gehörten Benny und Rochester zu den erheiterndsten Dingen der Welt. Nichts ging ihm über Bennys gespielte Knickrigkeit, Ignoranz und geistige Trägheit, die er als perfekte satirische Darstellung eines Teils des amerikanischen Bürgertums betrachtete.

Gelegentlich wurde Thomas Mann auch zu Empfängen nach Hollywood geladen. Bei einem solchen Empfang hatte man ihn einmal neben einer Matrone plaziert, die sogleich forsch auf ihn eindrang: »Oh, Herr Dr. Mann, darf ich Sie Tom nennen?« Versichert, daß es ihr gestattet sei, fuhr sie fort: »Ich habe gehört, Sie haben ein Buch über Goethes *Dr. Faustus* geschrieben. Meinen Sie, ich sollte erst ihres und dann Goethes Buch lesen oder vielleicht besser umgekehrt?«

Sie solle besser der chronologischen Ordnung folgen, schlug Thomas Mann vor. »Lesen Sie zuerst Goethe. Wenn Sie dann noch

Interesse haben, versuchen Sie es mit meinem Buch.« Noch Wochen später erzählte Thomas Mann von jenem denkwürdigen Empfang.

Im übrigen mochte Thomas Mann es gar nicht, wenn man ihn »Doktor« nannte. Schließlich hatte er nicht einmal das Gymnasium abgeschlossen. »Meine Defizite, was die akademischen Weihen angeht, sind doch allzu gut bekannt«, kommentierte er, fügte allerdings auch gerne hinzu: »Abgesehen davon habe ich siebzehn Ehrendoktortitel. Manche Leute bekommen einen Doktor dafür, daß sie über mich und meine Bücher schreiben. Vielleicht verdiene ich ja aus diesem Grund einen Titel?«

Ich habe mich später bei einer Diskussion mit einem Professor für englische Literatur an der UCLA (University of California Los Angeles) dieser Worte erinnert, als jener die Überzeugung vertrat, eine akademische Ausbildung sei der Schlüssel zu hochwertigem literarischem Schreiben. Er behauptete sogar, schon beim Durchblättern eines Buches den Bildungsweg eines Autors erkennen zu können.

Das war geradezu eine Herausforderung. Ich legte ihm eine Zusammenstellung von Zitaten aus Thomas Manns Werken vor und gab ihm nur den Hinweis, der Autor sei Europäer. Mein Professor fand zwar sehr schnell heraus, daß der Autor Deutscher sein müsse – ein Punkt für ihn – und vermutlich entweder in Göttingen, Heidelberg oder Freiburg in Philosophie, Literaturwissenschaft oder Theologie promoviert habe. Es brachte ihn einigermaßen aus der Fassung, als er erfuhr, der Autor sei Thomas Mann.

Zwar hatte Thomas Mann durchaus Hochachtung vor akademischen Graden, aber es machte ihm nichts aus, sie nicht zu besitzen. Warum auch, stellte man ihn doch als einen der besten zeitgenössischen Autoren ohne weiteres auf eine Stufe mit Gerhart Hauptmann oder Hermann Hesse. Nicht wenige hielten ihn gar für den besten seiner Zeit. Auch damit hatte er keine Schwierigkeiten.

Gleichwohl, so erzählte er mir einmal, seien ihm öffentliche Lobpreisungen ausgesprochen unangenehm. »Lob macht mich verlegen. Wir wissen ja immer selbst am besten, daß wir nicht so herausragend sind, wie Lobeshymnen glauben machen wollen. Wenn ich öffentlich geehrt werde, möchte ich jedesmal am liebsten ganz weit weglaufen und mich verstecken.«

Abgesehen von solchen Bekenntnissen habe ich selten ein persönliches Wort von ihm vernommen. Mein Verhältnis zu ihm war deutlich distanzierter als das zu Katia Mann, auch wenn man aus seinen Fragen eine immerwährende Sorge und Anteilnahme heraushören konnte und er mich reichlich mit Geschenken bedachte. Meistens waren es Bücher von ihm, eins zum Geburtstag, zwei zu Weihnachten und eins zu Ostern. So besaß ich bald seine sämtlichen Werke, versehen mit einer ganz persönlichen Widmung.

Immer neue Spitznamen erfand Thomas Mann für mich. »Sonny Boy« war nur einer von vielen. Es gab kaum jemanden in den Familien Mann und Pringsheim, den man bei seinem richtigen Namen rief. Thomas Mann selbst hatte diverse Spitznamen. Erika nannte ihn »den Zauberer«, seine Frau favorisierte »Tommy« oder »Lammi«. Für mich war er »Onkel Tommy«, weiter kam ich nicht. Vertraulichkeit ihm gegenüber bedeutete keineswegs, daß sie von seiner Seite erwidert wurde. So übte ich mich denn in Bescheidenheit.

Erst wenn ich mich aus dem unmittelbaren Einflußbereich der Manns entfernte, entfaltete sich meine gewohnte Persönlichkeit. Es war mir nicht entgangen, daß ich unweit Hollywoods, der Filmhauptstadt der Welt, wohnte. Man konnte sich unschwer vorstellen, daß einem plötzlich jemand die Hand auf die Schulter legte, und schon war man der nächste Clark Gable, John Wayne oder Gary Cooper. Mein Onkel kam nicht selten mit Produzenten, Studiobossen und Regisseuren zusammen. Kein Zweifel, irgendwann würde ich einige der Filmgrößen kennenlernen. Der Tag ließ nicht lange auf sich warten.

Charlie Chaplin hatte gerade seinen neuen Film, *Monsieur Verdoux,* fertiggestellt, durfte ihn jedoch in den Vereinigten Staaten wegen angeblicher kommunistischer Propaganda nicht zeigen. Also mietete Chaplin kurzerhand die Disney Studios und arrangierte eine private Vorführung für seine Freunde. Auch Thomas und Katia Mann bekamen über Hume Cronyn, zuständig für die Organisation der Veranstaltung, eine Einladung zugesandt.

»Oh, ihr Glücklichen«, entfuhr es meinem Vater voller Neid, als er davon hörte. »Ihr werdet *Monsieur Verdoux* sehen. Meint ihr, es besteht eine Möglichkeit, mich mitzunehmen?« Er war ein großer Bewunderer Chaplins.

»Warum nicht?« meinte sein Schwager und wandte sich an seine Frau. »Katia, ruf doch mal Hume Cronyn an und bitte ihn, Herrn Chaplin zu fragen, ob dein Bruder mit zur Vorführung kommen kann.«

Am Abend erstattete Katia Mann Bericht. Die Antwort lautete: »Bringen Sie Ihren Schwager und seinen Sohn mit. Beide sind ebenso herzlich zum anschließenden Empfang im Hause Chaplin eingeladen.«

Es werde mir eine Ehre sein, mich vor Charlie Chaplin zu verbeugen, erklärte ich sofort. Diese Bemerkung erinnerte Thomas Mann offenbar an eine Szene aus *Joseph und seine Brüder*, in der Joseph Getreide geerntet hat, es zu Garben bindet und zu Hocken zusammenstellt. Als schließlich die Sonne untergeht, verbeugt sich Joseph vor Gott in Dankbarkeit für dessen Gaben. In der schrägstehenden Sonne sieht es nach Thomas Manns Schilderung so aus, als verbeugten die Garben sich gemeinsam mit Joseph.

»Wie Joseph und die Garben, so werden sich die Manns und die Pringsheims gemeinsam vor Charlie Chaplin verbeugen«, sagte Thomas Mann und nannte mich von diesem Tage an nicht mehr »Sonny Boy«, sondern »Gärbchen«.

Meine größte Sorge war nun meine Garderobe. Ich hatte nur einen guten Anzug, einen dunkelblauen, den ich schon in Japan immer dann getragen hatte, wenn meine olivgrüne US-Uniform dem Anlaß nicht angemessen war. Passend dazu besaß ich ein Paar dunkle Schuhe, ein weißes Hemd und zwei verschiedene Krawatten. Die Auswahl war nicht gerade groß. Aber Katia Mann versicherte immer wieder, der Aufzug sei für Hollywood völlig in Ordnung.

Es war eine berauschende Erfahrung, in den Disney Studios zu sein, Hume Cronyn und Jessica Tandy, die ich aus einer Reihe von Filmen kannte, vorgestellt zu werden; und dann im Hause der Chaplins dem großen Charlie Chaplin die Hand zu schütteln. Er stand an der Haustür und hieß alle seine Gäste persönlich willkommen. Nie zuvor hatte ich ihn anders als in seinem Kostüm gesehen. Nun aber stand ein überaus elegant gekleideter älterer Herr mit grauem lockigem Haar und fein gestutztem Schnurbart vor mir.

Noch etwas überraschte und irritierte mich: Es war mir nie in den Sinn gekommen, daß ein Mann wie Chaplin Familie haben könnte, wie ein ganz normaler Sterblicher. Er stellte uns seine Frau Oona O'Neill vor und seine beiden Kinder Charles jun. und Sidney.

Im Inneren des Hauses trat man in eine rotundenähnliche Halle, in der gut hundert Personen bequem Platz fanden. Die gesamte Leinwandelite Hollywoods schien sich hier ein Stelldichein zu geben und mit einem Glas in der Hand Smalltalk zu machen. Jimmy Stewart hier, Gary Cooper dort, dazwischen Myrna Loy und William Powell, der »dünne Mann« persönlich. Da stand ich nun, etwas abseits und voller Staunen über die leibhaftige Gegenwart all der Menschen, die ich nur von der Leinwand kannte und die seit Jahren meine Phantasie bevölkerten.

Den Mut, mich ihnen zu nähern, hatte ich nicht. Was hätte ich auch sagen sollen, wenn Jimmy Stewart mich plötzlich gefragt hätte: »Na, und was machen Sie?« Mein Ego kämpfte ums nackte Überleben. Glücklicherweise hatte Thomas Mann offenbar beschlossen, nicht allzu lange in dieser illustren Gesellschaft zu verweilen. Er sprach eine Weile mit unserem Gastgeber, begrüßte ein paar ältere Bekannte wie William Dieterle, Ernst Lubitsch und Gottfried Reinhardt. Dann verließen wir den Empfang, kaum eine halbe Stunde nachdem wir gekommen waren. Joseph und seine Garben hatten ihre Verbeugung gemacht.

Niemand hatte mich angesprochen oder mir die Hand auf die Schulter gelegt außer dem Kellner, der sich mit einem Tablett Martinis durch die Menschenmenge quälte.

So lebten mein Vater und ich inmitten der Reichen und Berühmten. Bis er mich eines Morgens, wir wohnten nun schon mehrere Wochen bei der Familie Mann, beiseite nahm. »Laß uns mal einen kleinen Ausflug mit deinem Wagen machen.« Er hatte sich noch immer nicht an den Gedanken gewöhnt, daß ich Auto fahren konnte. Es sollte eine Entdeckungsfahrt sein. Wir fuhren den Sunset Boulevard durch Beverly Hills, dann hinauf zum Hollywood Boulevard, vorbei an »Grauman's Chinese Theater« und weiter in Richtung Vine Street.

»Ist es nicht wundervoll?« kommentierte mein Vater, als wir schon fast wieder auf dem Heimweg waren. »Wir sind endlich in Kalifornien angekommen und können verdammt glücklich sein! Du hast einen eigenen Wagen, Thomas Mann und meine Schwester kümmern sich rührend um uns. Wir könnten noch ewig so in ihrem Haus wohnen. Aber das werden wir nicht tun, oder?«

»Nein, mit Sicherheit nicht«, pflichtete ich ihm bei.

»Wir sollten uns eine Wohnung suchen, je früher, desto besser.«

Katia Mann wollte von unserer Entscheidung nichts wissen. Zumindest gestattete sie nicht, daß wir noch vor Weihnachten auszogen, obwohl sich gerade um die Weihnachtszeit der gesamte Clan in Pacific Palisades versammelte. »Ihr bleibt hier«, befahl sie so energisch, daß jede Widerrede sinnlos war. »Wir werden schon alle unterbringen. Außerdem kommt Peter Pringsheim über die Feiertage. Das heißt, daß zum ersten Mal seit 25 Jahren drei Pringsheims zusammensein werden, Peter, Katia und Klaus.« Peter Pringsheim war Professor für Physik an der University of Chicago. Tatsächlich war genug Platz im Haus. Einige der Gäste hatten abgesagt, andere blieben nur kurze Zeit. So genossen wir die Gastfreundschaft der Manns noch etwas länger als eigentlich geplant.

Dabei war die Familie Mann nicht unbedingt reich. Viele Leute nahmen und nehmen wohl noch immer an, daß Thomas Mann als Nobelpreisträger, dessen Bücher in aller Welt verkauft wurden, ein ausgesprochen wohlhabender Mann war. Dem war nicht so. Als er starb, gehörte ihm nicht einmal das Haus, in dem er wohnte.

Sein Einkommen aus Tantiemen war ausreichend, aber nicht gerade riesig. Im Hause Mann wurde ein gehoben bürgerlicher Lebensstil gepflegt. Keineswegs jeden Tag Champagner und Kaviar, sondern oftmals einfach ein Bier zum Mittag- oder zum Abendessen. Wein oder gar Champagner gab es nur zu ganz besonderen Anlässen. Ähnlich war es mit dem Essen. Nicht übertrieben luxuriös, sondern einfache, dafür selbst zubereitete, sehr feine Mahlzeiten. Ganz selten einmal ging man aus zum Dinner. Katia Mann führte den Haushalt sparsam und mit Übersicht. Ab und zu bat sie mich, auf dem Weg nach Hause eine Flasche Wein oder Ähnliches mitzubringen.

Artig fragte ich dann: »Wieviel darf er denn kosten?«

»Na ja, so zwischen 1,25 und 1,45 Dollar, aber mehr nicht!«

Einen gewissen Einblick in die Vermögensverhältnisse der Familie Mann hatte ich durch die eidesstattliche Erklärung bekommen, die Thomas Mann zu unseren Gunsten bei der Einwanderungsbehörde abgegeben hatte. Zu einer solchen Erklärung gehört die Offenlegung des gesamten Vermögens, auch der jeweiligen Bankguthaben.

Danach belief sich das Guthaben auf Thomas Manns Konto auf etwa 3000 Dollar. Sein Jahresverdienst betrug etwa 25.000 Dollar.

Das Haus der Familie in Pacific Palisades hatte Thomas Mann für 25.000 Dollar gekauft, seine Hälfte des Honorars, das der *Book of the Month Club* für den Roman *Lotte in Weimar* gezahlt hatte. Die andere Hälfte ging an seinen Verleger Alfred Knopf.

In den letzten Tagen des Jahres 1946 stand fest, daß mein Vater und ich das Haus der Manns bald verlassen würden. So nahm mich Thomas Mann eines Morgens beiseite und fragte besorgt, wie denn die Dinge mit mir stünden.

»Wenn man's genau betrachtet, Onkel Tommy, nicht so gut. Ich hab noch keinen Job gefunden«, antwortete ich ehrlich.

»Na ja, ein cleverer junger Mann wie du wird schon etwas finden«, munterte er mich auf. »Hast du dir einmal Gedanken gemacht, was du tun könntest?«

»Alles, was mir einfällt, ist eine Beschäftigung wie die in Japan. Irgendwas, bei dem ich mein Japanisch nutzen könnte.«

»Nur nicht verzweifeln!« sagte Thomas Mann.

Mein Vater hatte die Idee, zur University of Southern California (USC) hinüberzufahren, um sich dort im Fachbereich für Musik nach Arbeitsmöglichkeiten zu erkundigen. »Vielleicht solltest du mitfahren und schauen, ob die Universität Verwendung für deine Talente als Übersetzer und Japan-Kenner hat«, schlug Thomas Mann vor.

Gesagt, getan. Zwei Tage später fuhren wir in den Süden der Stadt zur USC. Während mein Vater sich bei einem der Professoren für Musik anmeldete, streunte ich durch die Gänge. Ich wußte nicht recht, wo ich mit meiner Suche beginnen sollte. Schließlich entdeckte ich die Bibliothek. Ich ging hinein und erkundigte mich, welche Abteilung denn etwas mit japanischer Sprache und Kultur zu tun habe.

»Ich suche nämlich einen Job«, erklärte ich weiter. »Ich spreche, lese und schreibe sehr gut Japanisch.«

»Japanisch?« Die Dame schaute mich an, als hätte ich meine Dienste als Schwertschlucker angeboten oder ihr einen unsittlichen Antrag gemacht.

»Ja, Japanisch«, wiederholte ich.

»Es gibt keine Abteilung für Japanisch – Japanisch wird hier nicht gelehrt!« Und überhaupt, sie glaube nicht, daß sich irgend jemand an der USC mit Japan beschäftige. Dann stockte sie: »Moment mal, mir fällt da was ein. Wir haben ganze Berge von japanischen Büchern im Keller liegen. Ich habe nicht die leiseste Ahnung, wo die herkommen, aber sie sind nun mal da. Aber keiner kann die Bücher lesen. Niemand weiß, was drinsteht. Wir bräuchten jemanden, der uns etwas über den Inhalt sagen kann.«

»Das sollte kein großes Problem sein, wenn sie auf japanisch geschrieben sind.«

»Ich warne Sie, es sind Tausende, ein riesiger Haufen. Aber ich muß erst mit jemandem darüber sprechen.« Sie griff zum Telefon. Während sie sprach, schnappte ich immer wieder einen Namen auf, von Kleinshit, einigermaßen ungewöhnlich, dachte ich bei mir. Als sie eingehängt hatte, erkundigte ich mich, ob ich recht gehört hätte: »Von Kleinshit?«

»Nein, nein, von KleinSmid, Dr. Rufus B. von KleinSmid«, erklärte sie und buchstabierte den Namen. »Er ist der Kanzler der Universität und zugleich der Leiter der internationalen Bibliothek. Deshalb heißt sie auch Rufus B. von KleinSmid Bibliothek. Die ganzen Bücher da unten hat die Rufus B. von KleinSmid Bibliothek für internationale Beziehungen gekauft. Daher unterliegen sie nicht der Aufsicht und der Zuständigkeit der Universitätsbibliothek.«

Nach einer Pause fuhr sie fort: »Dr. von KleinSmid hat ein sorgsames Auge auf seine Bibliothek, um nicht zu sagen, sie unterliegt seiner Kontrolle. Aber gut, bevor ich noch etwas Falsches sage, gehen Sie besser zu Dr. von KleinSmid und sprechen mit ihm.«

»Ja, sehr gerne, aber würden Sie mir den Gefallen tun und den Namen aufschreiben?«

Der Kanzler war nicht in seinem Büro. Also machte ich einen Termin für die folgende Woche aus.

»Sie sind also der junge Herr Pringsheim und sind gerade aus Japan gekommen.« Mit diesen Worten begrüßte er mich, als ich ein paar Tage später sein Büro betrat. »Kommen Sie, setzen Sie sich«, sagte er höflich und deutete auf einen Sessel neben seinem Schreibtisch. Mit seinem weißen Haar und seinem mächtigen Schnauzbart erinnerte von KleinSmid ein wenig an Colonel Sanders von *Kentucky Fried Chicken*. Dazu drückte er sich seltsam geschraubt aus.

»Ich habe sofort Zeit für Sie«, entschuldigte er sich, erledigte noch etwas auf dem Flur und kehrte dann zurück. »So, junger Mann. Ich glaube, Sie haben Glück. Können Sie Japanisch lesen?« fragte er noch einmal.

»Ja, ich denke sehr gut.«

»Exzellent. Wir können Sie in der Tat brauchen. Wir haben eine große Kollektion Bücher, mit denen wir bislang nichts anfangen konnten, weil hier niemand des Japanischen mächtig ist. Wenn Sie Interesse haben, könnten Sie diese Bücher für uns katalogisieren. Meinen Sie, Sie sind dazu in der Lage?«

»Ich habe meinen Lebensunterhalt in Japan als Übersetzer verdient.«

»Sehr gut. Wir können dann unsere Bücher endlich mit einer Signatur versehen, sie sortieren und magazinieren. Auf diese Weise wissen wir endlich, was wir haben. Außerdem nehme ich doch an, daß in Bälde auch Japanisch an der USC unterrichtet werden wird. Dann müssen die Bücher schließlich verfügbar sein.«

Rufus B. von KleinSmid schaute sich den Personalbogen an, den ich hatte ausfüllen müssen. »Mir scheint, daß Ihre Schulbildung etwas schmal ausgefallen ist«, kommentierte er stirnrunzelnd. »Aber so, wie Sie sich hier vorgestellt haben, wäre ich sehr erfreut, Sie bei uns zu haben. Willkommen auf dem Campus der University of Southern California! Falls Sie annehmen, fangen Sie am Montag an. Sie werden acht Stunden am Tag arbeiten und bekommen siebzig Cent die Stunde.«

Dank Thomas Manns Vorschlag hatte ich meinen ersten Job in meiner neuen Heimat.

KP und seine Mutter, Berlin 1935

KP in Los Angeles, 1948

Peter Pringsheim, Katia Mann, KP sen., Pacific Palisades, 1946

Klaus Mann, Klaus Pringsheim sen., KP, Pacific Palisades, 1947

Hans Winckelmann, 1929

KP, 1961

Erika Mann, Klaus Pringsheim sen., Pacific Palisades 1947

Klaus Pringsheim sen., Thomas Mann, Pacific Palisades 1947

KP, Hsiuping Pringsheim, Harald Jacobson,
Hongkong 1963 (bei der Hochzeit)

KP, Eisaku Sato, Tokio 1972

KP mit seiner Tochter Erika, Bonn 1993 (Foto: Franz Fischer)

9. DER TAXIFAHRER

Anfang Januar, gleich nach den Feiertagen, bezogen mein Vater und ich ein Zweizimmer-Apartment im Silver Lake Distrikt von Los Angeles. Die Wohnung kostete uns 60 Dollar im Monat, im Jahr 1947 eine ganz anständige Miete. Damit hatten wir uns aus der Abhängigkeit vom Mannschen Haushalt gelöst und gehörten doch noch zu ihrem Kreis. Das drückte sich in einer feststehenden Einladung aus: dienstags zum Mittagessen und am Samstag zum Abendessen.

Je länger ich meine Arbeit an der USC fortsetzte, um so deutlicher wurde mir, wie sehr Adolf Hitler und die Achse Berlin-Rom-Tokio noch immer mein Leben bestimmten. Denn die japanischen Bücher, die ich zu katalogisieren hatte, waren die Hinterlassenschaft der japanisch-amerikanischen Bevölkerung Kaliforniens, die man bei Ausbruch des Krieges in Gefangenenlager abtransportiert hatte. Die offizielle Begründung damals lautete, sie stellten eine Bedrohung der nationalen Sicherheit dar. Vielen Familien wurde kaum Zeit gelassen, auch nur das Allernötigste einzupacken.

Es war Dr. von KleinSmid gewesen, der angeregt hatte, die von jenen Familien zurückgelassenen Bücher der Universität zur Verfügung zu stellen für den Fall, daß man irgendwann einmal Kurse in japanischer Sprache anbieten würde. Freilich hätte man mit dem Bestand ebensogut Kurse in japanischer Kochkunst anbieten können, denn in der Mehrzahl handelte es sich um Kochbücher. Ansonsten fanden sich Wörterbücher, philosophische Abhandlungen, Bücher zum Buddhismus, einige Romane und historische Werke. Alles in allem eher praktische Bücher, wie man sie bei einfachen, hart arbeitenden Leuten – Bauern, Fischern, Gärtnern – vermutet.

Ich schaffte es, zwischen fünfzig und hundert Bücher am Tag zu katalogisieren, einschließlich Übersetzung des Titels und kurzer Inhaltsangabe. Bei 70 Cent pro Stunde wurde man mit dieser Arbeit wahrlich nicht reich. Nach einer Reihe von Abzügen blieben mir gerade

25 Dollar in der Woche. Davon mußte ich meinen Anteil an Miete und Essen bezahlen und noch das Benzin für den Wagen, mit dem ich jeden Tag zur USC fuhr.

Von dem Geld, das übrigblieb, kaufte ich, so oft ich konnte, Lebensmittel für Naoko. Mit der Zeit bekam ich ganz schwielige Hände vom Schnüren der Pakete, so sehr zurrte ich alles fest, damit die Pakete auch ja die lange Reise überstanden. Nach einer Weile mußte ich jedoch für Naokos Care-Pakete das Geld antasten, mit dem ich eingereist war.

So beschloß ich denn, nachdem ich bis zum Winter 1947 mehrere Tausend Bücher katalogisiert hatte, von KleinSmid um eine Lohnerhöhung zu bitten. Ob er mit meiner Arbeit zufrieden sei, erkundigte ich mich. Ja doch, man sei sehr angetan, denn es sei eine der dringlichsten Aufgaben, all die Bücher ordentlich zu katalogisieren.

Ich nahm all meinen Mut zusammen und unterbrach ihn: »Sehen Sie, Herr Dr. von KleinSmid, der Lohn, den Sie mir für die Arbeit zahlen, reicht leider nicht aus, um davon meinen Lebensunterhalt zu bestreiten. Besteht vielleicht die Möglichkeit, meinen Stundenlohn ein wenig zu erhöhen?«

»Geben Sie mir ein paar Tage, um darüber nachzudenken«, antwortete er. »Kommen Sie in einer Woche wieder, dann werde ich wissen, ob es eine Möglichkeit gibt.«

Als ich eine Woche später wieder in seinem Büro stand, begrüßte von KleinSmid mich freudestrahlend: »Herr Pringsheim, ich habe sehr gute Nachrichten für Sie. Ich habe die für die Bibliothek zuständige Abteilung gebeten, sich einmal Ihre Arbeit anzuschauen. Sie haben exzellente Arbeit geleistet. Wir sähen es gerne, wenn Sie sie fortsetzen könnten. Deshalb haben wir beschlossen, Ihren Lohn zu erhöhen. Von nächster Woche an werden wir Ihnen statt siebzig Cent fünfundsiebzig pro Stunde bezahlen.«

Der Berg hatte gekreißt – und was war herausgekommen? Ein Nickel. Ich versuchte, so gut es ging, Ärger und Beschämung zurückzuhalten und murmelte: »Vielen Dank für das großzügige Angebot, aber unter diesen Umständen werde ich mich wohl nach einem neuen Job umschauen müssen.«

»Es tut mir leid, wenn das der Fall sein sollte«, antwortete von KleinSmid, »aber ich muß mit meinem Budget auskommen. Ich hatte gehofft, daß das, was ich bieten kann, ausreicht, um Sie bei uns zu halten.«

Aus war es mit der USC. Ich hatte meinen Job allerdings nicht hingeschmissen, ohne vorher nach einem anderen Ausschau zu halten. Die »Yellow Cab Company« suchte dringend Fahrer. Ich hatte die Anzeige in der *Los Angeles Times* entdeckt und mich sofort gemeldet. Immerhin konnte ich dort ungefähr das Doppelte von dem verdienen, was mir Rufus B. von KleinSmid für das Katalogisieren von Büchern zu zahlen bereit war.

Alles, was ich zu tun hatte, war: einen Taxi-Schein beantragen und in die Fahrerinnung eintreten. Die 75 Dollar Gebühren für den Beitritt zog einem die Company über mehrere Wochen vom Lohn ab. Diese Vorfinanzierung machte die Sache relativ einfach. Ohne große Probleme absolvierte ich die Prüfungen für die Fahrerlizenz, und ehe ich mich versah, war ich »Cabbie« bei der Yellow Cab Company, Crown Hill Division, Los Angeles.

Die Regeln waren einfach. Sei immer adrett; halte dein Taxi sauber; sei höflich und zuvorkommend zu den Fahrgästen; höre ihnen geduldig zu; verhalte dich kollegial gegenüber anderen Fahrern usw. Die Liste der Dinge, die man zu tun und zu lassen hatte, war lang, aber einleuchtend.

Es gab nur eine Sache, die mir ein wenig Sorgen machte. Ich kannte mich in Los Angeles noch nicht sonderlich gut aus. Ich versuchte es damit, daß ich mir die Abfolge der Straßennamen und Hausnummern einprägte. Und wenn ich wirklich einmal nicht genau Bescheid wußte, so fragte ich meine Fahrgäste ganz offen: »Wissen Sie den kürzesten Weg von hier aus?« Das Verfahren bewährte sich.

Das Verhältnis zu meinem Arbeitgeber, der Cab Company, bestand in einer Art Partnerschaft. Die Company stellte den Wagen und sorgte für seine Wartung. Sie zahlte auch morgens die erste Tankfüllung und darüber hinaus – zumindest nach meiner Erinnerung – einen garantierten Wochenlohn von 50 Dollar. Meine Aufgabe bestand nun darin, das Doppelte dieses Betrags einzunehmen, also 100 Dollar.

Schaffte man es zwei Wochen nacheinander nicht, diese Summe zu kassieren, so war man seinen Job los. Allerdings war man an allem, was über 100 Dollar lag, mit 50 Prozent beteiligt.

Und dann gab es natürlich noch die Trinkgelder. Während der vier Monate, die ich als Taxifahrer arbeitete, reichten allein die Trinkgelder aus, um den täglichen Einkauf zu erledigen, einschließlich Drink vor dem Dinner. Alles in allem ließ es sich ganz gut an. Es gab einige Wochen, in denen brachte ich es auf glatte 100 Dollar. Das war eine geradezu märchenhafte Summe.

Dazu mußte man sich allerdings mächtig ins Zeug legen. Das Taxameter wurde am Anfang jeder Fahrt auf 25 Cent gestellt, jede Meile kostete weitere 10 Cent. Das mochte viel erscheinen, wenn man hinten auf der Bank saß, für die Fahrer aber bedeutete es, daß die meisten Fahrten in der Innenstadt als sogenannte »50 cents jerks« endeten. Und das hieß, man mußte etwa vierzig bis fünfzig solcher Fahrten am Tag machen, um sein Soll zu erfüllen. Das war nicht zu schaffen. Also hielten alle Ausschau nach langen Fahrten.

Ich besorgte mir daher die Fahrpläne der Eisenbahn und der Überlandbusse. Zu den wichtigen Ankunftszeiten fand ich mich immer am Bahnhof oder am Busbahnhof ein. Die Chance, einen Fahrgast zu bekommen, der ein Taxi nach Hause, etwa nach West Los Angeles, brauchte, war recht groß. Das brachte 15-18 Dollar. Einmal wollte ein Fahrgast bis nach Bakersfield gebracht werden, gut hundert Meilen von Los Angeles entfernt. Das ergab die sagenhafte Summe von 115 Dollar.

Mein bester Tag aber war der, an dem ich den berühmten Howard Hughes chauffierte. Ich fuhr den Wilshire Boulevard in Beverly Hills entlang, als er mich an einer Ecke heranwinkte. Ich erkannte ihn sofort. Hughes war wegen seines rebellischen Verhaltens vor dem Komitee für anti-amerikanische Aktivitäten des Repräsentantenhauses durch die Presse gegangen. Dieser Ausschuß widmete sich intensiv der Kommunistenhatz und meinte sogar in dem Milliardär Howard Hughes einen Sympathisanten Moskaus zu entdecken.

»Guten Morgen, Mr. Hughes«, grüßte ich, als er einstieg.

»Hi, fahren Sie einfach in dieser Richtung weiter, ich muß ins Beverly Hills Hotel«, sagte er knapp.

Das war auch schon alles, während der ganzen Fahrt sagte er kein weiteres Wort. Von Zeit zu Zeit warf ich einen verstohlenen Blick in den Spiegel, um mich zu versichern, das dies kein Traum war. Ich hatte noch nie zuvor eine solche Berühmtheit kutschiert. Kein Zweifel, er war es. Schließlich hatte er ja auch nicht geleugnet, Howard Hughes zu sein.

»Fahren Sie mich zum Bungalow Nr. 24«, dirigierte Hughes, als ich in die Auffahrt zum Hotel einbog. Dort angekommen, stieg er aus. »Suchen Sie sich einen Parkplatz und warten Sie!«

Ich tat, wie mir befohlen, stellte das Taxameter auf die Warteposition und richtete mich so ein, daß ich die Bungalow-Tür sehen konnte. Zwei Stunden später öffnete sie sich, und Howard Hughes kam wieder heraus. Ich startete den Wagen und fuhr vor. »Okay, bringen Sie mich dahin zurück, wo Sie mich aufgegabelt haben«, sagte Hughes knapp.

Am Ziel der Rückfahrt zeigte mein Taxameter stolze 22,50 Dollar an, ungefähr das, was ich an einem Tag einnehmen mußte. Hughes nestelte in seinen Taschen herum. Dann zog er einen Hundertdollarschein heraus. Ich blickte ihn entschuldigend an, denn das war weit mehr, als meine Wechselkasse hergab. »Nein, nein, das ist für Sie«, erklärte er. Mit diesen Worten fischte er Kleingeld aus seiner Hosentasche und bezahlte die Fahrtkosten. »Vielen Dank und viel Glück«, sagte er noch und verschwand.

Ich machte an jenem Tag noch fünf weitere Fahrten, so daß ich abends glatte dreißig Dollar verdient hatte, die hundert Dollar Trinkgeld nicht eingerechnet.

Man sagt immer, Taxifahren gehöre zu den besonders gefährlichen Berufen. Der Fahrer sitzt völlig wehrlos mit dem Rücken zu x-beliebigen Fremden. Die Berichte von Überfällen oder gar Morden an Taxifahrern erwähnen nur selten Zeugen. Ernsthafte Gedanken machte ich mir darüber allerdings erst, als ich eines Abends eine Frau in meinem Taxi sitzen hatte, die nicht recht zu wissen schien, wo sie eigentlich hinwollte. Schließlich ließ sie mich in einer unbeleuchteten Straße anhalten, machte jedoch keine Anstalten, auszusteigen.

Ich wartete. Das war eine der Situationen, die im Katalog der Verhaltensregeln nicht vorgesehen waren. Es vergingen einige Minuten.

Dann vernahm ich ihre Stimme: »Fahrer! Sie dürfen jetzt nach hinten kommen.«

Sie hatte sich inzwischen ihrer sämtlichen Kleider entledigt und aalte sich nackt auf der Rückbank. Nun bestand eine der wichtigsten Regeln der Cab Company darin, daß sich der Fahrer nie zu den Fahrgästen auf den Rücksitz begeben durfte. Das galt freilich besonders dann, wenn der Passagier eine Frau und dazu nackt war.

»Meine Dame, ziehen Sie sich sofort wieder an«, befahl ich. Ich hatte Angst, daß man uns hier sah, hatte sofort Schlagzeilen im Kopf wie »Taxifahrer vergewaltigt Frau« und ähnliche. Dann wäre es aus mit der Einbürgerung, man würde mich außer Landes weisen oder sogar einsperren. »Bitte, ziehen Sie Ihre Sachen wieder an«, wiederholte ich panisch, »oder wollen Sie, daß ich meinen Job verliere?«

»Ich will, daß sich jemand um mich kümmert«, flehte sie.

»Ziehen Sie sich an!« brüllte ich.

Es wirkte. Dafür allerdings beschimpfte sie mich in der übelsten Weise, bis ich sie schließlich mitten in der Stadt wieder absetzte. Und dann sprang sie auch noch aus dem Taxi und verschwand, ohne auch nur einen Cent zu bezahlen. Das bedeutete, ich mußte zahlen. Das war ehernes Gesetz. Es war das Problem des Fahrers, nicht der Company, wenn ein Fahrgast nicht zahlte. Exakt das, was das Taxameter insgesamt für die Schicht anzeigte, mußte der Fahrer abliefern.

So verfolgte mich die Geschichte weiter, bis ich am Ende der Schicht meine Abrechnung in der Zentrale ablieferte. »Nur damit keine Mißverständnisse entstehen, ich weiß, da fehlen zehn Dollar, eine Frau hat nicht bezahlt«, gestand ich sofort.

Der Kassierer schaute mich streng an. »So so, eine Frau hat nicht bezahlt« höhnte er. »Aber ich nehme doch mal an, daß du mich bezahlst. Vorher kommst du nämlich hier nicht raus, klar?«

Ein anderes Mal war mein Fahrgast eine überaus attraktive, offenbar gut situierte Dame, die in der Nähe der Zentrale wohnte. Sie wollte nach Downtown, um dort einzukaufen. Nachdem ich vor mehreren Boutiquen vorgefahren war und sie schließlich einen Berg von Tüten und Taschen auf dem Rücksitz deponiert hatte, sagte sie schließlich: »So, Sie können mich jetzt wieder nach Hause fahren.«

Vor ihrem Haus angekommen, fragte sie mich, ob ich vielleicht so nett sei, ihr ein paar Taschen in ihre Wohnung hinaufzutragen.

»Natürlich, kein Problem.« Zu solchem Entgegenkommen waren wir von der Company ausdrücklich angehalten worden. Ich folgte ihr also, bepackt mit Tüten und Taschen, zu ihrem Apartment und stellte alles im Flur ab. Sie bedankte sich sehr freundlich. »Was bin ich Ihnen schuldig?«

»Insgesamt vierundzwanzig Dollar, gnädige Frau«, antwortete ich brav.

»Einen Augenblick, ich bin gleich zurück.« Mit diesen Worten verschwand sie im Nebenzimmer, kehrte nach kurzer Zeit zurück, nun aber nur noch mit einem halb durchsichtigen Seidenstoff bekleidet. Das muß wohl ein Négligé sein, dachte ich bei mir, in solchen Dingen nicht besonders bewandert. Sie flötete: »Hören Sie, Fahrer, es scheint, ich habe mein ganzes Bargeld ausgegeben. Ich habe keinen Cent im Haus.«

»Ehrlich?« Ich war ernsthaft verwirrt. »Aber es tut mir leid, ich muß darauf bestehen, daß Sie bezahlen. Ich bin verantwortlich für das, was mein Taxameter anzeigt. Ich muß es sonst selbst bezahlen.«

Sie drehte sich, zeigte mir demonstrativ ihre Figur. »Findest du mich so unattraktiv?« fragte sie mit unverhüllter Koketterie.

»Das ist nicht das Problem«, wehrte ich ab. Sie war überaus attraktiv – gut gewachsen, ein schönes Gesicht, große, wohlgeformte Brüste. Das gab ich ihr auch zu verstehen. Damit hatte ich meine Lage jedoch nur kompliziert.

»Na ja, vielleicht kannst du dann über den Fahrpreis hinwegsehen, und wir machen es uns ein bißchen gemütlich.«

»Nichts, was ich lieber täte, gnädige Frau«, versicherte ich, und das war keineswegs gelogen. Ich war 25 Jahre alt und nicht gerade jemand, der Enthaltsamkeit auf seine Fahnen geschrieben hatte. »Aber es ist nun einmal gegen die Vorschrift. Ich muß auf dem Geld bestehen.«

»Pech gehabt«, sagte sie schnippisch. »Dann wirst du wohl ganz verzichten müssen.«

Ich sah mich im Zimmer um. Auf dem Kaminsims stand eine hübsche kleine Uhr. Sie war aus italienischem Marmor, wie sich herausstellte, mit einem goldgefaßten Zifferblatt. Mindestens fünfzig Dollar wert.

»Ich glaube, ich habe eine Lösung für unser Problem«, sagte ich auf einmal und griff nach der Uhr. »Ich nehme Ihre Uhr. Sobald Sie das Geld haben, das Sie mir schulden, kommen Sie einfach zur Crown Hill Station – ist nicht weit von hier –, da bekommen Sie dann Ihre Uhr zurück, wenn Sie die vierundzwanzig Dollar bezahlen.«

Sie war fassungslos. »Oh nein, du wirst meine Uhr nicht mitnehmen!« kreischte sie. »Das kannst du nicht machen. Warte, warte eine Sekunde, ich werde noch mal nachsehen.« Damit griff sie in ihre Handtasche und förderte tatsächlich das Geld zutage.

Ich brüstete mich noch immer mit meiner moralischen Standhaftigkeit, als mir die Versuchung einen zweiten Besuch abstattete.

Diesmal machte ich jedoch eine weniger gute Figur. Katia Mann hatte meinen Vater und mich zu einer kleinen Dinner-Party eingeladen, deren Ehrengast ein sehr bekannter amerikanischer Autor war. Er hatte diverse Bestseller geschrieben und war ebenso angesehen wie Thomas Mann, der ihn wiederum für den talentiertesten und besten amerikanischen Schriftsteller hielt.

Und er hatte einen untadeligen Geschmack, was die weibliche Schönheit anging. Seine Frau, seine vierte übrigens, war eine große blonde Schönheit und etwa halb so alt wie ihr Mann. Ich war wie vom Blitz getroffen, als ich sie sah. Die Anziehung schien durchaus auf Gegenseitigkeit zu beruhen, denn es knisterte ganz heftig an jenem Abend. Ich war allerdings auch der einzige im Haus, der in ihrem Alter war und nicht gänzlich unattraktiv.

Nach dem Dinner, als man sich in das Wohnzimmer zurückzog, richtete ich es so ein, daß ich neben ihr saß. Wir begannen eine ganz harmlose Unterhaltung. Was ich zur Zeit täte, wollte sie wissen.

»Ich fahre Taxi.«

Ihr Augen begannen zu leuchten. »Das heißt, Sie können Auto fahren?«

»Ja, sicher – meine Tante hat es mir beigebracht.«

Sie war entzückt. »Wissen Sie, ich will im Herbst nach Detroit, einen neuen Wagen abholen. Haben Sie nicht Lust, mich zu begleiten? Sie kommen nach Detroit, und wir fahren gemeinsam zurück.«

Gott, was für eine Idee! Ich schrieb ihr meinen Namen, Adresse und Telefonnummer auf. »Natürlich können Sie mich auch immer über die Manns erreichen«, versicherte ich. Am Ende des Abends nahm ich zum Abschied ihre Hand, verbeugte mich und gab ihr einen sanften Handkuß. »Sie werden von mir hören«, murmelte sie leise.

Vorher aber bekam ich etwas anderes zu hören, und zwar von meiner Tante Katia. Ich half ihr noch ein wenig beim Abräumen der Gläser und Tassen, dann nahm sie mich beiseite. »Hör zu, Klaus, da ist eine Kleinigkeit, über die wir sprechen müssen.« Offenbar war ihr nichts von dem entgangen, was sich zwischen mir und der Frau des Ehrengastes abgespielt hatte. »Du findest sie wohl sehr attraktiv?«

»Ja, sie ist eine großartige Frau«, gab ich offen zu.

»Das dachte ich mir. Und sie hat ein bißchen mit dir geflirtet, das war nicht zu übersehen. Aber was immer jetzt in deinem Kopf vorgeht, vergiß es. Du wirst dich nicht mit der Frau eines Mannes einlassen, der unser Freund und noch dazu vielleicht der nächste Nobelpreisträger ist. Wir wollen nicht auf diese Weise in die Schlagzeilen geraten. Daher schlag dir die Reise nach Detroit ganz schnell aus dem Kopf, klar?«

»Ja, du hast recht, Tanta Katia.« Denn je länger ich darüber nachdachte, desto unangenehmer und peinlicher wurde mir der ganze Abend.

»Vergiß sie, Klaus. Und sollte sie hier anrufen und sich nach dir erkundigen, werde ich ihr das gleiche sagen: ›Vergessen Sie ihn.‹«

Auch Thomas Mann war der abendliche Flirt nicht entgangen, obwohl er am anderen Ende des Raums scheinbar ausschließlich mit seinem Gast beschäftigt gewesen zu sein schien. In seinem Tagebucheintrag vom 19.1.1948 steht: »Mrs. Nathan ist fasziniert vom Löl.« ›Löl‹ war einer meiner Spitznamen.

Die Episode steigerte meine Unruhe. Alle paar Wochen bekam ich unglückliche Briefe von Naoko. Und mehr denn je wollte ich bei ihr sein. Außerdem: das gelobte Land hielt auch nicht das, was es versprochen hatte. Möglicherweise mußte ich mein Leben lang Taxi fahren. Ich wollte zurück nach Japan, unbedingt. Doch wie? Japan war nach wie vor besetzt, nur wer dort militärisch eingesetzt wurde oder geschäftliche Verbindungen unterhielt, durfte einreisen.

Aber schließlich verfügte ich nach wie vor über eine Menge Japan-Erfahrung. Ich sprach Japanisch und war in der japanischen Kultur zu Hause. Ich konnte den Besatzungstruppen auch jetzt noch eine wertvolle Hilfe sein, wie schon einmal. Also marschierte ich in ein Rekrutierungsbüro von Uncle Sam in Los Angeles und meldete mich freiwillig.

»Wie schätzen Sie meine Chancen ein, einen angemessenen Job in Japan zu bekommen?« fragte ich.

»Also, garantieren kann ich gar nichts«, antwortete der zuständige Sergeant ganz offen, »allerdings gibt es das MOS-System (Military Occupational Specialty System). Sie müßten zunächst eine sechswöchige Grundausbildung in Fort Ord mitmachen. Danach schickt man Sie wahrscheinlich zur Sprachenschule der Armee nach Monterey, wo man Ihre Sprachkenntnisse testen wird. Wenn Sie den Test bestehen und gerade ein Dolmetscher gesucht wird, dann schickt man Sie mit Sicherheit nach Japan.«

Das war immerhin ein Silberstreif am Horizont. Ich gab meinen Job als Taxifahrer auf. Von der Familie Mann verabschiedete ich mich mit den Worten: »Ich habe mich freiwillig zur US-Army gemeldet.« Ich wollte jeden Verdacht ausräumen, ich sei eingezogen worden.

Katia Mann hatte wie immer Verständnis. »Vielleicht ist das gar keine so schlechte Entscheidung. Und unter Umständen lernst du in der Armee einige Dinge, die dir von Nutzen sein können. Außerdem, ich versteh schon, daß du hoffst, wieder nach Japan zu deiner Freundin geschickt zu werden.«

Thomas Mann nahm meine Hände und wünschte mir alles Gute. Von meinen Qualitäten als kämpfender Soldat war er allerdings nicht sonderlich überzeugt. »Du solltest so etwas tun wie meine Söhne, als sie in der Armee waren, das paßt besser zu dir.« Klaus war Redakteur der Zeitschrift *Stars and Stripes* gewesen, Golo hatte beim militärischen Nachrichtendienst gearbeitet.

Mit meinen Habseligkeiten in einer Reisetasche über der Schulter und einem Busticket von der Army in der Tasche trat ich die Reise ins

Ausbildungslager Fort Ord an. Es lag 330 Meilen nördlich von Los Angeles in der Nähe von Monterey. Dort verwandelte man mich sofort von einem Zivilisten in einen Soldaten: Unterkunft in einer Kaserne, eine passende Uniform. Ich lernte, wie man Betten baut, wie man marschiert und salutiert. Man drückte mir ein M-1 Gewehr in die Hand, ließ es mich auseinandernehmen, zusammensetzen, den Lauf reinigen und ölen ...

Bei jeder Inspektion galt das Hauptinteresse den Gewehrläufen. Die kleinsten Schmutzkörnchen bedeuteten zusätzliche Wachdienste. Wir lernten peinlich genau Ordnung zu halten, Unterwäsche und Socken in dies Fach, Hemden, Hosen und Jacken dorthinein, alles hatte seinen Platz.

Das gleiche galt für die Kasernen. Jeden Tag fegten und schrubbten wir den Fußboden, ein Sergeant überprüfte täglich die Sauberkeit mit einem weißen Handschuh. Fand er Staub, so konnte dies bedeuten, daß die ganze Kaserne erneut gescheuert oder gar gänzlich auf den Kopf gestellt werden mußte, je nach Laune des jeweiligen Sergeants.

Um eines mußte ich mir keine Sorgen machen, um das Essen. Es war nicht weniger reichlich als damals in Japan. Frühstück morgens um 6 Uhr, Lunch um 12 und Dinner um 17 Uhr. Mit Tablett und Besteck in der Hand stellte man sich in einer Schlange vor einem großen Büfett an und ließ sich ein Menü nach eigener Wahl reichen. Es gab, soviel das Herz begehrte und der Magen fassen konnte. Noch eine Kartoffel oder etwas mehr Bohnen vielleicht?

Nur mit einem Kompaß ausgerüstet, wurden wir auf Märsche in die sandigen Hügel hinter Fort Ord geschickt und mußten den Weg zurück allein finden. Wir lernten Karten lesen und Zelte aufschlagen und mußten das Terrain sondieren. Letzteres erschöpfte sich allerdings darin, daß man Zigarettenstummel einsammelte. Es wurde nämlich ungeheuer viel geraucht, wo man ging und stand. Viele der jungen Männer hatten zum ersten Mal in ihrem Leben ein wenig Geld in der Tasche. Und das investierten sie in drei Dinge: Zigaretten, Whisky und die Prostituierten von Watsonville.

Einmal, ich hatte mir gerade einen Wagen angeschafft, lud ich einige von ihnen an so einem Tempel der Lust ab. »Auf Wiedersehen,

Jungs, wir sehen uns dann später in der Kaserne«, verabschiedete ich mich. Als ich die Kerle wiedersah, machten sie einen seltsam bedrückten Eindruck. Ich hatte dies schon früher beobachtet. Die Männer waren völlig aufgelöst, wenn sie zurückkamen – so rächte sich die Sonntagsschule ihrer Kindheit an ihnen.

Aber es war noch etwas anderes, was mich von einem Besuch in Watsonville abhielt. Ich hatte in erster Linie Angst, mir irgendeine Krankheit einzufangen. Und außerdem, zwanzig Dollar erschien mir doch ausgesprochen viel. Vielleicht war ich auch einfach nur zu schüchtern. Mit zwei Frauen hatte ich bis dahin geschlafen, einer in Kyoto und einer, die noch immer in Tokio auf mich wartete.

Nach sechs Wochen stand die Prüfung an, mit der man zum Private First Class, zum Gefreiten, befördert wurde und den ersten Streifen auf dem Ärmel erhielt. Ich hatte das Glück, zu den fünfzehn Prozent zu gehören, die die Prüfung bestanden. Damit konnte ich mich in Monterey für Nachrichtendienst- und Fremdsprachenarbeit bewerben.

Nach nur wenigen Tagen wurde ich zum Sergeant beordert. Kein Mann großer Formalitäten, erklärte er mir: »PFC Pringsheim, Ihre Bewerbung in Monterey hatte Erfolg. Die wollen, daß Sie Ihren Arsch so schnell wie möglich dorthin bewegen. Also, packen Sie Ihren Kram zusammen und ab. Ich werden Ihnen einen Jeep mit Fahrer besorgen.« Es dauerte keine Viertelstunde, da stand der Jeep vor der Kaserne. Ich warf meine Tasche auf den Rücksitz und kletterte auf den Beifahrersitz. Der Pazifik glitzerte in der Nachmittagssonne, während wir den wunderschönen Highway One die Küste entlang nach Süden fuhren. Es dauerte knapp eine Stunde, dann hatten wir die 30 Meilen nach Monterey hinter uns gebracht.

Das Presidio, das Militärgelände von Monterey, war ein geradezu zauberhaftes Plätzchen. Gepflegte Grünflächen, Blumen und Sträucher. Es erinnerte mehr an einen College Campus als an ein Militärgelände. Wir hielten vor dem Hauptquartier, und ich marschierte hinein. »PFC Pringsheim meldet sich zum Dienst!« sagte ich zu dem diensthabenden Offizier und salutierte.

»Ah ja, Pringsheim, Pringsheim«, murmelte er und kramte in

einem Berg von Papieren. »Warten Sie bitte einen Augenblick, der stellvertretende Kommandeur möchte Sie sehen.«

Oh, oh, dachte ich, schon steht Ärger ins Haus.

»Folgen Sie mir!« sagte der Offizier und führte mich in das Büro des Kommandeurs. Als ich ihn sah, entspannte ich mich sofort. Das Gesicht war mir aus Tokioter Tagen bestens bekannt. Es war Major John Cameron, damals Leiter der Abteilung für die Unterhaltung der Truppen in MacArthurs Hauptquartier. Er war derjenige gewesen, der meinen Vater als Leiter des Militärorchesters eingestellt hatte.

»Ich glaube es nicht« entfuhr es Cameron, »er ist es wirklich! Pringsheim, was machen Sie denn in der Armee?«

Ich erzählte ihm von meinen Schwierigkeiten, einen vernünftigen Job zu finden.

»Wie, und Ihr berühmter Onkel konnte nichts für Sie tun?« fragte Cameron fast entrüstet.

»So was macht er einfach nicht.«

»Na gut, willkommen in Monterey. Mit Ihren Japanischkenntnissen dürften Sie uns eine große Hilfe sein. Ich werde Sie für den Fortgeschrittenen-Kurs in Japanisch empfehlen. Von den neun Monaten sind zwar schon sechs rum, aber ich denke, für Sie ist es überhaupt kein Problem, jetzt erst einzusteigen und die Prüfung trotzdem zu bestehen.«

Der Kurs ging von morgens 9 Uhr bis nachmittags 5 Uhr. Zwei Stunden am Vormittag und drei am Nachmittag. Alles sehr förmlich, vor allem die Kleidung: Galauniform. Oberhemd, Krawatte, Eisenhower-Jackett und blankpolierte Schuhe. Ab 5 Uhr hatten wir frei. Man konnte in die Stadt gehen, ins Kino oder in die Kirche, Golf spielen oder lesen – was immer man wollte.

Abgesehen von den Freizeitmöglichkeiten stellten auch die allgemeinen Einrichtungen eine deutliche Verbesserung gegenüber Fort Ord dar. Die Unterkünfte waren größer, das Essen war noch besser, die Steaks saftiger und das Brot frischer. Das Leben auf dem Presidio von Monterey war nicht unbedingt dazu angetan, die Männer für den Kampf zu stählen.

Diejenigen, die Japanisch lernten, ließen sich in drei Gruppen aufteilen: Amerikaner japanischer Herkunft, meist aus Hawaii, die bis dahin nur ein paar Brocken der Sprache ihrer Vorfahren beherrschten, junge Amerikaner, die aus den verschiedensten Gründen ein Interesse für Japan entwickelt hatten, und schließlich Offiziere der vier Waffengattungen Army (Heer), Luftwaffe, Marine und Marineinfanterie. In meiner Klasse saßen einige Colonels, ein Captain, ein Major und eine Reihe von Leutnants. Was mir ein wenig Sorgen bereitete, war allein die Tatsache, daß ich bei meiner Spracherfahrung kaum eine Entschuldigung hatte, sollte ich die Abschlußprüfung nicht bestehen.

Es dauerte nicht lange, und ich wurde sogar zum Corporal befördert. Das bedeutete nicht nur einen zweiten Streifen auf dem Ärmel, sondern auch eine Erhöhung des Gehaltes auf hundert Dollar im Monat. Mit diesem neuen Reichtum in der Tasche und weil ich es nicht nötig hatte, mich auf den Unterricht vorzubereiten, beschloß ich, die Wochenenden freizunehmen. Am Freitagnachmittag packte ich ein paar Sachen ein, nahm meinen Militärausweis und trampte den Highway 101 nach Süden, San Luis Obispo, Santa Barbara, Ventura, Malibu. Offenbar nahmen die Leute gerne einen Soldaten in Uniform mit.

Manchmal verbrachte ich die Wochenenden bei meinem Vater, manchmal auch bei der Familie Mann. Da die Bediensteten oft ausfielen, kümmerte ich mich dann um den Einkauf, preßte Orangen aus, wusch die Wagen. Es gab immer etwas, womit man sich nützlich machen konnte.

Das Leben zeigte sich insgesamt von einer besseren Seite. Ich stellte mich im Unterricht nicht dumm an und bestand sogar die Prüfung als Klassenbester, obwohl ich erst nach sechs Monaten eingestiegen war. Gemeinsam mit einem jungen Mann japanischer Abstammung, der genauso gut abschnitt wie ich, wurde ich noch einmal befördert, zum Sergeant. Also zwei weitere Streifen und 128 Dollar im Monat.

Vor allem glaubte ich damit meine Chancen, nach Japan geschickt zu werden, deutlich erhöht zu haben. Ich fragte Major Cameron, wie die Aussichten seien.

»Ach, Sie wollen nach Japan?« fragte er erstaunt, als sei dies ein völlig überraschender Gedanke.

»Na ja, ich habe gedacht, nach der Diplomierung meiner Japanischkenntnisse wäre ich doch in Japan am besten eingesetzt«, sagte ich, sank aber innerlich bereits ein wenig zusammen.

Cameron schaute mich eine Weile an und sagte dann: »Eine der wichtigsten Regeln in der Armee ist die, daß solche Entscheidungen allein in der Hand des Weißen Vaters in Washington liegen. Mit anderen Worten, Sie können der Army nicht vorschlagen, wo sie Sie hinschicken soll. Das einzige, was wir hier tun können, ist: wir können Empfehlungen nach Washington schicken, daß ein Mann mit den und den Qualifikationen verfügbar ist. Mehr können wir nicht tun, verlassen Sie sich also besser nicht darauf, nach Japan abkommandiert zu werden. Es kann auch ganz anders kommen.«

Nach zwei Wochen des Wartens wurde ich schließlich zum Kommandanten zitiert. Major Cameron war ebenfalls zugegen. »Sergeant Pringsheim«, sagte er, »wir möchten Ihnen zu Ihren hervorragenden Studienleistungen gratulieren. Sie haben bewiesen, daß Sie eine enorme Kompetenz in der japanischen Sprache besitzen, und ich denke, Sie können der Army sehr nützlich sein.«

»Ich hoffe es, Sir«, sagte ich mit stockendem Atem.

»Major Cameron hat mir erzählt, daß Sie Interesse an einer Versetzung nach Japan geäußert haben. Ich fürchte, ich muß Sie da fürs erste enttäuschen. Wir haben aus Washington die Anweisung erhalten, Sie weiterhin hier auf dem Presidio einzusetzen, und zwar als Japanischlehrer.«

Hinter dieser Entscheidung standen nicht zuletzt wirtschaftliche Erwägungen. »Ein Zivilist als Lehrer kostet die Army das Fünffache dessen, was wir für einen unserer Leute aufwenden müssen«, erklärte mir der Kommandant. »Ich darf Ihnen sagen, daß wir glücklich sind, Sie bei uns zu behalten.«

Aber man hatte noch andere Pläne mit mir. »Nun, da Sie bereits Sergeant sind, wollen wir Ihre Fähigkeiten nutzen und ernennen Sie zum Zugführer (Platoon Sergeant).«

Das bedeutete, ich war zum Kommandanten meines Kasernengebäudes erhoben worden, verantwortlich für Sicherheit, Sauberkeit und das Benehmen von etwa fünfundsiebzig Mann. Jeden Morgen um sechs mußte ich meinen Zug antreten lassen, die Uniformen überprüfen – Schuhe, Jacken, Mützen usw. Dann mußte ich die Soldaten vor die Unterkunft treten lassen, durchzählen und dem etwa zehn Meter entfernt stehenden Befehlshaber zubrüllen: »Erster Zug vollständig angetreten!« Dazu ertönte aus den Lautsprechern an den Telefonmasten blechern ein Hornsignal.

Meine Beförderung zur Eminenz der Kaserne brachte beträchtliche Vorteile mit sich. Als Zugführer hatte ich ein eigenes Zimmer an einem Ende der Unterkunft. Ich mußte mich in der Messe nicht mehr hungrig in die Schlange stellen, sondern wurde immer als erster bedient. Ich bekam die saftigsten Steaks und das frischeste Obst. Andere Privilegien kamen hinzu. Ich erhielt Ausgang, wann immer ich wollte, drei Tage übers Wochenende, von Donnerstagabend bis Montagmorgen. Drei von sieben Tagen frei, das ließ ich mir gefallen.

Große Schwierigkeiten bereitete mir der Unterricht nicht. Die Lehrbücher waren die gleichen, mit denen ich bereits in Japan gelernt und unterrichtet hatte. Mein Vorgesetzter war Paul Tekawa, einer der vielen amerikanischen Japaner, die man bei Ausbruch des Krieges in Gefangenenlager deportiert hatte. Tekawa beobachtete meinen Unterricht und schrieb mir sehr gute Beurteilungen.

Aber all das half mir nicht, zurück nach Japan zu Naoko zu gelangen. Ich suchte weiter verzweifelt nach einer geeigneten Möglichkeit. Es war die Zeit, in der die kommunistische Armee Nordkoreas den 38. Breitengrad überschritt und der Koreakrieg ausbrach. Sofort meldete ich mich freiwillig für Korea. So würde ich zumindest in Japan Station machen und Naoko sehen können. Auf dem Rückweg von Korea das gleiche, außerdem würde ich in Japan R & R machen, »Rest and Recreation«.

Sehr genau verfolgte ich die Berichte in der *New York Times* und dem *San Francisco Chronicle.* Wieder hatte ich ein ganz persönliches Interesse an den Kriegsberichten. Eines Tages besprach ich in der Pause zwischen zwei Unterrichtsstunden die Lage in Korea mit einigen meiner Schüler. Dabei äußerte ich meine Skepsis, ob es eine kluge Entscheidung von General MacArthur sei, seinen Truppen, nachdem sie den Feind zurückgeschlagen hatten, den Befehl zur Überschreitung des 38. Breitengrades zu geben. Das sei eine Provokation Chinas und könne möglicherweise den Dritten Weltkrieg auslösen.

Am nächsten Tag erhielt ich von einem der Offiziere unter meinen Schülern die Einladung zu einem abendlichen Drink. »Wir sind uns zwar bewußt, daß Sie nur ein einfacher Soldat sind. Trotzdem, was halten Sie davon, in Zivil ein paar Drinks im Offiziersclub zu nehmen?«

Meinen niedrigen Rang unter Zivilkleidung verborgen, entweihte ich Offiziersland mit meiner Anwesenheit. »Das ist unser Japanischlehrer«, wurde ich vorgestellt.

Nach und nach, immer ein Glas in der Hand, kam das Gespräch auf die Situation in Korea. Was ich darüber dächte, wollte man wissen. Und so wiederholte ich denn, was ich bereits am Tag zuvor geäußert hatte. Daß ich es für keine gute Idee hielt, den 38. Breitengrad zu überschreiten, für eine noch fatalere, den Feind bis an den Yalu-Fluß, direkt an der Grenze zu China, zu treiben. Sich plötzlich einer Milliarde Chinesen als Feinden gegenüberzusehen würde die Situation kaum entspannen. »Dieses eine Mal, meine ich, hat MacArthur einen Fehler gemacht«, erklärte ich frei heraus.

Der Abend endete fröhlich und herzlich, kein Hinweis, daß ich wieder einmal einen Sprengsatz an meine Zukunft geheftet hatte. (Meine Gastgeber verloren keine Zeit. Sie informierten umgehend den militärischen Geheimdienst. Ich war Deutscher – »goddamn Kraut« –, außerdem noch der Neffe von Thomas Mann, bekanntermaßen ein »Kommunist«, Querdenker und Unruhestifter.)

Zunächst dachte ich mir nichts Böses, als mein Korea-Antrag abgelehnt wurde. Ich vermutete allerdings, daß es mit meinem Leserbrief im *Monterey Peninsula Herald* zu tun haben könnte, in dem ich unter dem Pseudonym »Claude H. Prince« meine Kritik an MacArthurs Vorgehen geäußert hatte. Aber nicht nur mein Korea-Antrag wurde abgewiesen, man entschied auch, daß meine Dienste in Monterey nicht mehr benötigt würden. Die offizielle Begründung lautete, daß meine drei Jahre um seien. Ein gemeiner Soldat durfte laut Gesetz nicht länger als drei Jahre an einem Ort stationiert sein. Da Truman jedoch die Dienstzeit zu Beginn des Krieges um ein Jahr verlängert hatte, blieb mir noch ein Jahr.

Ich schrieb einen langen Brief an Naoko, in dem ich ihr die Aussichtslosigkeit der Situation schilderte. Eines war sicher, die Armee würde mich nicht nach Japan schicken. Und selbst nach Beendigung meiner Militärzeit gäbe es kaum eine Chance, sie wiederzusehen. Erstens waren die Reisebeschränkungen nach wie vor streng, zweitens hatte ich nicht genug Geld, um auf eigene Kosten nach Japan zu reisen. »Es ist wohl besser, du baust nicht auf meine Rückkehr«, schrieb ich traurig. Die Antwort ließ nicht lange auf sich warten. Naoko drückte knapp ihr Bedauern aus, danach habe ich nie mehr etwas von ihr gehört. Es war vorbei.

Offenbar war es nicht ganz einfach, eine Stationierung für mein verbliebenes Jahr in der Armee zu finden. Zunächst versetzte man mich für sechs Monate nach Fort Meade in Maryland, wo ich Anfängerkurse in Deutsch halten sollte. Ich stellte in dieser Zeit ein eigenes kleines Lehrbuch zusammen. Es enthielt ein paar Grundinformationen zur deutschen Geschichte und Literatur.

Der Kommandant entschied jedoch bald, daß diese Arbeit einen gesunden Mann meiner Statur nicht ausfüllte – ich hatte nur zwei bis drei Stunden am Tag zu unterrichten. Also wurde ich noch einmal versetzt, nach Camp Pickett in Blackstone, Virginia, genannt »Tombstone« (Grabstein), weil es mehr oder minder am Ende der Welt lag. Hier nun wollte man mich zu einem Ausbilder am Maschinengewehr machen.

»Aus Ihren Unterlagen geht hervor, daß Sie bei der Grundausbildung sehr gut abgeschnitten haben. Sie scheinen ein Scharfschütze zu sein«, erklärte man mir zur Begründung.

Ich versuchte, meine Vorgesetzten zu warnen, daß ein Maschinengewehr in meinen Händen eine Gefahr für alle Beteiligten und Unbeteiligten darstelle. Aber das fanden sie weniger komisch. Erst drei Stunden auf dem Übungsgelände überzeugten den Sergeant, daß das kein Witz gewesen war. Er hob schließlich abwehrend die Hände, seufzte und drückte mir einen Zettel in die Hand. »Hier, gehen Sie damit zum Kommandanten.« Auf dem Zettel stand: »Der Mann ist völlig unfähig am Maschinengewehr. Ich kann ihn nicht brauchen – Ende!«

Der Kommandant General Jonathan L. Haynes dagegen hatte Verwendung für mich. Er benötigte jemanden, der bei dem Aufbau und der Nutzung eines neuen Systems zur Organisation des Materialnachschubs für die gesamte Basis helfen konnte. Dabei handelte es sich um eine riesige Maschine, eine Mischung aus Schreibmaschine und primitivem Computer, mit deren Hilfe alles, was man auf der Basis brauchte, von Gewehrkugeln über Nahrungsmittel bis hin zu Decken und Schuhen, gespeichert wurde und je nach Bedarf abgerufen werden konnte.

Meine Aufgabe bestand darin, die Maschine mit Informationen zu füttern und ihr nach Bedarf diese wieder zu entlocken. Es war nicht gerade die aufregendste Arbeit unter der Sonne, aber General Haynes, mit dem ich direkt zu tun hatte, war ein ausgesprochen angenehmer Mensch. Er behandelte alle Soldaten wie vernünftige, denkende Menschen, ohne jeden Anflug von Arroganz.

Damit neigte sich meine Zeit als Soldat dem Ende zu. Das erste, was ich nach Ablauf meiner Dienstzeit zu tun gedachte, war, meine endgültige Einbürgerung in die Wege zu leiten. Der erste Schritt dahin bestand in der Bitte an General Haynes, mir eine Bestätigung meiner ehrenhaften Entlassung aus dem Dienst in der Armee der Vereinigten Staaten auszustellen.

Haynes willigte sofort ein, wobei er durchaus über die üblichen Formalitäten hinausging. »Sergeant Pringsheim«, so schrieb er, »hat seinen Dienst mit geradezu exemplarischer Pflichterfüllung absolviert. Er hat die ›Good Conduct Medal‹ ebenso erhalten wie die ›Marksmanship Medal‹.« Das waren zwar die niedrigsten aller Auszeichnungen, aber General Haynes war dennoch der Meinung, daß man sie erwähnen sollte. Insgesamt gesehen war meine Akte makellos.

Nun brauchte ich allerdings noch zwei Empfehlungen für die Anhörung, in der über meine Einbürgerung entschieden werden sollte. Der einzige Offizier, mit dem ich während meiner Dienstzeit ein wenig näher bekannt geworden war, war ein weiblicher Offizier in Camp Pickett gewesen. Mit ihr hatte ich des öfteren die politischen Themen der Zeit diskutiert, und sie war mir sichtlich zugetan. Leutnant Jones, wie ich sie hier nennen will, war denn auch gerne bereit, für mich auszusagen. Ich fand zwei weitere Armeeangehörige, einen Corporal und einen Sergeant. Das, so kalkulierte ich, mußte ausreichen, um den Antrag zu stellen.

Das große Ereignis fand schließlich vor dem Gerichtshof in Richmond, einem für die amerikanische Geschichte recht bedeutsamen Ort, statt. Das Gerichtsgebäude war ein schöner alter Bau aus der Kolonialzeit. Der Saal war eichengetäfelt, an der Wand hing ein Gemälde von Aaron Burr, dem Mann, der Alexander Hamilton erschoß und einen eigenständigen Staat im amerikanischen Westen errichten wollte.

Insgesamt waren wir vierundvierzig Ausländer, die an diesem Tag Bürger der Vereinigten Staaten werden wollten. Während wir uns versammelten, führte der Richter uns in ein Kapitel amerikanischer Geschichte ein. »Es wird Sie interessieren, daß dieser Raum, in dem Sie heute amerikanische Staatsbürger werden, derselbe ist, in dem Aaron Burr wegen Landesverrats vor Gericht gestellt wurde. Der Richter, der damals den Vorsitz führte, war Gerichtspräsident John Marshall.«

Er hieß uns schließlich Platz nehmen und verschwand im Richterzimmer. Nach einer Weile kehrte er zurück, in Robe und gemessenen Schrittes. Artig standen wir auf. »Hiermit erkläre ich die heutige Verhandlung für eröffnet, den Vorsitz hat der ehrenwerte Richter Byron McAdoo. Sie dürfen sich setzen«, verkündete der Gerichtsdiener mit gewichtiger Stimme.

Der Richter öffnete seine Mappe und begann die Unterlagen durchzusehen. Nach einer Weile stockte er. »Oh mein Gott, was ist denn das?« brummte er. Er las weiter, schüttelte den Kopf, dann fiel sein Blick auf mich. »Sergeant Pringsheim, würden Sie bitte an den Richtertisch kommen!«

»Natürlich, Sir«, antwortete ich und marschierte nach vorne.

»Ich habe hier einige gelbe Zettel«, flüsterte er.

»Gelbe Zettel?«

»Ja, gelbe Zettel. Haben Sie noch nie davon gehört? Gelbe Zettel werden den Anträgen von dritter Seite beigefügt und sagen etwas über den Antragsteller aus«, erklärte er. »Der Grund, warum sie gelb sind, ist der: Sie enthalten Aussagen, die keineswegs für den Antragsteller sprechen.«

Ich schluckte. »Darf ich fragen, was man mir darin vorwirft?«

»Ich darf Ihnen die Papiere zwar nicht zeigen, kann Ihnen aber sagen, was drinsteht«, antwortete Richter McAdoo. »Der erste ist von einem gewissen Colonel X, stationiert auf dem Presidio von Monterey im Jahr 1950. Er vertritt die Meinung, daß Sie eine politisch unzuverlässige Person sind, deren Loyalität gegenüber den Vereinigten Staaten bezweifelt werden muß. Angeblich haben Sie die Meinung vertreten, General MacArthurs Vormarsch über den 38. Breitengrad sei unklug gewesen. Sie hätten auf diese Weise die Weitsicht und das Urteilsvermögen des Oberkommandierenden in Frage gestellt.«

»Ja, Euer Ehren, das stimmt«, sagte ich ehrlich. Nur zu gut erinnerte ich mich an den Abend im Offizierskasino, an dem mich meine Gastgeber so nachdrücklich um meine Meinung gebeten hatten. Das also hatten sie im Sinn gehabt.

»Ich danke für Ihre Offenheit, Mr. Pringsheim.« Damit nahm er einen zweiten gelben Zettel in die Hand. »Dieser hier sagt in etwa das gleiche, nur deutlich schärfer. Sie werden darin als ein verdammungswürdiger Defätist beschrieben, als eine Person, die keinerlei Vertrauen in das amerikanische Oberkommando hat.«

Der dritte gelbe Zettel schlug in die gleiche Kerbe. Pringsheim war danach eine Schande für das amerikanische Militär und sollte auf keinen Fall eine verantwortliche Position bekleiden. »Zwar plädiere ich nicht für eine Anklage«, schrieb der Verfasser, »dennoch gilt es festzustellen, daß er ein politischer Abweichler ist, der die Entscheidungen der Militärführung in Zweifel zieht.«

Der Richter legte die Zettel zurück in die Mappe und klappte sie zu. Das war's dann wohl, dachte ich bei mir. »Es ist sehr bedauerlich und verwunderlich, daß just in dem Moment, in dem Sie die Einbürgerung beantragen, und nachdem Sie in allen Ehren aus der Armee entlassen worden sind, solche Zweifel an Ihrer Person angemeldet werden«, kommentierte McAdoo nachdenklich. »Möchten Sie sich dazu äußern?«

»Ja, Euer Ehren«, sagte ich förmlich. Ich beschloß, daß ich mein Heil allein noch in der Vorwärtsverteidigung suchen konnte. Immer hatte mich mein vorlautes Mundwerk in Schwierigkeiten gebracht, vielleicht konnte es mich dieses eine Mal ja retten.

»Also gut, ich höre.«

»Ich gestehe, daß die Meinung, die ich damals im privaten Gespräch geäußert habe, nicht besonders populär war«, begann ich. »Jedoch habe ich die Vereinigten Staaten immer als ein freies Land betrachtet und geschätzt – als ein Land, in dem auch ein Soldat das Recht auf freie Meinungsäußerung hat, auch gegenüber Offizieren.«

McAdoo nickte. »Das ist korrekt, fahren Sie fort.«

»Die Kritik, die ich damals in bezug auf MacArthurs Überschreiten des 38. Breitengrades und seines Vorstoßes weit in den Norden von Korea geäußert habe, weil ich fürchtete, China würde daraufhin in den Krieg eingreifen, war voll gerechtfertigt. Denn es entspricht exakt dem, was dann geschehen ist. Die Chinesen fühlten sich bedroht, überschritten unbemerkt den Yalu-Fluß, kesselten die Marines ein und haben ihnen eine der schwersten Niederlagen in der Geschichte der amerikanischen Armee zugefügt. Es hat sich herausgestellt, daß MacArthur den größten Fehler seiner Laufbahn begangen hatte. Lassen Sie mich noch eins hinzufügen, Sir. Sogar der Präsident der Vereinigten Staaten scheint dieser Meinung gewesen zu sein, denn er hat MacArthur in den Ruhestand versetzt. Meine Einschätzung der Lage war also vollkommen richtig.«

»Sie haben verdammt recht, da muß ich Ihnen zustimmen«, entfuhr es McAdoo fast leidenschaftlich. Er entfernte die gelben Zettel aus der Akte, warf sie in einen Papierkorb und bemerkte dazu: »Ich glaube, die brauchen wir jetzt nicht mehr. Sie dürfen sich wieder setzen.«

Der Richter warf einen letzten Blick in die Akte und stellte zufrieden fest: »Scheint jetzt alles in Ordnung.«

An uns alle gerichtet, sprach er nun die Worte, von denen ich seit meiner frühesten Jugend in einer anderen Welt geträumt hatte: »Hiermit verleihe ich Ihnen kraft meines Amtes die Staatsbürgerschaft der Vereinigten Staaten. Legen Sie nun bitte den Eid ab!«

10. SIE HABEN KEINEN COLLEGE-ABSCHLUSS?

Der Frühling begann. Die Bäume wurden langsam grün, und der Duft erster Blüten erfüllte die Luft. Es war genau die richtige Zeit, um neue Wege einzuschlagen. Meine Zeit in der Armee war zu Ende. Ich war ein freier Mann und ein frischgebackener Bürger der Vereinigten Staaten noch dazu. So packte ich denn meine Siebensachen in den Hillman-Minx und machte mich auf nach Washington, über tausend Dollar Entlassungsgeld in der Tasche.

Jetzt, da sich die diplomatischen und wirtschaftlichen Beziehungen zwischen den USA und Japan zu normalisieren begannen und in eine neue Ära eintraten, sollte es bei meinen Kenntnissen und Erfahrungen kein Problem sein, in der Hauptstadt einen neuen Anfang zu machen. Ich erinnerte mich nur zu gut an die Klagen damals in Tokio – die Klagen darüber, daß die Amerikaner von den Japanern zwar erwarteten, daß diese Englisch sprachen, aber umgekehrt nie bereit waren, Japanisch zu lernen. Möglicherweise trat ja auch hier eine Veränderung ein.

Zuerst ging ich zum Außenministerium. Ich füllte ein Formular aus und gab es der jungen Frau, die mit Bewerbungen und Einstellungen befaßt war. Sie überflog es und fragte mich dann: »Und was machen Sie im Augenblick?«

»Ich habe gerade meinen Militärdienst beendet«, erklärte ich.

Das schien eine gewisse Aufwertung meiner Person zu bewirken. »Haben Sie Ihre Entlassungspapiere dabei?«

Ich zeigte ihr meine Papiere.

»Wie lange waren Sie in der Armee?«

»Vier Jahre.«

»Und was haben Sie für eine Ausbildung?«

»Ich habe die amerikanische Schule in Tokio absolviert. Danach bin ich zur Schule für japanische Sprache und Kultur gegangen und habe sie mit ›sehr gut‹ abgeschlossen. In den USA bin ich dann auf der Sprachenschule der Armee in Monterey gewesen. Dort habe ich ein Übersetzer-Diplom gemacht und längere Zeit als Sprachlehrer gearbeitet.«

»Wie sieht es mit akademischen Abschlüssen aus?«

»Nein, leider habe ich keine. Ich habe nur diese Diplome hier.« Damit reichte ich ihr meine Zeugnisse aus Japan und von der Sprachenschule in Monterey.

»Sie haben keinen College-Abschluß?«

»Nein.«

Und damit war das Gespräch auch schon beendet. »Es tut mir leid, ein B. A. ist Einstellungsvoraussetzung für alle Bereiche des State Department«, belehrte sie mich. »Im übrigen, für eine Position, wie Sie sie anstreben, braucht man einen Universitätsabschluß, zumindest M. A. Viele Bewerber haben sogar einen Doktortitel. Aber ohne B. A. geht bei uns gar nichts, tut mir leid.«

Ich nahm das Formular, zerriß es sauber in zwei Teile und verließ das Gebäude.

Vielleicht liegt das ja am mächtigen State Department, dachte ich bei mir. Als nächstes versuchte ich es beim FBI. Aber es war die gleiche Geschichte – kein akademischer Abschluß, kein Job.

»Sie sollten sehen, daß Sie eine College-Ausbildung nachholen«, empfahl man mir dort überflüssigerweise. Auch bei der CIA erging es mir nicht viel anders. Dort erklärte man mir, ich könnte zwar sehr wohl nützlich sein, aber ohne College-Abschluß werde man mich im zivilen Bereich sicherlich nicht einstellen.

Also gut, dachte ich bei mir, dann mußt du dich eben an private Unternehmen wenden: die Berlitz-Sprachenschule, das konnte ja nicht schiefgehen. Weit gefehlt, dort trug man die Nase noch weit höher als bei den staatlichen Stellen. »Wir sind es unserem Renommee schuldig, nur Leute mit besten akademischen Referenzen einzustellen«, erklärte man mir überheblich. »Sie gehören nicht dazu.«

Nach einer Woche vergeblicher Bemühungen hatte ich es dann endlich kapiert – kein College-Abschluß, kein Job in Washington D. C. Ich fuhr weiter nach New York. Ich kannte dort einige Leute aus dem Umfeld der Familie Mann – Stolz konnte ich mir nicht mehr leisten. Ich mietete mir ein kleines möbliertes Zimmer in der 72. Straße, mit Bett, einer kleinen Kommode und einer Kochplatte. Gleich nachdem ich mich eingerichtet hatte, rief ich Konrad Kellen an, einen alten Freund von Klaus Mann, der für *Radio Free Europe* arbeitete.

Er empfing mich zwar sehr herzlich, machte meine Hoffnungen aber schnell zunichte. »Ich kann mich zwar für Sie einsetzen, aber ich fürchte, viel kann ich für Sie bei Ihren ausschließlich Japan-bezogenen Kenntnissen nicht tun«, sagte er nach einigem Zögern.

Ich kontaktierte zwei weitere Leute aus dem Bekanntenkreis der Manns. Im einen Fall war es das gleiche wie bei Kellen, im anderen Fall war überhaupt kein Job in Sicht. In dem Maße, wie meine Barschaft sich dem Nullpunkt näherte – von meiner Stimmung gar nicht zu reden –, begann ich darüber nachzudenken, ob ich nicht besser bei der Armee geblieben wäre. Dann fiel mein Blick eines morgens auf eine winzige Anzeige in der *New York Times*: »Import-Export-Firma sucht Angestellten für den Versand. Berufserfahrung nicht unbedingt erforderlich.« Darunter stand eine Adresse in einer heruntergekommenen Gegend von Lower Manhattan, in der Nähe der Battery.

Kaum eine Stunde später verließ ich die U-Bahn und betrat die Räumlichkeiten von Wedemann & Godknecht & Co. Ich fand mich in einem kleinen, gemütlichen Raum in einem alten Backsteingebäude, in dem einige Leute an Schreibtischen hockten, die über und über mit Papierbergen bedeckt waren. Ein geradezu kafkaeskes Bild. Einer der Besitzer, Wedemann, erinnerte mit seiner mopsartigen Erscheinung und dem Kneifer auf der Nase ein wenig an den Schauspieler Edmund Gwenn in dem Film *Das Wunder der 34. Straße.*

»Pringsheim«, wiederholte er, »is'n guter deutscher Name.«

»Stimmt, ich bin Deutscher«, bestätigte ich auf deutsch.

»Kommen Sie, wir gehen ins Büro meines Partners«, sagte er und führte mich in eine andere Ecke des Raumes. Godknecht musterte mich durch dicke Brillengläser. Er war so lang und hager wie Wedemann klein und dick. »Wer ist denn der?« fragte er mit hartem deutschen Akzent und sah mich von oben bis unten an.

»Ist ein deutscher Junge, der 'nen Job sucht«, erklärte Wedemann, dem man seine Herkunft ebenfalls anhörte.

»'nen Job? Was kann er denn, was ist er?«

»Ich dachte, man braucht keine Erfahrung. Das steht doch in der Anzeige«, protestierte ich.

»Ja, ja, ich will ja nur wissen, was Sie bisher gemacht haben.«

Ich erzählte von meiner Armeezeit. Alles andere, Sprachlehrer und Taxifahrer, schien mir in diesem Fall nicht besonders hilfreich, daher behielt ich es für mich.

»Warum haben Sie denn die Armee verlassen?« wollte Godknecht wissen. Schließlich gab es ja auch mehr als einen Grund, aus dem Dienst auszuscheiden, nicht alle gleichermaßen rühmlich.

»Ich wollte einfach wieder ein Leben als Zivilist führen.«

Das schien den beiden vollauf zu genügen. »Also gut, wir brauchen jemanden, der den Versand organisiert. Wissen Sie, wie man das macht?«

»Nein«, antwortete ich offen.

»Kein Problem, haben wir sofort erklärt«, meinte Godknecht. »Wenn Sie gleich anfangen wollen, dann zeig' ich Ihnen, wie's geht.«

»Okay!« Nichts war mir lieber als das. Ich setzte mich.

Godknecht schob mir einen Stapel Papiere zu. »Hier sind fünfhundert Lieferscheine. Die haben wir just von der Transportfirma bekommen. Das heißt, wir haben fünfhundert Sendungen, die irgendwo in den Docks rumliegen. Das Zeug ist von den Schiffen geladen und irgendwo abgestellt worden. Da kann es aber nicht bleiben, denn wenn's regnet, dann verrottet das, und die Leute verlieren ihr Geld. Unser Job besteht darin, daß wir das Zeug so schnell wie möglich in Güterwaggons und aus der Stadt kriegen.«

»Ach so, und mein Job ist es, die Sachen dahin zu karren?«

»Nein, nein«, unterbrach mich Godknecht. »Sie müssen nicht selbst anpacken. Sie werden hier mit uns im Büro sitzen.« Mit diesen Worten hielt er mir einen der fünfhundert Lieferscheine vor die Nase. »Sehen Sie, hier sind fünfhundert Kisten Zigarren. Die sollen nach Abilene, Texas. Sie müssen jetzt einen Zug nach Abilene finden. Das machen Sie mit dem Telefon – ›Haben Sie noch Platz für fünfhundert Kisten Zigarren?‹, so ungefähr. Wenn ja, dann buchen Sie die Kisten für den Zug. Dann packen Sie den Zettel hierher.« Er legte den Zettel auf einen anderen immensen Papierhaufen.

»Die Jungs von der Bahn wissen dann schon, wo sie das Zeug abholen müssen«, fuhr Godknecht fort. »Und wenn die Zigarren in Abilene ankommen, werden die Leute dort bis an ihr Lebensende glücklich Zigarren rauchen.« Godknecht gehörte offenkundig zu den Menschen, die das Leben nicht allzu ernst nahmen.

»So, jetzt sind's noch vierhundertneunundneunzig Lieferungen, vielleicht zweitausend Paar Gummischuhe, wer weiß? Also werden Sie hier sitzen und eine Mitfahrgelegenheit für die Schuhe finden, wo immer die auch hinwollen. Von allein werden die da nicht hinlaufen, stimmt's, Wedemann?«

»Stimmt, Godknecht.«

»Was meinen Sie zu dem Job?« fragte mich mein Ausbilder. »Wenn Sie ihn wollen, wir zahlen – ja, wieviel? – äh, achtundvierzig Dollar pro Woche. Sie kommen morgens um neun und bleiben bis fünf Uhr abends, eine halbe Stunde Mittagspause. Wenn Sie hart arbeiten, dann kriegen Sie 'ne Erhöhung. Dann möchte ich jetzt bitten, anzufangen. Schließlich sind wir verantwortungsvolle Leute und wollen die Zigarren auf den Docks nicht vergammeln lassen.«

Wedemann & Godknecht, Import und Versand, war eine Institution auf der Battery. Seit sechzig Jahren bestand dieses Geschäft schon, gegründet von ihren Vätern. Es herrschte eine ausgesprochen freundschaftliche Atmosphäre bei ihnen. Zu sechst oder siebt widmeten wir uns der Sisyphusarbeit, die ungeheuren Papierberge vor uns zu verkleinern. Ohne Erfolg, immer wieder kamen neue Schiffe.

Und nichts war je einfach. Niemals schien es einen direkten Zug von New York zum Bestimmungsort der Waren zu geben. Immer war es mit Hoffen und Bangen verbunden, einer schier unendlichen Reihe von Telefonaten, bis ich schließlich die Aufkleber und neuen Lieferscheine ausfüllen konnte, um die Ladung auf den Weg zu bringen.

Ehe ich mich versah, waren zwei Wochen, drei Wochen, ein Monat vorbei. Ich bekam eine Gehaltserhöhung, 55 Dollar die Woche. Ich mochte die Leute, mit denen ich arbeitete. Während der Mittagspause hatte man Zeit, ein wenig durchs Viertel zu streunen, immer bewacht und überstrahlt von der Freiheitsstatue. Aber am Ende des Tages war da nur mein kleines Zimmer mit der einsamen Kochplatte auf der

Kommode. Den Kontakt zur Welt hielt ich allein durch mein kleines Transistorradio und die *New York Times.*

Eines Abends, in meinem Zimmer herrschte eine unerträgliche Hitze, flüchtete ich noch einmal auf die Straße wie Hunderte meiner Nachbarn. »Was machst du hier eigentlich?« fragte ich mich mit einem Mal. »Was tust du in dieser Riesenstadt, in der du keine Menschenseele kennst?« Selten in meinem Leben habe ich mich so einsam gefühlt wie in diesem Moment in New York City, selten war ich so niedergeschlagen und hoffnungslos. Wieder in meinem Zimmer, ergoß sich meine ganze Verzweiflung in einen Brief an meine Tante Katia. Ich wußte zwar nicht recht, was ich mir davon versprach, aber auf jeden Fall würde sie mir aufmerksam zuhören.

Sie antwortete denn auch umgehend. »Also, zuerst habe ich eine gute Nachricht für Dich«, schrieb sie. »Bruno Walter ist in New York und dirigiert in wenigen Tagen die ›Zauberflöte‹. Hier ist seine Telefonnummer. Ich bin sicher, er wird Dir eine oder auch mehrere Karten schicken. Rufe ihn also gleich an, höre Dir die Oper an, und sei nicht so niedergeschlagen.«

Dann aber kam der Schock. »Nun muß ich Dir aber noch etwas anderes mitteilen, verbunden mit einem Vorschlag«, schrieb sie weiter. »Dein Onkel und ich gehen nach Europa zurück, unter anderem wegen der politischen Entwicklung hier. Dein Onkel möchte in Ruhe seine Bücher schreiben. Wir werden so tun, als machten wir Urlaub in der Schweiz, wie schon so oft, und kämen im Herbst wieder. Aber wir werden nicht zurückkommen. Wir werden die Vereinigten Staaten für immer verlassen.

Nun mein Vorschlag: Komm nach Kalifornien. Du kannst in unserem Haus wohnen. Außerdem könnte ich Dir ein kleines Gehalt dafür zahlen, daß Du Haus und Garten in Ordnung hältst. Also, vergiß das, was Du jetzt tust, setz Deinen kleinen Wagen in Gang, und komm so schnell Du kannst.«

Ich blieb gerade noch so lange in New York, um die *Zauberflöte* mitnehmen zu können. Nach der Vorstellung unterhielt ich mich hinter der Bühne kurz mit Bruno Walter.

Wedemann und Godknecht waren traurig, daß sie nicht mit mir

nach Kalifornien ziehen konnten. »Wenn wir könnten, würden wir sofort dorthin gehen«, meinte Wedemann fast versonnen.

Ich kündigte mein Zimmer, belud den Hillmann und machte mich auf den Weg nach Westen. Nach nur viereinhalb Tagen fuhr ich in die Einfahrt des Mannschen Hauses. Katia und Thomas Mann wohnten ganz allein im Haus, keine Dienstboten und keine Kinder. Nur Golo, der am Claremont College unterrichtete, kam an den Wochenenden. Sie lebten in der beständigen Angst, daß Thomas Mann vor den Ausschuß für antiamerikanische Aktivitäten bestellt würde, einen Ausschuß im Repräsentantenhaus, der angebliche kommunistische Umtriebe, insbesondere in der Filmindustrie, untersuchte.

Thomas Mann hatte eine Rede zur Verteidigung der sogenannten »Hollywood Ten« gehalten, einer Gruppe von Schriftstellern, die man bezichtigte, Sympathisanten des Sowjetkommunismus zu sein. Einer ihrer Denunzianten und Ankläger – man sollte es nicht verschweigen – war ein gewisser Ronald Reagan, damals Chef der Filmschauspielergewerkschaft. Bekanntlich bekleidete er später ein höheres Amt. Zudem hatte Thomas Mann, der seine eigenen Erfahrung mit der Gedanken-Polizei der Nationalsozialisten gemacht hatte, sich gelegentlich sehr kritisch über die Untersuchungsmethoden einiger Kongreßmitglieder geäußert. Es schien also nur eine Frage der Zeit, bis man ihn vor den Ausschuß zitieren würde.

In dieser Zeit erwogen Katia und Thomas Mann durchaus noch, in den Staaten zu bleiben. Bis etwas geschah, was Katia dazu bewegte, ihren Mann sofort außer Landes zu schaffen, bevor man ihm seinen Paß entziehen würde. Immerhin war er bereits siebenundsiebzig Jahre alt, und um seine Gesundheit stand es nicht besonders gut. Nur mit Mühe hatte er sechs Jahre zuvor eine Lungenkrebsoperation überstanden. Die Tortur einer Anhörung durch den Ausschuß konnte buchstäblich tödliche Folgen haben.

Ein Richter hatte eine Reihe von Anwälten kritisiert, weil sie sich zur Verteidigung angeblicher Kommunisten bereit erklärt hatten. Sein Verhalten beschwor das Schreckensbild von Richtern herauf, die Anwälte verfolgen, weil sie unpopuläre Klienten verteidigen. Die Anwälte Robert W. Kenny, später Generalstaatsanwalt von Kalifornien, und

Carey McWilliams, ein ebenso bekannter Schriftsteller wie Rechtsanwalt, planten daraufhin einen großen Empfang zum Zeichen der Unterstützung ihrer verleumdeten Kollegen. Dazu luden Kenny und McWilliams auch Thomas Mann ein – mit der Bitte um eine kurze Stellungnahme.

Thomas Mann dachte lange über diese Bitte nach – seinem Bedürfnis, in dieser Sache Partei zu ergreifen, stand die angebrachte Vorsicht gegenüber. Schließlich schrieb er Kenny einen Antwortbrief. Seine Sekretärin tippte den Brief, dann las er ihn uns vor. Danach herrschte Stille, lange, bis Katia ihren Mann behutsam aufforderte, den Brief nicht abzuschicken. Thomas Mann trank seinen Tee aus, steckte den Brief in seine Jackentasche und zog sich in sein Arbeitszimmer zurück. Ich machte nach dem Tee einen Spaziergang. Als ich zurückkehrte, sah ich, wie mein Onkel das Haus betrat. Höchst ungewöhnlich, pflegte er doch niemals nach dem Tee das Haus zu verlassen. Es gehörte nicht viel dazu, zwei und zwei zusammenzuzählen.

An diesem Abend war Thomas Mann beim Essen ungewöhnlich schweigsam. Nach einem halben Jahrhundert an seiner Seite wußte Katia nur allzugut, was er getan hatte. Sie und ich beratschlagten, wie nun vorzugehen sei. Schließlich beschlossen wir, umgehend ein Telegramm an Robert Kenny zu senden, mit der Bitte, den Brief zunächst nicht weiterzuleiten und Katia am nächsten Morgen in seinem Büro zu empfangen. Sie erzählte Kenny in aller Offenheit von ihren Bedenken, und er übergab ihr denn auch in überaus liebenswürdiger Manier den Brief.

Wieder zu Hause, drückte sie mir den Brief in die Hand. »Niemals darf dein Onkel erfahren, was mit diesem Brief an Robert Kenny geschehen ist.« Seither habe ich das Schreiben aufbewahrt. Katia hat ihrem Mann erst viel später erzählt, was geschehen war.

In dem Brief heißt es:

»Ich hielte es für ein Zeichen tadelnswerter Indifferenz gegenüber dem Geist und der Moral dieses Landes, dessen Bürger ich bin, wenn ich nicht mit Wort und Tat die Männer unterstützte, die für die freie Ausübung des Anwaltsberufs in Amerika unter den jetzigen schwierigen politischen Bedingungen kämpfen.

Das Recht jedes Angeklagten, vor Gericht von einem Rechtsexperten vertreten zu sein (...) ist eine grundsätzliche Institution aller zivilisierten Nationen. Kein Rechtsanwalt sollte durch das Gesetz in seiner Berufsausübung behindert oder beschränkt werden, auch dann nicht, wenn sein Mandant einer Überzeugung anhängt, die von der Mehrheit des Volkes als gefährlich angesehen wird. (...)

Es ist absurd und keinesfalls hinzunehmen, wenn sich nun Haß und Verachtung gegen den Anwalt eines solchen Mandanten richten, er der Verfolgung und dem Ausschluß aus seiner Standesorganisation ausgesetzt ist und sogar Gefahr läuft, ins Gefängnis geworfen zu werden. (...) Ich brauche nicht zu sagen, wie undenkbar eine solche Verfahrensweise in einem freien Land wie Amerika erscheinen würde.

Die fünf tapferen Anwälte aus Los Angeles, die sich für die Gruppe angeblicher Kommunisten (...) einsetzen, verdienen unseren Respekt. Ich würde es persönlich als Pflichtversäumnis oder gar als Eingeständnis meiner eigenen Einschüchterung ansehen, wenn ich Ihrem Bankett meine Zustimmung versagte. (...)«

Weder Thomas Mann noch meiner Tante Katia fiel es leicht, Kalifornien zu verlassen. Sie mochten den kalifornischen Lebensstil, das milde Klima und die Schönheit der Natur in ihrer unmittelbaren Umgebung. Tagtäglich hatte Thomas Mann seine ausgedehnten Spaziergänge in die Hügel von Pacific Palisades unternommen. Er war über die Maßen enttäuscht, ja schockiert von der politischen Atmosphäre der McCarthy-Ära. Wobei er allerdings nicht glaubte, daß sich in den Vereinigten Staaten ein neues faschistisches Regime entwickeln würde.

Dennoch, Erikas tägliche Tiraden über die Bösartigkeit der US-Politik in jenen Tagen hatten auch bei ihm ihre Spuren hinterlassen. Nach wie vor war Erika seine Lieblingstochter, und ihre Worte hatten entsprechendes Gewicht. Ich versuchte Erikas Sichtweise eine andere, eine positivere Einschätzung entgegenzuhalten. Der Präsidentschaftswahlkampf 1952 ging in die entscheidende Phase – Eisenhower gegen Stevenson. Meine Begeisterung für Adlai Stevenson, für mich Repräsentant all dessen, was in Amerika gut und anständig war, war übergroß, und ich glaubte fest daran, daß er die Wahl gewinnen werde.

Mehr als einmal versuchte ich Thomas Mann davon zu überzeugen, daß, war Stevenson erst einmal gewählt, die Dinge sich schnell zum Guten wenden würden.

Geduldig ließ er mich ausreden und antwortete dann: »Nun ja, Löl, wenn du recht hast und Stevenson wirklich gewinnt, mag das so sein, denn Stevenson scheint mir ein sehr feinfühliger Politiker. Vielleicht ändern wir dann unsere Meinung und kommen zurück. Aber fürs erste steht unsere Entscheidung. Wir gehen nach Europa, wahrscheinlich für immer.«

Nun gab es freilich ein gravierendes Problem. Die Angst, die die Manns außer Landes trieb, hielt sie zugleich davon ab, eine Fluggesellschaft zu kontaktieren. Das FBI konnte jederzeit Wind davon bekommen, daß sie das Land verlassen wollten und würde ihnen vielleicht die Ausreise verwehren.

So überwand sich Katia schließlich und bat mich um Hilfe. »Klaus, du hast doch einen Freund bei der KLM. Kann er uns nicht helfen, eine VIP-Reservierung zu bekommen? Aber es muß geheim bleiben.«

Roberto Ferrarini war Catering Manager bei der niederländischen Fluggesellschaft. Ich kannte ihn aus der Armee, aus der Zeit in Fort Meade. Erst vor ein paar Wochen hatten wir uns in New York zum Dinner getroffen. Ich schrieb ihm also einen ausführlichen Brief, in dem ich ihm die delikate Situation schilderte. Er antwortete bald darauf telefonisch, wobei er sich direkt an meine Tante wandte. »Ich habe zwei Plätze für Sie reserviert. Erst wenn Sie in Europa gelandet sind, wird die Öffentlichkeit erfahren, daß Sie an Bord waren.« Er gab die Flugnummer und die Abflugzeit von New York durch, das war alles.

Ich fuhr Katia und Thomas Mann in dem großen Familien-Buick zum Flughafen und verabschiedete mich dort von ihnen. Erika war schon vorausgereist, ebenfalls mit Ferrarinis Hilfe – aus den gleichen Gründen: Sie hatte Angst vor der Verfolgung durch das FBI, denn sie hatte sich des öfteren nicht gerade positiv über die US-Regierung geäußert. Auch Golo befand sich bereits in der Schweiz.

Meine Aufgaben als Verwalter des Hauses in Pacific Palisades hatte mir Katia genau aufgelistet: »Starte einmal pro Woche den Wagen und bewege ihn ein bißchen; kümmere dich um den Garten, mähe den Rasen regelmäßig und wässere die Hecken und Bäume.« Dafür bekam ich sechzig Dollar im Monat.

Wichtiger aber war die Aufgabe, mich um den Verkauf des Hauses zu kümmern. Katia hatte mir eine Liste von Maklern dagelassen, die ich konsultieren sollte. Sie wollte das Haus möglichst schnell verkaufen. »Sobald du einen Käufer gefunden hast, schick uns die Papiere. Wir werden sie unterschreiben und zurückschicken. Du erhältst den Scheck und läßt ihn uns zukommen. Damit ist dann alles erledigt.« So lauteten meine genauen Instruktionen.

Ein Teil der Möbel war für Michael und seine Frau Gret bestimmt, einige Stücke nahm Golo an sich, den Rest holten Freunde von Erika ab. »Wir wollen nichts nach Europa geschickt bekommen«, erklärte Katia.

Dann gab es da noch eine immense Schallplattensammlung, rund vierhundert Schellackplatten, die so oft für die abendliche Unterhaltung im Hause Mann gesorgt hatten. »Vielleicht wollen Golo oder Michael einige haben, ansonsten tue damit, was du willst.«

Was ich wollte, war nur eines: Ich wollte sie behalten. Und über Jahre habe ich diese Sammlung dann mit mir herumgeschleppt, nicht gerade ein leichtes Reisegepäck, denn zusammen wogen die Platten etliche Kilo. Im Jahre 1995 habe ich diese Sammlung an das Deutsche Musikarchiv der Deutschen Bibliothek in Leipzig verkauft, weil ich nicht noch einmal mit ihr umziehen wollte.

Das einzige, was sich außer den Teppichböden zum Schluß noch im Haus befand, waren die Bücher in der Bibliothek, etwa drei- bis viertausend Bände. Ich dachte an all die wunderbaren Ausgaben, die Thomas Mann oftmals in der Hand hatte, wenn ich ihm seine morgendliche Erfrischung brachte. Viele waren mit Widmungen versehen, meist Erstausgaben und nahezu unberührt. So war es gut, daß die Bibliothek erhalten werden sollte.

Katia und Thomas Mann lebten schon eine geraume Zeit in der Schweiz, als ich schließlich die Anweisung erhielt, die wertvolle

Bibliothek zu verkaufen. »Ruf ein paar Buchhändler an und frag sie, was sie dafür zahlen«, bat Katia.

Nur zögernd nahm ich das Branchenverzeichnis zur Hand und fuhr schließlich zu einem Second-Hand-Buchladen in Santa Monica und erklärte dem Besitzer, ich hätte einige Bücher zu verkaufen.

»Was denn für Bücher?«

»Sie gehören zur privaten Bibliothek von Thomas Mann«, sagte ich, überzeugt, daß dies den Preis in die Höhe treiben würde. »Was bekomme ich dafür?«

»Den üblichen Preis.«

»Und das heißt?«

»Fünf Cent pro Band.«

»Einen Nickel pro Band? Das ist doch nicht Ihr Ernst! Es handelt sich immerhin um die Bücher eines der berühmtesten Autoren dieses Jahrhunderts!« Ich war zutiefst empört.

»Steht das etwa drin, daß sie ihm gehört haben?«

»Nein, aber eine ganze Reihe von ihnen haben Widmungen an Thomas Mann, manche sind vom Autor signiert. Und sie sind in exzellentem Zustand.«

»Das hat überhaupt nichts zu sagen«, meinte der Besitzer des Ladens spöttisch. »Wenn Sie glauben, daß die Bücher mehr wert sind, dann behalten Sie sie doch. Mehr als einen Nickel pro Band bekommen Sie nirgends.«

Ich zögerte, ob ich weiter handeln oder einfach gehen sollte.

»Na, was ist?« drängte der Händler. »Ich gebe Ihnen den Scheck gleich mit.«

Den Scheck sofort? Dann könnte ich ihn gleich meiner Tante schicken, und in wenigen Tagen hätten sie das Geld. Ich würde ihr damit zeigen, daß ich mich um die Dinge kümmerte, die sie mir aufgetragen hatte. Wahrscheinlich hatte der Kerl ja sogar recht damit, daß ich woanders kaum mehr bekommen würde.

»Also gut, wann können Sie die Bücher abholen?« willigte ich schließlich ein.

»Morgen. Wir kommen mit einem LKW vorbei.«

Den Abend jenes Tages verbrachte ich damit, mir selbst einige

Bände herauszusuchen, unter anderem eine vollständige Sammlung aller Werke von Thomas Mann und die signierten Bände. Vielleicht bildeten sie den Grundstock für eine künftige eigene Bibliothek, wer konnte das wissen? Bereits am nächsten Morgen standen zwei Männer vor der Tür. Sie griffen die Bücher von den Regalen, trugen sie vor das Haus und warfen sie auf einen großen Haufen. Dann setzten sie mit ihrem LKW rückwärts in die Einfahrt und luden die Bücher mit großen Schaufeln auf die Ladefläche. Ich traute meinen Augen kaum, es sah aus, als ob sie Kohlen aufluden. Auf nicht einmal 200 Dollar belief sich der Scheck. Mir war so elend, als hätte ich mich gerade eines Verbrechens schuldig gemacht.

Im Oktober des Jahres, es war 1952, machte endlich einer der Immobilienhändler, die ich benachrichtigt hatte, ein Angebot für das Haus. Er war bereit, 25.000 Dollar zu zahlen, exakt die Summe, die die Familie Mann zehn Jahre zuvor selbst bezahlt hatte. Ich kabelte das Angebot in die Schweiz. Es dauerte zwei Wochen, bevor ich von Katia Mann eine Antwort bekam. »Ich habe ehrlich gedacht, daß das Haus in den letzten zehn Jahren im Wert etwas gestiegen sei«, schrieb sie.

Das geschah erst später. Heute, so hat man mir gesagt, wird das ehemalige Haus der Familie Mann in Pacific Palisades auf einen Wert von 3 Millionen Dollar geschätzt.

Mit meinen 60 Dollar im Monat wurde es bald Zeit, sich nach einer zusätzlichen Arbeit umzusehen. Was das sein könnte oder sollte, darüber suchte ich mir in jenen Tagen in der milden Luft am Strand von Santa Monica klarzuwerden. An einem der Tage kam ich mit dem Sonnenanbeter neben mir ins Gespräch. Er machte einen recht wohlerzogenen und gebildeten Eindruck. Nennen wir ihn hier einfach Bill. Bill hatte gerade die Navy verlassen und war wie ich dabei, sich Gedanken darüber zu machen, womit man sein Geld verdienen könnte.

Eine seiner Ideen betraf die Entwicklung eines neuartigen Lichtschalters. Der sollte leiser, zuverlässiger und haltbarer sein als die üblichen Kipphebelschalter. Hatte sich der neue Schalter einmal durchgesetzt, so sagte Bill voraus, dann werde im Nu das ganze Land mit neuen Schaltern ausgerüstet werden. Das war mehr als nur eine spontane Idee. Bill hatte bereits einiges investiert, so zum Beispiel in eine kleine Firma, die die Schalter auch schon herstellte.

Er hatte natürlich eine Kollektion davon in seinem Wagen, der, welch Zufall, auch noch direkt neben meinem Hillman-Minx geparkt war. Das Neue an ihnen war, daß sie sich über eine Wippe in der Mitte des Schalters bewegten. Sie sahen sehr modern aus, und auch die Bauweise schien durchaus clever. Die Idee insgesamt leuchtete mir schon ein, wenn ich auch nicht recht sagen konnte, was an den alten Schaltern eigentlich schlecht war. Vielleicht war es eine von jenen neuartigen Mausefallen, nach denen die Welt immer schon strebte, auch wenn die alten nicht schlecht waren. So etwas geschah schließlich alle Tage, oder?

Nun schien es freilich wenig sinnvoll, die Schalter den Hausfrauen selbst zu verkaufen. Nur die wenigsten wären in der Lage gewesen, die Dinger zu installieren. »Ich habe mir eine Liste der zweihundertfünfundsiebzig größten Bauunternehmen in der Gegend von Los Angeles besorgt. Die rufe ich der Reihe nach an. Steigen Sie bei mir ein, und wir teilen den Gewinn«, erklärte mir Bill.

Bills zweite Geschäftsidee bestand in Luxus-Erdnußautomaten, die er an allen großen Straßenkreuzungen in Santa Monica anbringen wollte. Aus ihnen zog man nicht mehr kalte Erdnüsse, sondern hatte die Wahl zwischen Erdnüssen, Cashews, Mandeln, Pekan-Nüssen, Pistazien – kurz, der gesamte Nuß-Kosmos stand zur Verfügung, und alles frisch geröstet und warm. »Du übernimmst einen Teil der Automaten, und wir teilen die Einnahmen«, schlug Bill vor.

Auch dies schien mir eine durchaus vielversprechende Idee. Also investierte ich 150 Dollar meiner ohnehin schwindenden Barschaft ins Nußgeschäft. Das Geld wurde gebraucht, um die Nüsse zu kaufen und den Strom für die Maschinen zu bezahlen, damit die Nüsse auch wirklich heiß waren. Amortisiert hat sich die Investition nie. 75 Cent für eine Handvoll Nüsse war schlicht zuviel, selbst für warme Nüsse.

Dem Lichtschalter-Zweig des Geschäfts erging es nicht viel besser. Die Elektriker in den Bauunternehmen prüften die Schalter, schüttelten aber nur die Köpfe. Die Dinger waren zu teuer, und die meisten waren außerdem noch unsicher, ob das neue Design sich durchsetzen würde.

Bill, der sich permanent zu fragen schien: »Was meine Mutter wohl dazu sagen würde?«, flüchtete schließlich zu seiner Mutter irgendwo im Osten, und ich kehrte zu den Grillen in Thomas Manns Garten zurück. Sicherheitshalber hatte ich mir eine Annonce aus der *Times* aufgehoben. Darin suchte man Vertreter für Staubsauger. Die Staubsauger sollten 375 Dollar kosten, von denen der Vertreter 75 Dollar bekam. Ein Gerät die Woche, davon konnte man schon recht gut leben. Wenn man nicht auf den Mund gefallen war – darunter hatte ich noch nie gelitten –, war das ein Kinderspiel.

Also meldete ich mich und absolvierte ein kurzes Trainingsprogramm in einem Lagerhaus irgendwo hinter West Los Angeles. Mit einem Mikrophon in der Hand wandte sich der Ausbilder an uns: »Okay, Leute, ich erklär' Ihnen jetzt, wie man die Filter Queen verkauft.« Dann führte er uns vor, was das Wundermaschinchen alles konnte. Es konnte saugen und für Frischluft sorgen, das Haus parfümieren, Abflüsse aussaugen, die Toilette von Verstopfung befreien usw. »Gießen Sie einen Teller Chili übers Bett, eine Flasche Rotwein auf den Teppich: Filter Queen reinigt alles im Handumdrehen.«

Dann führte man uns in die kritische Phase des Geschäftsabschlusses ein. »Als erstes fragen Sie natürlich, ob die Leute dreihundertfünfundsiebzig Dollar haben«, instruierte man uns. »Oder Sie versuchen, die Unterschrift unter einen Ratenzahlungsvertrag zu bekommen, egal wie, Hauptsache, Sie verkaufen die Filter Queen.« Die Ratenzahlung konnte bis auf drei Jahre gestreckt werden, was bedeutete, daß die Maschine aufgrund der horrenden Zinsen am Ende tausend Dollar kostete. Das durfte man natürlich nicht erwähnen, schließlich verdiente man mit solchen Verträgen bedeutend mehr Geld.

Nach ein paar Tagen der Einweisung wurden wir alle mit einer Filter Queen ausgestattet, nicht ohne uns daran zu erinnern, wie wertvoll das Instrument war. »Sie sind voll verantwortlich für die Maschine«, mahnte der Ausbilder. »Entweder Sie verkaufen sie, oder Sie bringen sie zurück, oder Sie zahlen dreihundertfünfundsiebzig Dollar!«

Er drückte mir ein Stück Papier in die Hand. »Hier ist Ihre Adressenliste. Diese Leute haben wir angerufen, und sie warten auf eine Vorführung. Also, geben Sie sich Mühe!«

Eifrig und wohlgelaunt erklomm ich die Stufen zur ersten Haustür auf meiner Liste. Ich wollte die interessierte Dame schließlich nicht warten lassen. »Guten Morgen«, grüßte ich freundlich, als mir eine Frau die Tür öffnete. »Ich komme von Filter Queen. Sie wollten sich unser Topmodell vorführen lassen?«

»Was wollen Sie hier?« schrie sie mich jedoch nur an. »Ihnen geht's wohl zu gut. Machen Sie, daß Sie verschwinden!« Damit schlug sie krachend die Haustür zu.

Nach so einem Anfang konnte es ja nur noch besser werden. Bei der nächsten Adresse war niemand zu Hause. Der dritte Versuch endete damit, daß mir ein älterer Mann die Tür öffnete und auf meinen Standardspruch hin laut fragte: »Was wollen Sie demonstrieren? Gegen wen demonstrieren Sie? Ach, lassen Sie mich doch in Ruhe damit!«

So ging es den ganzen Vormittag. Es war schon Spätnachmittag, als es mir gelang, ein Haus überhaupt nur zu betreten. »Also gut«, sagte die Dame des Hauses ungeduldig, »zeigen Sie schon, wie das Ding funktioniert, ich setze mich hierhin und sehe zu.« Mit diesen Worten lehnte sie sich in einen Sessel in der Ecke des Zimmers.

Ich spulte mein Programm ab, versaute den Fußboden, machte ihn sauber, saute ihn erneut ein, machte ihn wieder sauber. Die Vorführung schien meine Zuschauerin abwechselnd zu amüsieren und zu langweilen. »Wie lange machen Sie das schon?« fragte sie schließlich.

»Es ist mein erster Tag«, gestand ich.

»Das dachte ich mir. Na ja, ich denke, in zwei bis drei Monaten werden Sie richtig gut sein. Bislang ist die Show noch nicht sehr überzeugend.«

»Haben Sie eigentlich Interesse an der Maschine?« fragte ich etwas irritiert.

»Die Maschine, nein, die interessiert mich nicht. Aber lassen Sie uns doch in die Küche gehen und eine Tasse Kaffee trinken«, lud sie mich ein.

Vielleicht ist noch nicht alles verloren, dachte ich bei mir. Allerdings wurde mir sehr bald klar, daß das, was die Dame im Sinn hatte, am allerwenigsten eine Diskussion über Staubsauger war. Also trank ich meinen Kaffee aus, murmelte ein paar Entschuldigungen und machte mich aus dem Staub.

Auch der nächste Tag brachte keine Besserung. Entweder wurde ich an der Tür abgefertigt, oder ich durfte mein ganzes Programm abspulen, nur um hinterher zu hören: »Ich wollte mal sehen, wie das Ding funktioniert.« Oder: »Ich habe schon einen Staubsauger.« Eine Frau meinte gar, sie sehe keinen Sinn darin, ihr Haus zu parfümieren. »Ich hasse Parfüm!« schrie sie mir hinterher.

Eine junge Frau, umgeben von einer Horde kleiner Kinder, wollte unbedingt einen Ratenzahlungsvertrag unterschreiben. Ich fragte sie nach dem Einkommen der Familie, und es stellte sich heraus, daß ihr Mann Tagelöhner war und nur ganz gelegentlich einmal Arbeit fand. Fast ein Viertel seines Jahreseinkommens hätte die Familie für den Staubsauger ausgeben müssen – und das mehrere Jahre lang.

Ich brachte es einfach nicht übers Herz. Ich riet der jungen Frau gründlich ab. »Ich kann Ihnen nur empfehlen, die Filter Queen nicht zu kaufen, Sie können sich das Ding nicht leisten. Machen Sie sich nicht unglücklich.« Mit diesen Worten packte ich meinen Kram zusammen und verschwand.

Am Ende des fünften erfolglosen Tages schließlich, inzwischen einigermaßen erschöpft und mit schmerzenden Füßen, stand noch ein Haus auf meiner Liste, das einen ziemlich wohlhabenden Eindruck machte. Die Fassade war frisch gestrichen, die Einfahrt sorgfältig gefegt, und ein teurer Wagen parkte vor der Garage. Wie auch immer – ob ich hier nun erfolgreich sein würde oder nicht –, zum Vertreter war ich einfach nicht geboren.

»Kommen Sie rein«, sagte die Hausherrin, die mir die Tür geöffnet hatte, freundlich. Ich hatte gerade meinen Fuß über die Schwelle gesetzt und wollte mit der Vorführung anfangen, da hob sie schon abwehrend die Hände. »Nehmen Sie es mir nicht übel, aber sparen Sie sich die Mühe, ich weiß, wie das Ding funktioniert. Schreiben Sie mir einfach nur die Rechnung.«

Das ließ ich mir nicht zweimal sagen. Sie stellte mir im Gegenzug einen Scheck aus. Ich verabschiedete mich und war auch schon weg. Die ganze Angelegenheit hatte nicht einmal fünf Minuten gedauert.

Aber dieser Last-Minute-Erfolg konnte mich auch nicht mehr umstimmen. Ich lieferte den Scheck bei der Firma ab und ließ mir meine 75 Dollar auszahlen. Damit war meine Karriere als Vertreter ein für allemal beendet.

Langsam verließ mich der Lebensmut. Da kam mir Charlie Dirschel in den Sinn. Charlie besaß ein Geschäft und eine Werkstatt für ausländische Autos an der Ecke Melrose und Sweetzer in West Los Angeles. Sowohl meinen Peugeot als auch den Hillman-Minx hatte ich bei Charlie gekauft und auch warten lassen. Über die Jahre hatte ich mich mit ihm und seiner Frau angefreundet. Es war ohnehin mal wieder Zeit für eine Inspektion.

Charlie saß in seinem Büro und wirkte nicht sehr beschäftigt, als ich hereinkam. »Hey, Klaus, schön, daß du mal wieder reinschaust«, begrüßte er mich und streckte mir seine wie immer ölverschmierte Hand entgegen. »Was machst du zur Zeit?«

Ich erzählte Charlie die Geschichte von dem Staubsaugerfiasko und den abenteuerlichen Geschäften zuvor.

»Brauchst du einen Job?« fragte er schließlich. »Ich könnte hier schon noch jemanden gebrauchen. Was meinst du? Du müßtest um acht Uhr morgens kommen, dann gibt's Frühstück. Mittags macht meine Frau für uns was zu essen, abends um sechs gibt es ein kleines Dinner. Viel kann ich dir nicht bezahlen, aber fünfundzwanzig bis dreißig Dollar in der Woche werden es schon sein.«

Am nächsten Morgen Punkt acht war ich zum Frühstück da. Spiegeleier mit Speck. Charlie steckte mich in einen Overall und drückte mir ein Stück Kernseife in die Hand, mit der man den Dreck und die Schmiere von den Händen schrubben konnte. Auf einmal war ich wieder der Schmiermaxe, der ich schon einmal in Japan gewesen war. Irgendwie schien die Zeit rückwärts zu laufen.

»Okay, fang mit dem MG da drüben an«, wies Charlie mich an. »Dann den Citroën, der braucht neue Reifen. Wir haben jede Menge zu tun.«

Einige Monate arbeitete ich für Charlie. Zusammen mit den 60 Dollar monatlich von Tante Katia für die Hausverwaltung kam ich ganz gut über die Runden. Als dann jedoch das Haus in Pacific Palisades verkauft wurde, änderte sich das. Einmal mehr war es die *Los Angeles Times*, die mir bei der Jobsuche half. Das Statler Hotel suchte einen Nachtportier, der auch Büroarbeiten erledigte. Ich hatte zwar keine Ahnung von den Aufgaben eines Nachtportiers – von dem, was ein Portier am Tage zu tun hatte, freilich ebensowenig –, aber immerhin war der Job schmierölfrei.

Ich rief die angegebene Nummer an. Man bat mich, gleich zu kommen, damit man mich in alles einweisen könne. Ein Bekannter erbot sich, mich dorthin zu fahren, da ich meinen Hillman für einige Zeit stillgelegt hatte. Auf halbem Wege zum Statler schaute er mich auf einmal von der Seite an und ... »Moment mal, Klaus! Das ist doch wohl ein schlechter Witz – Nachtportier und Bürodienst! Das ist doch kein Job für dich. Ich denke, wir können was Besseres für dich finden.«

An der nächsten Kreuzung machte er kehrt und brauste zurück Richtung Westen. »Wir werden versuchen, ob wir Ed Heinemann unten bei den Douglas Flugzeugwerken in El Segundo erwischen«, erklärte er mir. Er selbst habe während des Krieges über Fliegerei geschrieben und kenne Heinemann seitdem. »Sie brauchen für ihre Handbücher immer Leute, die verständlich über Technik schreiben können.«

Ed Heinemann war Chefingenieur bei Douglas. Er war es, der die legendären *Dauntless*-Maschinen konstruiert hatte, welche den Kampf um die Midway-Inseln entschieden hatten. Letzten Endes war es diese Schlacht gewesen, die die Wende im Krieg zwischen Amerika und Japan gebracht hatte.

Tatsächlich wollte mich Heinemann gleich am nächsten Morgen sehen. Kaum eine Minute nachdem ich mich am Eingang ausgewiesen hatte, erschien auch schon ein schlaksiger, etwas ungelenker Mann. »Ich bin Heinemann«, sagte er leise und streckte mir die Hand entgegen. Dann führte er mich in sein Büro. Auf einem kleinen Tisch in der Ecke lagen Stift und Papier. Darauf deutete er und sagte: »Setzen Sie sich, und schreiben Sie auf, wie man bei einem Wagen das Rad wechselt, mit allen Details. Lassen Sie sich ruhig Zeit.«

Sorgfältig beschrieb ich jeden einzelnen Schritt vom Abnehmen des Rads über das Lösen des Reifens bis zum Wiederanbringen. Ich begann mit den Worten: »Zuerst zieht man die Handbremse.« Von da an wurde es komplizierter. Mir war zuvor gar nicht klar gewesen, was es alles zu bedenken gab. Nach einer Stunde schließlich überreichte ich Heinemann das Ergebnis.

Er las langsam und genau, sagte nichts, bevor er zu Ende gelesen hatte. »Gut, sehr schön«, sagte er schließlich und fügte lächelnd hinzu: »Sie glauben gar nicht, wie viele vergessen, die Handbremse anzuziehen.« Heinemann gab mir einige Formulare mit, die ich zu Hause ausfüllen sollte, und verabschiedete sich. »Kommen Sie am Montag morgen und melden Sie sich bei Jud Orthman, er wird Ihnen zeigen, was am Handbuch für den *Skynight* zu tun ist.«

Ich hatte einen neuen Job und einen gut bezahlten dazu. 1,50 Dollar pro Stunde, so viel hatte ich in meinem ganzen Leben noch nicht verdient. Es war eine wunderbar saubere Arbeit, kein Schmieröl, kein Fett. Und Flugzeuge hatten mich immer schon interessiert, wenn auch mein Interesse vom Bombenhagel der B-29 zeitweise etwas getrübt gewesen war. Was mich dabei mit einem gewissen Stolz erfüllte, war die Tatsache, daß ich auf meine Weise etwas zur Sicherheit meines neuen Heimatlandes beitrug.

Während die Wochen verstrichen, wurde mir jedoch immer klarer, daß auch dieser Job keine echte Perspektive bot. Ich war kein Ingenieur. Die meisten meiner Kollegen hatten einen Collegeabschluß, waren mathematisch gebildet. Von den geheimnisvollen Welten der Algebra, von Differential- und Infinitesimalrechnung hatte ich keinen blassen Schimmer. Sie konnten die Konstruktionspläne lesen, wußten über Materialermüdung Bescheid, konnten selbst technische Zeichnungen anfertigen. Ich lernte zwar viel in diesem Job, aber im Grunde meines Herzens wußte ich, daß ich eigentlich nicht qualifiziert dafür war.

Die Tatsache, daß mir unablässig, von welcher Seite auch immer, meine fehlende College-Ausbildung vorgehalten wurde, begann langsam an meinem Selbstvertrauen zu nagen. Was hatte ich schon getan, seit ich aus der Armee entlassen worden war?

Es war schließlich mein alter Freund Paul Langer aus Tokioter Tagen, der mir nach allen Regeln der Kunst eine Standpauke hielt. Paul hatte mehrere Jahre als College-Professor gearbeitet, nachdem er in die Staaten gekommen war. Jetzt war er für die Rand-Corporation tätig.

»Ist Handbücher schreiben das, was du dein Leben lang tun willst?« fragte er direkt.

»Nein, am liebsten würde ich unterrichten. Mein wirkliches Interesse gilt der Geschichte und der Politik.«

»Und warum vergeudest du dann deine Zeit mit der Texterei?«

»Ich muß doch von irgendwas leben!«

Die Anwort beeindruckte Paul überhaupt nicht. Wenn ich aus meinem Leben etwas machen wolle, so belehrte er mich, dann müsse ich mir neue Ziele setzen und diese Schritt für Schritt verfolgen. Die Schritte präsentierte er mir denn auch gleich. »Also, wenn du Geschichte und Politik lehren willst, dann mußt du einen Abschluß in diesen Fächern machen. Ohne Universitätsabschluß kommst du kein Stück weiter.«

»Ja, das weiß ich auch, auf diesem Gebiet bin ich Experte«, maulte ich.

Paul reagierte darauf gar nicht. »Als erstes mußt du Geld beiseite legen. Das heißt, du brauchst einen zweiten Job, einen in den Abendstunden. Dann arbeitest du tagsüber bei Douglas, das reicht für den Lebensunterhalt, die Miete und ab und zu eine gute Flasche Wein. Den Verdienst aus dem zweiten Job bringst du zur Bank, so lange, bis du das Geld für das College hast.«

Pauls deutliche Worte zeigten Wirkung. Und er hatte recht, wie immer. Die Frage war nur, ließ sich ein Job finden, der mit dem bei Douglas nicht kollidierte? Wieder mußten die Anzeigen der *Los Angeles Times* herhalten. Schnell fiel mein Blick auf eine Annonce: Das Paramount-Kino Downtown suchte einen Geschäftsführer für die Abendvorstellungen.

Das grinsende, hektische kleine Arbeitstier, das die Geschäfte tagsüber führte und abrechnete, gab mir eine knappe Einführung. »Sie müssen um siebzehn Uhr hier sein. Den Smoking, den Sie tragen werden, stellt Paramount. Ihre Aufgabe ist es, die Platzanweiser und Platzanweiserinnen zu kontrollieren. Sehen Sie zu, daß sie ihre Uniformen tragen und höflich sind. Sie sind für die Einnahmen verantwortlich. Deshalb kontrollieren Sie nach Absprache mit den Kassierern jede Stunde die Kassen. Wenn der Kassenbestand hundert bis zweihundert Dollar überschreitet, dann schließen Sie das Geld in den Safe. Das gleiche gilt für die Einnahmen aus Getränken, Popcorn usw. Immer sofort in den Safe. Wenn das Programm zu Ende ist und Sie abgerechnet haben, rufen Sie in New York an. Da sitzt jemand bei Loew's Incorporated, der darauf wartet, daß Sie ihm die gesamten Einnahmen übermitteln. Danach können Sie nach Hause gehen.«

Für Müßiggang blieb nicht mehr viel Zeit bei zwei Jobs. Ich wohnte damals mit meinen Freunden Pierce und Viege Ommaney zusammen im Silver Lake District. Das lag vierzig Minuten mit dem Hillman-Minx von El Segundo entfernt. Ich stand morgens um 6 Uhr auf, duschte kurz und trank einen Kaffee. Um 6.30 Uhr war ich meist schon unterwegs, damit ich auch tatsächlich um 7.30 Uhr an meinem Schreibtisch saß. Wenn um 16.30 die Glocke den Feierabend bei Douglas einläutete, rannte ich aus meinem Büro wie einst Jesse James aus einer überfallenen Bank, spurtete über den Parkplatz und raste wie ein Wahnsinniger mit meinem Wagen durch die Stadt, um pünktlich um 17 Uhr an meinem zweiten Arbeitsplatz zu sein. Ich schaffte es immer nur ganz knapp.

Zwar war das Ende meiner nächtlichen Schicht offiziell festgelegt, aber in Wirklichkeit war es doch mehr oder weniger offen. Wenn ich zum Schluß die Quittungen zusammenstellte, meine Zahlen über Eintrittskarten, Getränke- und Popcornmengen nach New York durchtelefonierte und das Geld in den Safe schloß, war es oft bereits Mitternacht. Manchmal, wenn es eine Bühnenshow gab, wurde es noch später.

Zu Hause fand ich meist auf dem Herd etwas zu essen, das die Ommaneys für mich aufgehoben hatten, denn zum Abendessen fehlte mir die Zeit. Nach dem nächtlich-einsamen Dinner fiel ich wie tot ins Bett.

Vier Stunden Schlaf, mehr war meist nicht zu haben. Das Schlafdefizit holte ich am Wochenende wieder auf. Dann schlief ich jede Nacht mindestens zwölf Stunden am Stück. Und ich holte in der Woche ein wenig bei Douglas nach. Denn sobald die Glocke die Mittagspause einläutete, ließ ich den Kopf auf den Schreibtisch fallen und schnarchte, noch bevor meine Kollegen ihre Sandwiches ausgepackt hatten. Manchmal, wenn die Lage ganz verzweifelt war, verkrümelte ich mich auf die Toilette und stahl dort eine halbe Stunde Schlaf.

Nach einem Jahr dieses hektischen Lebens zwischen zwei Jobs und ohne viel Schlaf war ich von einer ähnlichen Blässe und Schwäche wie damals im Gefängnis in Japan. Ich stand unsicher auf den Füßen, meine Hände zitterten ein wenig. Mit meinen rotgeränderten, vor Müdigkeit starren Augen sah ich aus wie ein Mann, der sich allzulange hemmungslos den Ausschweifungen des Lebens hingegeben hat.

Aber ich hatte nach diesem Jahr auch das Geld für die University of California zusammen.

11. ER IST DOCH GAR NICHT DEIN VATER

Es war schon verdammt lange her, daß ich meine Schulausbildung an der amerikanischen Schule in Tokio beendet hatte. Möglicherweise war mein Gehirn im fortgeschrittenen Alter von dreißig Jahren längst völlig eingerostet und ich zu einem vollen College-Studium gar nicht mehr in der Lage. Um mir darüber Klarheit zu verschaffen, erkundigte ich mich bei dem Dean of Admissions an der UCLA, Professor Jacoby, ob ich wohl als externer Student an einem einzelnen Kurs während der Sommerferien teilnehmen dürfte, bevor ich mich endgültig einschrieb. Es sollte so eine Art zerebraler Testlauf sein.

»Natürlich, welchen Kurs möchten Sie denn belegen?« fragte Jacoby.

»Den Essay-Kurs in Englisch!« Ich dachte, wenn ich schon Dozent werden wollte, so sollte ich auch in der Lage sein, gut zu schreiben. Denn Schreiben und Lehren, das, so schien mir, gehörte zusammen. Dekan Jacoby trug mich in die Liste für einen Kurs ein, der einmal in der Woche in den Abendstunden stattfand. Die Vorbereitung erledigte ich Samstag oder Sonntag, je nachdem, an welchem Abend ich nicht in den Paramount Palast mußte und wann ich aus meinem Wochenendtiefschlaf erwachte.

Unser Lehrer, ein recht ambitionierter junger Mann mit Namen Oliver Stone, brachte uns bei, wie man Worte und Sätze so zusammenfügt, daß tatsächlich das dabei herauskommt, was man sagen will. Wir mußten über historische oder politische Themen kurze Arbeiten schreiben, die er dann detailliert korrigierte: die Rechtschreibung, die grammatischen und die syntaktischen Fehler, den logischen Zusammenhang usw. Es war insgesamt ein sehr lehrreicher Kurs, den ich auch noch mit einem A, der Bestnote, abschloß.

Derart rückversichert, daß mein Geist noch rege war, bat ich um die volle Aufnahme als Student. Als Jacoby meine Zeugnisse durchsah, runzelte er plötzlich die Stirn. »Sie haben nicht gerade besonders viel

Mathematik gelernt, nur Geometrie und Algebra«, stellte er fest. »Das entspricht nicht den Einschreibungsvoraussetzungen der UCLA. Ich fürchte, Sie müssen irgendwo noch ein Highschooljahr absolvieren und Kurse über Differentialrechnung etc. belegen.«

Ich sah Jacoby erschrocken an. Ich haßte Mathematik. Ich wurde regelrecht von Panik ergriffen. Niemals würde ich die höheren Weihen der Mathematik erhalten. Außerdem war es etwas, was ich niemals in meinem Leben brauchen würde. Langsam wurde mir die Ironie der Situation deutlich. Wie oft war ich wegen mangelnder Qualifikation abgelehnt worden. Und jetzt, da ich sie mir aneignen wollte, fehlte mir selbst dazu die nötige Qualifikation.

Schließlich faßte ich mir ein Herz und fragte Jacoby: »Kann man da nicht eine Ausnahme machen?«

Jacoby zögerte einige Sekunden. »Na ja, schließlich kenne ich Sie, Sie sind ein älterer Student, und es ist sehr unwahrscheinlich, daß Sie bei dem, was Sie studieren wollen, später einmal Trigonometrie oder Ähnliches brauchen werden. Ich bin bereit, eine Ausnahme zu machen, allerdings unter einer Bedingung: Sie müssen im ersten Jahr makellose Zeugnisse vorweisen, nur A's, versteht sich.«

Ich hatte freilich keine Ahnung, wie schwer oder wie leicht es war, ein Zeugnis mit lauter A's zu erreichen. Um ganz sicher zu gehen, suchte ich mir Kurse zu den Themen aus, in denen ich mich ohnehin zu Hause fühlte: einen Japanischkurs, einen zu japanischer Geschichte, einen über deutsche Geschichte und deutsche Literatur und einen zur Musikgeschichte. Alles Fächer, in denen ich mich von vornherein viel besser auskannte, als von einem Freshman zu erwarten war. Indem ich wie der Schuster bei seinen Leisten blieb, beendete ich denn auch die ersten beiden Semester mit glatten A's.

»Nun, Sir, ich denke, ich habe bestanden«, erklärte ich Jacoby nicht gerade bescheiden.

»Haben Sie. Aber was mich am meisten erstaunt, ist, daß Sie dabei nicht besonders viel dazugelernt haben.«

Ich spielte Unwissenheit und Unschuld. »Warum sagen Sie das, Sir?«

»Sie haben doch nur Kurse zu Themen belegt, in denen Sie sich schon sehr gut auskannten, oder?«

Ertappt gab ich zu: »Na ja, ich wollte eben sichergehen, daß ich den Notendurchschnitt erreiche. Das wichtigste für mich war, aufgenommen zu werden. Ich werde das in Zukunft natürlich nicht mehr tun.«

»Einverstanden«, murmelte Jacoby und unterschrieb meine endgültige Zulassung zur University of California Los Angeles. Nun belegte ich Kurse, die mich in unbekanntere Gefilde führten, Wissensgebiete für einen Abschluß in Politikwissenschaften. Mein ganzes Leben war von großen politischen Entwicklungen bestimmt gewesen. Sie hatten nicht nur meinen Geist beschäftigt, sie hatten mich auch über drei Kontinente getrieben. Für jemanden, der mit den Francos, Hitlers, Mussolinis, Stalins und Tojos, diesen Großhändlern von Vernichtung und Verderben, aufgewachsen war, war der Wunsch, Politikwissenschaft zu unterrichten, eine ganz verständliche Berufung. So zumindest schien es mir. Und dabei besaß ich noch jene persönlichen Erfahrungen wie die der Beinahe-Verführung durch Hitlers Massenmanipulation. Ich war dabeigewesen und hatte ihn gesehen.

Was die Studiengebühren und andere Kosten anging, so stellte sich heraus, daß ich dank Uncle Sam weniger Geld benötigte als erwartet. Der Kongreß hatte nämlich ein Gesetz verabschiedet, das den Veteranen aus der Zeit des Koreakrieges die sogenannte »GI Bill of Rights« zubilligte. Im Rahmen dieser Verordnung zahlte die Regierung nicht nur die College-Gebühren, sondern gewährte mir zudem eine monatliche Unterstützung von 110 Dollar.

Die Veteranen des Koreakrieges waren von der ursprünglichen »GI Bill of Rights«, verabschiedet während des Zweiten Weltkrieges, ausgeschlossen worden, weil man den Koreakrieg lange nur als eine internationale Polizei- oder Strafaktion betrachtet hatte. Bis sich der Kongreß schließlich durchrang, den Koreakrieg als das einzustufen, was er war, nämlich ein ausgewachsener Krieg. Und so gestand man den Soldaten, die zu der Zeit gedient hatten, ebenfalls eine solche Unterstützung zu. Es war erstaunlich, einmal in meinem Leben war ich offenbar zur rechten Zeit am rechten Ort gewesen.

Ich kündigte als erstes meinen Job bei Paramount und wechselte bei Douglas in die Nachtschicht. Das hieß, ich arbeitete von 16.30 Uhr bis Mitternacht. Nicht nur ließ sich mein Stundenplan mit der Nachtschicht besser vereinbaren, auch die Arbeit war angenehmer. Die Belegschaft war kleiner und hatte nur die Aufgabe, das Montageband in Betrieb zu halten.

Freilich schrieb ich nun keine Handbücher mehr. Einer der Abteilungsleiter, mit dem ich mit der Zeit bekannt geworden war, schlug mir vor, in seine Abteilung zu wechseln. »Wir machen aus Ihnen so eine Art Verbindungsingenieur«, schlug er vor.

Dessen Aufgabe bestand darin, einzuspringen, wenn schnell etwas am Montageband repariert werden mußte. Oder es fand einer der Inspektoren einen Fehler an einem der Flugzeuge, den es zu beheben galt. Konnte ich die Reparaturen nicht selbst vornehmen, dann war es mein Job, die Aufträge unter genauer Beschreibung des Problems an die jeweiligen Spezialisten weiterzugeben.

Alle möglichen Komplikationen gab es zu beheben. Mal wollte eine Luke sich nicht richtig schließen lassen. Ich stellte fest, daß ein Flansch etwas verbogen war. In solchen Fällen zog ich zwei Zangen aus der Hosentasche, bog ihn kurzerhand gerade – schon lief die Sache. Oder der Schleudersitz funktionierte nicht richtig. Dann galt es, den Konstruktionsplan zu Rate zu ziehen. In dem stand, daß der Schleudersitz von vier Schaltkreisen gesteuert werde, zwei davon hatten einen Kurzschluß. Bauteile ausgetauscht, und schon war der Schaden behoben.

Zwischen den gelegentlichen Störfällen saß ich in meinem Büro und arbeitete an meinen College-Aufgaben. Mein Vorgesetzter hatte mir ausdrücklich gestattet, meine Bücher mitzubringen, außerdem gehörte es zur Personalpolitik, die Weiterbildung der Mitarbeiter zu unterstützen. Ich hätte es nicht besser treffen können. Ich studierte meine Unterlagen, bekam dafür zwei Dollar pro Stunde und wurde nur gelegentlich unterbrochen, um das Geld auch wirklich zu verdienen. Meist hatte ich mindestens die halbe Schicht für mich.

Es war keine schlechte Zeit. Im College machte ich mich gut und bekam sogar nebenbei noch genug Schlaf. Ich mußte mir keine Sorgen machen, ob ich es mit den intelligenten jungen Studenten aufnehmen konnte. Ich absolvierte problemlos das volle Programm, und das meist als Primus – chinesische Geschichte, Japanisch für Fortgeschrittene, japanische und deutsche Geschichte, amerikanische Geschichte, Soziologie, Psychologie usw.

Nach zwei Jahren des Lernens, im Sommer 1955, war es schließlich Zeit für eine Pause, Zeit, die Nase in den Wind zu halten. Ich überzeugte mich selbst, daß ich dringend ein paar Wochen Urlaub machen müßte, und zwar in Europa. Ein wenig Geld dafür hatte ich gespart. Ich hatte meine Mutter schließlich seit sechzehn Jahren nicht mehr gesehen, seit jenem Tag im Jahr 1939, an dem ich auf der Flucht vor dem Regime Adolf Hitlers an der italienischen Grenze auch von meiner Schwester Milka hatte Abschied nehmen müssen.

Meine Mutter war nach dem Krieg nach München gezogen, in die alte Heimatstadt der Pringsheims, und lebte dort allein. Aber ich wollte auch Milka sehen und Katia und Thomas Mann, die nun schon seit drei Jahren in Zürich lebten.

Mein Freund und Kollege bei Douglas, Don Francis, reiste mit mir. Allein hatte er sich nie nach Europa getraut, weil er keine Fremdsprache beherrschte. Den Atlantik überquerten wir auf der *S.S. United States*, einem wunderbaren Schiff, auf dem man sich sogar in der Touristenklasse wie Gott in Frankreich fühlte. In Southampton angekommen, mieteten wir uns einen Wagen und fuhren nach London, nach York, bis hinauf nach Edinburgh. Dabei waren wir immer bemüht, halbwegs die Balance zwischen Sehenswürdigkeiten wie Kirchen und Museen und den Pubs zu halten.

Es war an unserem zweiten Tag in Paris. Wir schlenderten die Champs-Elysées hinauf, als ich an einem Zeitungsstand ein halbseitiges Foto von Thomas Mann entdeckte, schwarz gerahmt. Ich trat einen Schritt näher und las auf der Titelseite des *Figaro Littéraire* in großen Lettern: »THOMAS MANN EST MORT«.

Er war ganz plötzlich und unerwartet in einem Krankenhaus in Zürich gestorben. Wir hasteten zurück ins Hotel. Ich rief bei Katia in Zürich an. Ihre Stimme war fest und beherrscht, so wie ich es von ihr kannte. »Die Beerdigung ist morgen … Natürlich kommst du wie vereinbart nach Zürich, dann werden wir gemeinsam an sein Grab gehen. Ich erwarte dich.«

Etwas gedrückter Stimmung setzten Don und ich unsere Reise fort.

Wir streunten durch Südfrankreich, machten Station in Monte Carlo, fuhren ein Stück an der Riviera entlang und kamen schließlich in München an, wo ich Milka und meine Mutter treffen wollte.

Aus der ambitionierten und faszinierenden Schauspielerin, als die ich Milka kannte, war eine arbeitende Haufrau und Mutter geworden. Sie war inzwischen mit Hans Reuter, einem Münchner Beamten, verheiratet und hatte drei Kinder: Tamara war vierzehn, Hans Dieter elf und Claudia fünf Jahre alt. Da ihr Mann nicht genug verdiente, um die Familie zu ernähren, hatte Milka einen Job als Chefsekretärin beim Süddeutschen Rundfunk in München angenommen. Zunächst einmal feierten wir ausgiebig unser Wiedersehen und daß wir beide dem Hitler-Regime entkommen waren. Mit uns feierte auch der ältere Bruder meines Vaters, Dr. Heinz Pringsheim. Heinz hatte die Nazi-Zeit unter Arbeitsverbot in dem kleinen Dorf Icking in Oberbayern überlebt. Den Öfen von Auschwitz war er nur deshalb entgangen, weil man ihn nicht als Volljuden eingestuft hatte.

Die Wohnung meiner Mutter bestand eigentlich nur aus einem großen Zimmer, kein Vergleich zu den geräumigen Wohnungen, die wir in meiner Kindheit in Berlin bewohnt hatten. Zwar war ihr Haar im Alter von sechsundsechzig Jahren nicht mehr ganz so leuchtend rot, aber sie war immer noch eine sehr attraktive Frau. Schlank, groß, mit kerzengerader Haltung. Jetzt, da ich sie zum ersten Mal als Erwachsener sah, konnte ich den Betrieb, der zu unschuldigeren Zeiten meines Lebens in unserer Wohnung am Fürstenplatz geherrscht hatte, durchaus verstehen.

Das Verhältnis zwischen Milka und unserer Mutter war allerdings sehr gespannt. Milka ärgerte sich fortwährend über sie, sie sei anspruchsvoll, fordernd und frivol. Entsprechend hielt sie Distanz zu ihrer Mutter. Das war um so trauriger, als ihre drei Enkelkinder der einzige Lichtblick im dem sehr einsamen Leben meiner Mutter waren. Stolz schien sie aber auch auf ihren ungemein höflichen und wohlerzogenen Schwiegersohn zu sein. Hans war aufmerksam und begegnete ihr ausgesprochen respektvoll.

So kam mir in den Sinn, daß Don und ich ein wenig Sonne in ihr eintöniges Leben bringen könnten, indem wir sie nach Wien, eine ihrer

Lieblingsstädte, mitnahmen. Gemeinsam würden wir die Fahrt durch die Alpen und die Köstlichkeiten der österreichischen Küche genießen. Gesagt, getan. Don übernahm das Steuer, und ich setzte mich zu meiner Mutter nach hinten. Es dauerte nicht lange, und meine Mutter begann über ihr Leben zu klagen. Vor allem beklagte sie sich über meinen Vater. Er habe sie einfach sitzenlassen, sei nach Japan gegangen und nie zurückgekehrt.

»Mein Mann hat mich im Stich gelassen, um allein leben zu können«, seufzte sie. »Meine Söhne leben auf ganz anderen Kontinenten, einer in Japan, einer in Amerika, und meine Tochter beschimpft mich den ganzen Tag. Mein Leben ist eine einzige Strafe gewesen.«

Ich protestierte. »Mutter, du bist nicht fair gegenüber meinem Vater.« Ich erinnerte sie daran, daß sie 1937 auf Drängen meines Vater in Japan gewesen war, aber abgelehnt hatte, dortzubleiben. »Du hast es doch damals vorgezogen, zu deinen Freunden und dem angenehmen Leben in Berlin zurückzukehren. Ich denke da auch an einen besonders gutaussehenden jungen Mann, dessen Gesellschaft du Vater vorgezogen hast. Dabei hat er im Rahmen seiner Möglichkeiten immer dafür gesorgt, daß es dir finanziell gutging. Es ist nicht fair, jetzt zu behaupten, er habe dich einfach im Stich gelassen.«

Meine Mutter war zutiefst verärgert. »›Mein Vater‹, immer nur ›mein Vater‹, er ist doch gar nicht dein Vater«, entfuhr es ihr.

»Was war das – er ist gar nicht mein Vater?« Ich war wie vom Donner gerührt. »Was redest du da?«

Sie kam langsam wieder zu sich. »Mein liebster Klaus, eigentlich hätte ich es dir nie erzählen dürfen, aber vielleicht ist es doch richtig, daß du die ganze Wahrheit erfährst. Dein leiblicher Vater ist Onkel Hans. Du erinnerst dich, Onkel Hans? Dein Vater hatte jegliches Interesse an mir verloren. Daraufhin verliebte ich mich in Onkel Hans. Wir hatten eine kurze Affäre, und neun Monate später wurdest du geboren.«

Mit diesen Worten nahm sie ihre Handtasche und zog einen Umschlag mit einer Reihe postkartengroßer Fotografien hervor. »Sieh dir diese Bilder an. Ich habe sie all die Jahre aufbewahrt. Schau sie dir genau an, und dann sag mir, daß dieser Mann nicht dein Vater ist.«

Ich nahm die Bilder. Sie zeigten Hans Winckelmann in den Kostümen verschiedenster Opern-Inszenierungen – in *La Traviata, Lohengrin, Tannhäuser* usw. Die Ähnlichkeit mit mir war geradezu unheimlich. Die Nase, die Augen, sogar die Haare trug er wie ich. Abgesehen vom Alter hätten wir Zwillinge sein können.

Ich erinnerte mich an Onkel Hans. Er sang alle wichtigen Tenor-Partien in der Zeit, als mein Vater musikalischer Leiter der Prager Oper war, und wurde mit der Zeit ein enger Freund der Familie. Unter anderem pflegte er meine Mutter auszuführen und zu begleiten, wenn mein Vater unterwegs war. Meine letzte Erinnerung an ihn bestand in einem Tätscheln meines Hinterkopfs, wobei er so etwas murmelte wie »Na, Bubi«.

Wie weitgehend Onkel Hans meinen Vater ersetzte, wenn dieser auswärts zu tun hatte, davon freilich hatte ich damals keine Ahnung. Wenngleich ich mich einmal gewundert hatte, warum die beiden unter dem Tisch Händchen hielten.

Nach dreiunddreißig Jahren als Klaus Pringsheim jun. war ich nicht widerstandslos bereit, einfach jemand anderer zu werden. Mein ganzes Leben schien auf einmal ein einziges Mißverständnis gewesen zu sein. Immer hatte ich mich als einen Pringsheim betrachtet, Sohn von Klaus Pringsheim sen., dem begnadeten Musiker, und Neffe Thomas Manns. Nichts von dem war wahr. Nicht ein Tropfen Pringsheim-Blut floß in meinen Adern. Ich war einfach ein uneheliches Kind, das Produkt einer Affäre meiner Mutter.

Ich ließ die Fotos in meiner Jacke verschwinden und starrte wie betäubt auf die Landstraße vor uns. Sie behauptet das alles nur, um sich an meinem Vater zu rächen, versuchte ich mir einzureden. Denn er hatte sie ja tatsächlich verlassen, wenn auch nicht so, wie meine Mutter es darstellte. Ich konnte mir einfach nicht vorstellen, daß der Mann, den ich Zeit meines Lebens »Vater« genannt hatte, es auf einmal nicht mehr sein sollte. Aber zugleich war nicht auszuschließen, daß meine Mutter die Wahrheit sagte. Solche Dinge passierten schließlich.

Don verstand zwar kein Wort Deutsch, dennoch waren ihm die Mißtöne nicht entgangen. »Alles in Ordnung?« fragte er vorsichtig. »Klingt so, als gäbe es eine Meinungsverschiedenheit.«

»Nein, nein, alles in Ordnung«, winkte ich ab. »Wir hatten nur eine kleine Diskussion über meinen Vater. Aber es ist alles geklärt.«

Inzwischen hatten wir die Vororte Salzburgs erreicht und machten uns daran, ein nettes Plätzchen zum Mittagessen zu finden. Das Thema der Vaterschaft war für diesen Tag erledigt. Und nicht allein für diesen; nie wieder haben meine Mutter und ich darüber gesprochen. Die weitere Fahrt durch Österreich und die Tage in Wien verbrachten wir dennoch in recht heiterer Geselligkeit. Wir labten uns an Schnitzeln, Strudel und Kaffee mit wahren Schlagsahnetürmen, besichtigten die Stätten, an denen Napoleon, Metternich, Kaiser Franz Joseph und l'Aiglon, Napoleons Sohn, ihre Spuren hinterlassen hatten. Allerdings war ich in jenen Tagen wohl nicht der unterhaltsamste Reisebegleiter.

Zurück in München, luden wir meine Mutter zu Hause ab und verabschiedeten uns. Bevor wir uns in die Schweiz aufmachten, schaute ich jedoch noch einmal bei Milka vorbei. »Stell dir vor, was deine liebe Mutter mir erzählt hat«, platzte es sofort aus mir heraus. »Angeblich ist Onkel Hans mein Vater. Du bist dann wohl meine Halbschwester, nehme ich an.«

»Ach, diese alberne Gans« schimpfte Milka nur. »Sie erzählt permanent solche idiotischen Geschichten.« Offenbar war sie nicht in der Stimmung, weiter darüber zu reden. Also brachen Don und ich nach Zürich auf. Von einer Tankstelle aus rief ich Katia Mann an. Sie bat mich, allein zu kommen.

»Ich versteh schon, es ist eine Familienangelegenheit. Ich schau mir in der Zwischenzeit die Gegend an«, sagte Don verständnisvoll.

Es war ein warmer und sonniger Nachmittag. Der kleine Friedhof, auf dem Thomas Mann begraben war, lag ganz in der Nähe seiner letzten Wohnung in der Alten Landstraße in Kilchberg, hoch über dem Zürichsee. Arm in Arm, langsam und schweigend, wanderte ich mit meiner Tante dorthin. An der niedrigen Friedhofsmauer blieben wir stehen. Katia deutete auf den Blick, den man über die Felder und bewaldeten Berge hatte. »Ist es nicht wunderschön? Dein Onkel kam oft hierher, immer wieder hat er von der Schönheit und dem Frieden hier oben geschwärmt. Und dann hat er gesagt, es sei kein schlechter Ort, um die letzte Ruhe zu finden. Deshalb haben wir ihn hier begraben.«

Ich öffnete das kleine Tor, und wir betraten den Friedhof. Die Erde auf dem Grab war noch frisch. Ich beugte mich vor und legte die Blumen, die ich mitgebracht hatte, auf das Grab zu den anderen. Während ich dastand, die Hände gefaltet und den Kopf gebeugt, übermannte mich die Trauer, Tränen flossen über mein Gesicht.

Nach einer Weile spürte ich eine Hand auf meiner Schulter. »Du hast ihn sehr geliebt, nicht wahr?« Katia sprach mit leiser und ruhiger Stimme.

Ich nickte stumm, beschämt, weil ich mich hatte gehenlassen. Katia selbst, sie, die ein halbes Jahrhundert an seiner Seite gelebt und sechs Kinder mit ihm hatte, schien völlig gefaßt. »Er hat dich auch sehr gern gehabt«, sagte sie leise. »Und er hatte sich sehr darauf gefreut, dich wiederzusehen. Er hat extra zwei Bücher für dich beiseite gelegt, die er dir noch widmen wollte.«

Wir gingen zurück zu ihrem Haus in der Alten Landstraße, tranken dort gemeinsam Tee, und sie erzählte, was seit ihrer Übersiedelung alles geschehen war. Im Jahr zuvor hatten sie Deutschland besucht: Die Reise wurde zu einer triumphalen Rückkehr des verlorenen Sohnes. Thomas Mann wurde vom Bundespräsidenten und vom Bundeskanzler geehrt. Sie feierten ihre goldene Hochzeit und Thomas Manns achtzigsten Geburtstag und unternahmen eine wunderschöne Reise in seine Heimatstadt Lübeck.

Sie reisten gerade durch Belgien und Holland, als er zum ersten Mal ein gewisses Unwohlsein verspürte und einen unangenehmen Schmerz im rechten Bein. Ein Thrombose, ein kleines Blutgerinnsel, nichts Ernstes, sagten die Ärzte.

Nachdem sie nach Zürich zurückgekehrt waren und die Schmerzen immer noch nicht nachließen, beschloß er, sich im Krankenhaus genauer untersuchen zu lassen. Niemand dachte im entferntesten daran, daß man sich Sorgen machen müßte. Für einen Mann seines Alters war er noch bei guter Gesundheit. Nach seiner Krebsoperation im Jahr 1946, bei der ihm ein Lungenflügel entfernt worden war, war er nie ernsthaft krank gewesen.

»Ich war überzeugt, daß er nach ein paar Tagen wieder nach Hause käme«, erzählte Katia weiter. »Ich ging davon aus, daß wir noch einige

Jahre miteinander verbringen würden. Aber sie behielten ihn im Krankenhaus.«

Jeden Tag besuchte sie ihn zweimal, einmal morgens und einmal nachmittags. »Er lag meist ganz still da und sprach kaum ein Wort. Es sah aus, als ob er sich ausruhte und langsam erholte. Warum auch nicht, es war ja nur ein kleiner Schmerz im Bein, unangenehm zwar, aber doch nichts Schlimmes.«

Eines morgens ganz früh bekam sie einen alarmierenden Anruf vom Arzt. »Frau Mann, die Lebenszeichen Ihres Mannes sind sehr viel schwächer geworden. Ich denke, Sie sollten sofort herkommen.«

Katia fuhr direkt ins Krankenhaus und saß bis in den Nachmittag hinein an seinem Bett. Er atmete ganz gleichmäßig, wie im Schlaf. Auf einmal setzte der Atem aus. Sie rief einen Arzt, der ihn abhörte. Er nahm sein Stethoskop ab und richtete sich auf: »Es tut mir sehr leid, gnädige Frau. Ich muß Ihnen leider sagen, daß Ihr Gatte verstorben ist.« Die Familie beantragte sofort eine Obduktion; erst danach waren sie fähig, den Verlust hinzunehmen.

Thomas Mann war an Arteriosklerose gestorben. Nichts hätte ihm mehr helfen können. Alle Blutgefäße, von den Knöcheln bis zum Nacken, waren von Kalkablagerungen betroffen. Erstaunlicherweise hatte die Verkalkung am Hals aufgehört, so daß sein Gehirn immer voll intakt geblieben war.

Bevor ich mich verabschiedete, um Don zum Abendessen zu treffen, drängte es mich, meiner Tante noch von den Offenbarungen meiner Mutter zu berichten. Sie hörte geduldig zu. Dann sagte sie: »Klaus, es tut mir leid, daß deine Mutter meint, dich damit belasten zu müssen. Aber da es nun einmal geschehen ist, möchte ich dir ein paar ganz simple Fragen stellen. Ist Klaus Pringsheim dir nicht ein guter Vater gewesen?«

Ich nickte.

»Hat er sich nicht ein Leben lang um dich gekümmert und dir sogar mehr Liebe entgegengebracht als seinem erstgeborenen Sohn?«

Auch das stimmte, ich war immer der Liebling meines Vaters gewesen.

»Hat dir je einer aus der Familie Mann oder Pringsheim das Gefühl gegeben, daß du kein volles Mitglied der Familie bist?«

»Niemals«, sagte ich überzeugt.

»Nun zu Hans Winckelmann. Hat er dir gegenüber jemals erwähnt, er sei dein Vater?«

Ich schüttelte den Kopf.

»Hast du jemals etwas von ihm gehört, seit du ein kleines Kind warst? Hat er irgendeine Rolle gespielt in der Zeit, in der du aufgewachsen bist? Bist du von seinem Tod unterrichtet worden? Hat die Familie Winckelmann zu irgendeiner Zeit Interesse an dir gezeigt?«

Die klare Antwort war: »Nein.«

»Dann, Klaus, solltest du dir keine weiteren Gedanken darüber machen, was vor dreiunddreißig Jahren geschehen ist«, erklärte Katia entschieden. »Mein Rat ist, vergiß es, begrabe es ganz tief und hole es nicht mehr hervor.«

So tat ich denn auch, ich vergrub es in meiner Seele, so tief es nur ging. Ich schloß die Gruft ab und warf den Schlüssel weg. Nach zwanzig Jahren der Verdrängung und des Selbstbetrugs glaubte ich schließlich selbst nicht mehr an die Geschichte meiner Mutter. Ich nahm anläßlich von Thomas Manns hundertstem Geburtstag 1975 sogar diverse Einladungen an, als sein Neffe über ihn zu sprechen. So hielt ich die Lüge über meine Herkunft auch öffentlich aufrecht.

Das Geheimnis wäre denn wohl auch für den Rest meines Lebens in der Gruft vergraben geblieben, wären da nicht die Tagebücher Thomas Manns gewesen. Während eines Besuchs bei meinem Cousin Michael Mann in Orinda, Kalifornien, erzählte er mir, er sei dabei, die Tagebücher seines Vaters zu edieren. Die zwanzigjährige Sperrfrist sei um, so daß sie nun zur Veröffentlichung frei seien.

An einem Abend, Michael hatte außer Haus zu tun, schlug er mir vor: »Die Tagebücher meines Vaters sind in meinem Arbeitszimmer. Wenn du Lust hast, kannst du einen Blick auf sie werfen. Viel Interessantes steht allerdings nicht drin, und außerdem ist die Schrift kaum zu entziffern.«

Der Manuskriptberg war schier erdrückend. Ich fragte mich, ob sie wohl auch Aufzeichnungen über meinen Vater und mich enthielten, aus der Zeit, als wir nach Pacific Palisades kamen. Ich blätterte, bis ich die Seiten mit Aufzeichnungen aus jenen Tagen fand. Und da war sie, eine Eintragung, die die Geister der Vergangenheit wieder wach werden ließ.

»Freitag, erster November. Überraschende Ankunft von Klaus Pringsheim und seinem unechten Sohn mit Bus in Pacific Palisades wo sie K. (Katia) trafen.«

Ich las nicht weiter. Mein geliebter »Onkel Tommy« hatte mich also nur als einen »unechten« Sohn seines Schwagers betrachtet. Nach dem ersten Schock überflog ich die weiteren Seiten. Es fand sich eine ganze Reihe von Eintragungen, die meinen Vater und mich betrafen. Interessanterweise tauchten wir nie einzeln auf, sondern immer als Tandem. »KP und sein Sohn«, »Katias Zwillingsbruder und Sohn ...« Immerhin vermerkte keine weitere Eintragung einen »unechten Sohn«. Die einzige andere wenig schmeichelhafte Bemerkung in den mehr als sechzig Eintragungen, die meinem Vater und mir galten, war jene, in der Mann notierte, daß mein Geschwätz an diesem Abend nicht gut zu ertragen gewesen sei. Bezog sich dies nur auf einen Abend?

Als Michael heimkehrte, murmelte ich etwas davon, daß ich in die Tagebücher geschaut und in der Tat wenig Interessantes gefunden hätte. Michael hatte vor, eine gekürzte und kommentierte Ausgabe der Tagebücher zu veröffentlichen. Er war der Meinung, der Umfang sei zu groß und das Interesse zu gering, als daß eine Publikation aller Tagebücher zu rechtfertigen sei. Die Vollendung seines Projektes hat Michael leider nicht mehr erlebt. Er starb am 1. Januar 1977 an einer offenbar unbeabsichtigten Überdosis von Barbituraten und Alkohol.

Weitergeführt wurde das Unternehmen zunächst von Peter de Mendelssohn, der die Herausgabe aller Tagebücher plante, ohne ein einziges Wort zu streichen. Zweifellos war es das, was am ehesten Thomas Manns Absichten entsprach. Mendelssohn veröffentlichte fünf Bände der Ausgabe, bevor auch er starb. Als nächste nahm sich Inge Jens des Projektes an.

Man schrieb bereits das Jahr 1980, als sie im Jahr 1946 angelangt war. Ich wurde von diesem Fortschritt durch einen Brief von Anita Naef, einer Mitarbeiterin von Inge Jens, die schon mit Peter de Mendelssohn zusammengearbeitet hatte, informiert.

»In der Eintragung vom 1. November 1946 schreibt Thomas Mann: ›Klaus Pringsheim und sein unechter Sohn‹. Wieso unecht, was bedeutet das? Können Sie mir das erklären?« wollte sie wissen.

Meine erste Reaktion fiel einigermaßen feindselig aus. Ich ärgerte mich über Thomas Mann, der gleichsam als Stimme aus dem Jenseits noch einmal meine Herkunft zur Diskussion stellte. Statt Anita Naef zu antworten – was hätte ich ihr auch antworten sollen? –, schrieb ich zunächst einen Brief an meinen Cousin Golo Mann. Golo war als ältester lebender Sohn so eine Art »Chairman of the Board« in Familienangelegenheiten. Ich berichtete ihm von dem Gespräch über die Winckelmann-Affäre, das ich damals mit seiner Mutter in der Schweiz geführt hatte. Und auch von ihrem Rat, die Sache auf sich beruhen zu lassen.

»Warum sollen wir die ganze leidige Geschichte noch einmal aufwärmen?« schrieb ich ihm. »Es würde nur meine Familie und mich in Verlegenheit bringen. Können wir dieses kleine Wort ›unecht‹ nicht einfach streichen und damit die ganze Geschichte in jenes Dunkel zurückstellen, in dem sie die ganzen Jahre verborgen war?«

Golo hatte sich mir gegenüber immer schon sehr generös und liebenswürdig verhalten. Auch in diesem Fall zeigte er ausgesprochen viel Verständnis. »Du hast recht. Es gibt keinen Grund, warum irgend jemand etwas davon erfahren sollte«, antwortete er.

Entsprechend schrieb er an Anita Naef in München mit der Bitte, jenes kleine anstößige Wort schlicht aus den Aufzeichnungen zu streichen. Zunächst wurde noch darüber diskutiert, ob man drei Punkte in den Text einfügen sollte, um die Streichung anzuzeigen. Schließlich aber wurde gegen diese Lösung entschieden, weil sie doch nur wieder neue Fragen aufgeworfen hätte. Das Geheimnis war also wieder sorgfältig vergraben, und das Leben ging weiter.

12. WIR KÖNNTEN DOCH HEIRATEN

Um mir finanziell über das noch verbliebene Jahr an der UCLA zu helfen, nahm ich einen Job als Nachtwächter in einer Fabrik an, die Dampfkessel herstellte. Sie lag in den Außenbezirken von East Los Angeles und muß die weltweit größte Kesselfabrik gewesen sein. Das Fabrikgelände hatte die Größe von sechs Fußballfeldern.

Jeden Abend, wenn ich zur Arbeit erschien, schüttelte mir der Boß persönlich die Hand und bat mich ängstlich: »Passen Sie gut auf unsere Sachen auf.« Mit diesen Worten händigte er mir den Schlüssel aus, als ob ich Fort Knox zu bewachen hätte.

Ausgerüstet mit einem sechsschüssigen Revolver am Gürtel und einem übergroßen schwarzen Pudel, der eine heftige erotische Neigung für mich entwickelte, machte ich stündlich meine Runde über das Werksgelände. Nun dauerte die Runde, bei der ich einen Blick in jede Lagerhalle warf, etwa eine Stunde, so daß ich, kaum daß ich eine beendet hatte, die nächste beginnen mußte. Das freilich ließ wenig Raum für meine Bücher und das Streben nach Bildung, geschweige denn für ein paar Stunden Schlaf.

Mit der Zeit schien es mir doch ein wenig übertrieben, die ganze Nacht lang über das Werksgelände zu wandern und nach dem Wohlergehen der Dampfkessel zu schauen. Zumal das ganze Gelände von einem hohen Stacheldrahtzaun umgeben war. Selbst wenn es einem Dieb gelungen wäre, den Zaun zu überwinden und in eines der verschlossenen Lagerhäuser einzudringen, so war es doch relativ unwahrscheinlich, daß er einen der zentnerschweren Kessel auf dem Rücken hätte davonschleppen können.

Ich fand den Schlüssel zur Stechuhr und erledigte von da an meine Tätigkeit in einer einzigen Runde pro Nacht. Statt elf Runden nur eine. Aber noch immer verlor ich Zeit, weil ich die halbe Nacht damit beschäftigt war, den geilen Pudel abzuwehren. Es blieb mir nichts übrig, ich mußte das arme Tier einsperren.

Es näherte sich die Zeit der Abschlußprüfung. Ich begann mir Gedanken über den nächsten und übernächsten Schritt zu machen. Bald würde ich meinen Bachelor-Abschluß haben, aber das war nicht mehr als der erste akademische Streifen auf dem Ärmel. Damit befand ich mich nur am Eingang zur akademischen Welt. Wie immer in solchen Fällen fragte ich meinen alten Freund und Privatguru Paul Langer um Rat. Paul hatte seinen Masters-Abschluß am prestigeträchtigen Ostasien-Institut der Columbia University in New York gemacht. Sollte ich also auch zur Columbia gehen oder nach Harvard, Princeton, Brown oder Cornell? Und vor allem, wie sollte ich das bezahlen? Allein die Studiengebühren an diesen Universitäten betrugen zwischen 6000 und 7000 Dollar, und die »GI Bill of Rights« bezog sich nur auf die College-Ausbildung.

»Schreib an einige private Stiftungen und bewirb dich um ein Stipendium«, empfahl Paul Langer. Er nannte mir eine Reihe von Namen, das Woodrow-Wilson-Stipendium, Guggenheim, Rockefeller, die Ford Foundation und andere.

Die großzügigste dieser Stiftungen, das wußte ich, war die Ford Foundation. Sie zahlte nicht nur die Studiengebühren und die Bücher, auch die Unterstützung zum Lebensunterhalt konnte sich sehen lassen. Und außerdem war das Stipendium nicht auf eine bestimmte Universität festgelegt.

Allerdings waren die Chancen, ein Stipendium dieser Stiftung zu bekommen, ziemlich gering. Alle exzellenten College-Absolventen standen bei der Stiftung Schlange. Und außerdem wurden die Stipendien eher an 22jährige und nicht an einen 33jährigen vergeben. Paul wies mich daher auch an, mich bei mindestens sechs oder sieben Stellen zu bewerben.

Das nun hätte eine Menge Schreiberei und Denkanstrengung erfordert. Jedesmal lange Abhandlungen über meinen persönlichen Werdegang, was ich vorhatte, warum diese Institution, warum, warum, warum. Trotz Pauls entsetztem Protest bewarb ich mich daher nur an einer Universität und nur bei einer Stiftung: Columbia und Ford!

Diesmal stand das Glück mir bei. Bei beiden wurde ich angenommen. Freilich geschah das nicht von heute auf morgen. Als erstes kam Post von der Columbia: Sie werden angenommen, falls das Stipendium bewilligt wird, lautete die Antwort. Es vergingen Monate, in denen ich mehr und mehr zu der Überzeugung gelangte, daß ich wohl zu alt war. Dann kam ein Brief von der Ford Foundation mit einem Flugticket nach San Francisco und dem Hinweis, ich möge mich an dem und dem Tag im Hotel St. Francis einfinden. »Wir erwarten Sie um zehn Uhr.«

Erwartet wurde ich von insgesamt sechs älteren Gelehrten, alles anerkannte Kapazitäten auf ihren jeweiligen Fachgebieten. Den Vorsitz führte Professor Robert Scalapino von der University of California, eine der führenden Autoritäten in Ostasien-Fragen. Dann waren da noch Professor Lauriston Sharp aus Harvard und Professor C. Martin Wilbur von der Columbia-Universität, beide Historiker. Sie saßen an einem langen Tisch an der Stirnseite des Zimmers, jeder eine schmale Akte vor sich und ein Glas Wasser. Ein einsamer Stuhl stand dem Gelehrten-Podium gegenüber. Die Formalitäten waren schnell erledigt. Man bat mich, Platz zu nehmen.

»Herr Pringsheim, aus Ihren Unterlagen geht hervor, daß Sie dreiunddreißig Jahre alt sind«, begann Scalapino.

»Ja, Sir.«

»Es scheint mir, Sie sind ein wenig spät dran mit Ihrer akademischen Laufbahn.«

»Ja, Sir. Möchten Sie, daß ich Ihnen erkläre, warum?«

»Ja, wir sind sehr gespannt darauf.«

»Nun, meine Herren, ich habe unter anderem fünf Jahre in Japan gelebt ohne jede Chance, ein College zu besuchen. Als ich dann schließlich nach Amerika gekommen bin, habe ich weitere vier Jahre in der Armee zugebracht. Das hat mich insgesamt neun Jahre meines Lebens gekostet. Ließe man diese Jahre weg, so wäre der, der hier vor Ihnen steht, nicht dreiunddreißig, sondern erst vierundzwanzig Jahre alt.«

Das bewirkte einige Heiterkeit und brachte die Dinge auf den rechten Weg. Es wurde vermerkt, daß meine College-Noten sehr gut waren, und sie fragten mich, was ich denn am Ende meines letzten Semesters an der UCLA erwartete.

»So wie bisher auch: nur A's«, sagte ich fast ein wenig zu forsch.

Auch das amüsierte die hohen Herren. Die Fragen gingen nun in eine andere Richtung. Man erkundigte sich nach meinen finanziellen Möglichkeiten.

»Bis zum B. A.-Abschluß bekomme ich Geld über die GI Bill of Rights, außerdem arbeite ich als Nachtwächter in einer Kesselfabrik.«

»Mit anderen Worten, falls Sie das Stipendium der Ford Foundation nicht bekommen, sind Sie ziemlich in der Bredouille, oder?«

»In der Tat, Sir.«

»Was werden Sie in einem solchen Fall tun?«

»Ich könnte wieder bei den Douglas Flugzeugwerken anfangen und versuchen, das Studium selbst zu finanzieren.«

»Und dabei älter und älter werden!«

»Ja, Sir, aber ich habe die Hoffnung, daß gerade dies Sie dazu bewegen könnte, mir ein Stipendium zu gewähren«, erwiderte ich ganz offen.

Es folgten einige Fragen zu aktuellen politischen Themen. Ob die Vereinigten Staaten die kommunistische Regierung Chinas anerkennen sollten; was ich von der gegenwärtigen politischen Situation in der Sowjetunion hielte und ob ich der Meinung sei, daß die USA genügend Geld für die Verteidigung ausgaben?

Offensichtlich gab ich Antworten, mit denen sie durchaus einverstanden waren. Nach einer Stunde schließlich erklärte Professor Scalapino: »Schön, Herr Pringsheim, Sie werden innerhalb der nächsten drei Monate von uns hören.« Damit war das Gespräch beendet. Nach meinem Eindruck war es nicht schlecht gelaufen. Die Atmosphäre war ausgesprochen freundlich gewesen, und ich hatte mich recht gut verkauft.

Es war das dritte Mal in meinem Leben, daß meine Zukunft und mein Leben von den Antworten auf mir gestellte Fragen abhingen. Das erste Mal war im Gefängnis in Tokio gewesen, das zweite Mal, als ich Richter McAdoo gegenüberstand und über meine Einbürgerung entschieden wurde.

Ich beendete die vierjährige College-Zeit an UCLA in nur zweieinhalb Jahren und wurde mit allen Ehren, sogar mit der Auszeichnung

Phi Beta Kappa, examiniert. Die Hirnwindungen waren offenbar noch intakt und nicht zu alt.

Allerdings verließ ich den Campus nicht allein mit einem Diplom. Ich war inzwischen verheiratet. Eigentlich hatte ich die ganze Zeit über ein eher konservatives, zurückgezogenes Leben geführt, beseelt von nur einem Gedanken: die akademische Ausbildung zu beenden und eine Stelle als Dozent zu finden, bevor ich vierzig war. Bis dahin mußte ich es geschafft haben, sonst würde der Zug vermutlich abgefahren sein.

Aber ich war auch ein ganz normaler junger Mann mit einer ganz normalen Libido. Und um mich herum gab es junge Mädchen, hübsch und intelligent. Es erinnerte mich ein wenig an die ersten Tage in Tokio, als ich aus Berlin nach Japan gekommen war, in eine Welt voll überschäumender Weiblichkeit. Wie damals waren auch jetzt die Mädchen außer Reichweite, wenn auch aus anderen Gründen. Ich hatte einen übervollen Stundenplan, und wenn ich nachmittags den Hörsaal verließ, mußte ich mich beeilen, um rechtzeitig zur Arbeit zu erscheinen, erst bei Douglas, später in der Kesselfabrik mit dem schwulen Hund.

Alles begann in Professor Donald Piatts Philosophie-Vorlesung. Piatt war ein Mann von ungewöhnlichem Witz und Humor, und so setzte ich mich denn meist in die zweite oder dritte Reihe des Hörsaals. Mit der Zeit verschob sich meine Aufmerksamkeit auf ein junges Mädchen, das immer in meiner Nähe saß. Es war zunächst nur ein Blickkontakt. Eines Tages schließlich lud ich sie nach dem Unterricht zu einem Kaffee in der Cafeteria des Campus ein, einem ganz unverfänglichen Ort, an dem man sich mit Kommilitonen traf.

Naomi war siebzehn. Sie hatte hübsches braunes, gewelltes Haar, sanfte dunkle Augen und ein offenes lebhaftes Wesen. Bald tranken wir regelmäßig gemeinsam Kaffee. Dann folgte ein richtiges Date mit Dinner und Ballett. Nicht lange nach jenem Abend, ich saß noch spät in der Nacht über meinen Büchern, klopfte es ganz leise an der Tür meines Apartments. Ich öffnete, vor mir stand Naomi, lächelnd.

»Darf ich reinkommen?«

»Natürlich«, sagte ich überrascht und mit einer einladenden Handbewegung, »aber ich muß noch gut hundert Seiten lesen. Viel Zeit zum Reden habe ich nicht.«

»Das macht nichts, ich hab mir selbst was zu lesen mitgebracht.« Ich hatte nur einen Stuhl in meinem Zimmer, der einzige andere Platz zum Sitzen war mein Bett, und das war nur eine besonders große Matratze auf dem Fußboden. Naomi richtete sich dort ein und schlug ihre Bücher auf. Und auch ich widmete mich wieder meiner Lektüre.

Nach einer Weile drehte ich mich um und stellte fest, daß Naomi eingeschlafen war. Ganz vorsichtig stubste ich sie an. »Naomi, Naomi, es ist schon halb zwei«, flüsterte ich. »Solltest du nicht besser nach Hause gehen?«

»Ich wohne nicht zu Hause, ich wohne in einem Verbindungshaus.«

»Gibt's da nicht so was wie eine Sperrstunde?« fragte ich irritiert.

»Doch, eigentlich müssen wir vor Mitternacht zu Hause sein.«

»Dann bist du aber reichlich über die Zeit. Vielleicht kannst du irgendwo unbemerkt reinschleichen.«

Naomi schaute mich heiter und unschuldig an. »Ist es okay, wenn ich hierbleibe?«

»Ehrlich gesagt, glaube ich nicht, daß das in Ordnung ist«, erwiderte ich. »Ich bin Junggeselle, und du bist eine junge Frau. Ich fürchte, es ist nicht sonderlich gut für deinen Ruf, wenn du im Apartment eines Kommilitonen übernachtest.«

»Wen interessiert schon, was andere denken«, erklärte sie unbeeindruckt und kuschelte sich an die Wand. »Ich brauche nicht viel Platz.« Platz genug gab es in der Tat.

So gegen drei Uhr deckte ich meinen Gast zu und legte mich vorsichtig neben sie. Nach einer kurzen Nacht stand ich zur üblichen Zeit auf, duschte und weckte Naomi. »Du solltest jetzt besser nach Hause gehen«, bedeutete ich ihr ängstlich. Bei einer Gerichtsverhandlung wegen Vergewaltigung spielte es keine große Rolle, wie unschuldig die Nacht gewesen sein mochte. Schließlich war Naomi fast noch ein Kind und ich ein alter Haudegen, fast doppelt so alt wie sie.

Sie rieb sich den Schlaf aus den Augen und machte sich fertig. »Vielen Dank, daß ich bleiben durfte«, sagte sie leise und trottete zurück in ihr Verbindungshaus.

Ein paar Abende vergingen, dann klopfte es erneut zart an meiner Tür. Naomi hatte sich meine Arbeitszeit in der Dampfkesselfabrik genau gemerkt. Ich versuchte ihr zu erklären, daß die Situation die gleiche sei wie wenige Tage zuvor. »Ich muß noch mehrere Stunden lernen. Ich werde nicht viel Zeit für dich haben.«

»Kein Problem«, erklärte sie fröhlich und hielt mir ein paar Bücher unter die Nase. Es dauerte nicht lange, dann legte sie ihre Bücher beiseite und begann, mein Apartment in Augenschein zu nehmen. Sie schaute in die Küche, ins Bad, untersuchte meine Schränke, meine Jacken und Hemden. »Deine Hemden sehen ja ziemlich knittrig aus. Hast du kein Bügeleisen?«

»Nein«, gestand ich, »ich besitze keins.«

»Ich hab' eins. Das nächste Mal bringe ich es mit, und dann bügele ich dir erst mal die Hemden.«

Tatsächlich brachte Naomi bei ihrem dritten Besuch ein Bügeleisen mit und bügelte meine Hemden. Sie wusch ab und kündigte derweil an, sie werde gleich Spaghetti für uns kochen. Die Zutaten hatte sie mitgebracht. Langsam bekam ich das Gefühl, nicht mehr so recht Herr der Lage zu sein, aber es war mir keineswegs unangenehm.

Um elf Uhr schließlich erinnerte ich sie daran, daß es Zeit war, zu gehen.

»Ach, darüber müssen wir uns keine Gedanken machen, ich habe eine Freundin in der Verbindung, die mich deckt.«

So fragte ich sie das nächste Mal gar nicht mehr, wann sie gehen müsse. An jenem Abend war Naomi noch wach, als ich mich nach Stunden vom Schreibtisch hochrappelte. Es war weit nach Mitternacht, und ich begann ihr von meinen Abenteuern in Japan zu erzählen. Sie schien die Geschichten unglaublich komisch zu finden. Wir lachten und amüsierten uns, bis der Morgen graute.

Nun waren die Wände meines Apartments ziemlich dünn, eher eine Art Sichtschutz als eine Schalldämmung. Und so erwartete mich auch bereits mein Nachbar, als ich am Vormittag das Haus verließ. »Hör zu, Pringsheim«, grunzte er gähnend, »dein Privatleben geht mich zwar nichts an, aber wenn du das nächste Mal eine Frau auf deiner Bude hast, dann bitte eine, die nicht die ganze Nacht lang kichert.«

Das nächste Mal brachte ganz andere, viel beunruhigendere Schwierigkeiten mit sich. Mitten in der Nacht klingelte auf einmal das Telefon. Ich nahm ab.

»Herr Pringsheim? Mein Name ist Schecter. Ist meine Tochter bei Ihnen?«

»Ihre Tochter?« stotterte ich. »Nein, die ist nicht hier.«

Er schien wenig überzeugt. »Versuchen Sie es doch mal in ihrer Verbindung«, schlug ich vor.

»Da habe ich bereits angerufen, und eben da hat man mir gesagt, daß Naomi wahrscheinlich bei Ihnen sei. Im übrigen habe ich keine Lust, mit Ihnen zu diskutieren. Wenn sie bei Ihnen ist, dann schicken Sie sie sofort nach Hause, sofort.« Er hängte ein.

Ich schaute Naomi an. »Ich glaube, du steckst in ernsthaften Schwierigkeiten. Das war dein Vater. Er hat verlangt, daß du sofort nach Hause kommst. Also, gehen wir.« Etwas beklommen marschierten wir zu ihrer Verbindung. Irgend jemand warf ihr aus dem Fenster einen Schlüssel herunter, sie schloß auf und verschwand im Dunkeln.

Als ich Naomi das nächste Mal traf, erkundigte ich mich, ob sie mit ihrem Vater wieder Frieden geschlossen hätte. Ihre Antwort deutete an, daß die Sache eher umgekehrt lag. »Ja, und im übrigen wird er dich in Zukunft nicht mehr belästigen«, erklärte sie und fügte hinzu: »Ich hoffe, du bist mir nicht böse.«

Mit der Zeit richtete sich Naomi mehr und mehr bei mir ein. Sie kümmerte sich um den Haushalt, wusch die Wäsche, überhaupt machte sie mein Apartment nett und behaglich. Inzwischen war ich von der Columbia University angenommen worden. Eines Abends erwähnte ich denn auch eher beiläufig, daß ich wohl in den ersten Monaten des nächsten Jahres nach New York gehen würde, vorausgesetzt, ich bekam das Ford-Stipendium.

Nach einigen Augenblicken des Schweigens sagte sie schließlich: »Ich mache doch auch meinen Abschluß. Meinst du, ich könnte mit nach New York ziehen?«

»Wie soll das denn gehen?«

»Wir könnten doch heiraten, und ich könnte mir einen Job suchen!«

»Oh nein«, wehrte ich ab. »Das steht außer jeder Diskussion. Ich werde auf keinen Fall heiraten, bevor ich nicht meinen Doktor gemacht und einen Job als Dozent an irgendeiner amerikanischen Universität habe. Dann werde ich übers Heiraten nachdenken.«

Naomi fing sofort an zu weinen. Das kam so überraschend, daß ich völlig ratlos dastand. Ich nahm Zuflucht zu vernünftigen Argumenten. »Schau, Naomi, ich bin dort an der Graduate School. Ich werde Tag und Nacht über meinen Büchern sitzen, Hausarbeiten schreiben usw.« Ich versuchte, unseren Altersunterschied ins Feld zu führen. Nichts half.

Am nächsten Tag wiederholte sich diese Szene, ebenso am übernächsten. Wochenlang hielten die qualvollen Diskussionen an. Bis mir schließlich die möglichen Vorteile des Verheiratetseins zu dämmern begannen. Vielleicht war die Idee so verrückt doch nicht. Vielleicht war es sogar eine ganz hervorragende Idee. Stand es nicht sogar irgendwo geschrieben, es sei nicht gut, daß der Mann allein sei? Und außerdem hatte ja die Ford Foundation inzwischen das Stipendium bewilligt. Damit waren wir halbwegs abgesichert.

Als die Dinge sich langsam dem Ehestand zuneigten, erhielt ich eines Tages eine Ein- oder besser Vorladung von einem Rabbi. »Herr Pringsheim«, begann dieser, nachdem wir uns gesetzt hatten, »wenn ich recht verstehe, sind Sie im Begriff, eines unserer Mädchen zu heiraten?«

»Ja, Naomi Schecter«, antwortete ich.

»Ein liebenswertes kleines Geschöpf, nicht wahr?«

»Durchaus.«

»Ich wünsche Ihnen alles erdenklich Gute, aber ich hoffe auch, Ihnen ist klar, daß Fräulein Schecter Jüdin ist.«

»Sie könnte Muslimin oder Buddhistin sein, das wäre mir völlig gleich«, erklärte ich flapsig.

»Ihr Liberalismus ehrt Sie, Herr Pringsheim. Aber ist es Ihnen schon einmal in den Sinn gekommen, daß jemand Einwände gegen die Hochzeit haben könnte, weil Sie kein Jude sind?« Der Rabbi blickte mich streng an. »Für diesen Fall sollten Sie sich wappnen!«

»Was meinen Sie damit?« fragte ich. Von Naomis Seite gab es keinerlei Einwände. Wen sonst ging das etwas an?

»Wir könnten mit der Beschneidung beginnen«, sagte der Rabbi ernst.

»Oh nein, Sir, ich habe kein Interesse daran, zum Judentum zu konvertieren. Und genausowenig werde ich mich jetzt beschneiden lassen. Ich habe bislang auch so recht gut gelebt.«

Der Rabbi schien zutiefst enttäuscht. »Würden Sie sich denn wenigsten eine Einführung in die jüdische Religion anhören?«

»Wie ich schon sagte, ich habe nicht die Absicht, zum Judentum zu konvertieren. Daher glaube ich nicht, daß eine solche Unterweisung sonderlich viel Sinn hat.«

Religion hatte nie einen hohen Stellenwert für mich gehabt. Die einzige in meiner Familie, die von Zeit zu Zeit die Kirche besucht hatte, war meine Mutter. Und dabei war sie wohl die schlechteste und sündigste Katholikin unter der Sonne gewesen. Thomas Mann hatte, soweit ich weiß, nie eine Kirche von innen gesehen. Ein letztes Mal machte ich dem Rabbi klar: keine Beschneidung, keine Unterweisung, keine Konversion.

Nur zu einigen kleineren Zugeständnissen war ich bereit. »Sehen Sie, Naomis Eltern legen großen Wert darauf, daß die Trauung nach jüdischem Ritual vollzogen wird. Wären Sie denn wenigstens willens, eine von diesen zu tragen?« Er reichte mir eine jener Kappen, die die Juden zu bestimmten Anlässen tragen. »Und vielleicht sind Sie ja auch bereit, ein Glas zu zertreten. Das würde Ihre Schwiegereltern sehr glücklich machen.«

Ich willigte ein, allerdings hatte ich das Gefühl, daß der Rabbi keineswegs davon überzeugt war, die jüdische Gemeinde werde in irgendeiner Weise von meiner und Naomis Hochzeit profitieren.

Mir war es immerhin überlassen worden, die Musik auszusuchen. Mein Freund Bill Malloch, ein Musikstudent, schlug einen kleinen Marsch aus Mozarts *Figaro* vor statt des üblichen bombastischen aus Wagners *Lohengrin.* Das Stück wurde von einem weiteren Kommilitonen, John McNamara, einem begnadeten Pianisten, gespielt.

Wir brachten die Hochzeit dann auch gut über die Bühne. Naomi war eine wunderschöne Braut. Ich tat, was man von mir erwartete. Ich zertrat das Glas, einen kristallenen Weinkelch, der meines Erachtens etwas Besseres verdient hatte. Von den etwa hundertfünfzig Gratulanten, die in ihren schwarzen Anzügen eher einem Trauerzug glichen, kannte ich niemanden, aber sie waren alle ausgesprochen freundlich. Sie lächelten mich an, schüttelten mir die Hand, wünschten uns alles Gute und sprachen einen Toast nach dem anderen aus.

Ich schrieb der Ford Foundation, daß ich unter dem Eindruck der guten Neuigkeit bezüglich des Stipendiums geheiratet hätte. Die Antwort kam prompt. Man gratulierte mir und erhöhte meinen monatlichen Scheck, denn »nun sind Sie ja schließlich ein verheirateter Mann«. Somit hatten wir etwas mehr Geld für eine Wohnung und den täglichen Lebensunterhalt. Sogar zusätzliches Reisegeld nach New York gewährte man uns.

Um dort hinzukommen, kaufte ich einen alten Achtzylinder Buick, einen Spritschlucker, wie ihn die Manns besessen hatten. 1956 war das immer noch die billigste Möglichkeit, den amerikanischen Kontinent zu durchqueren, inklusive Anschaffung des Buick. Bahntickets oder gar Flüge waren nahezu unerschwinglich.

Die wertvollsten Dinge packte ich zuerst in den Wagen. Es waren all die Bücher, die ich von Thomas Mann erhalten hatte. Dann die Sammlung Schallplatten und schließlich die Encyclopaedia Britannica, die ich mir für 275 Dollar von meinem Lohn bei Douglas gekauft hatte. Dazu kamen zwei oder drei riesige Koffer mit Naomis Sachen und schließlich noch meine eigenen Klamotten. Damit war der Wagen bis unters Dach vollgestopft. In dem wegen Überladung schwankenden Gefährt machten wir uns auf den Weg in ein neues Leben.

Wir nahmen den alten Highway 40. In New York angekommen, fanden wir schließlich in Greenwich Village eine kleine Zwei-Zimmer-Wohnung. Die Wohnung war nicht weniger als 117 Blocks von der Columbia entfernt, aber näher am Olymp war keine erschwingliche Unterkunft zu finden. Trotz der relativ geringen Miete wurde bald klar, daß Naomi sich einen Job suchen mußte. Es dauerte nicht lange, bis sie eine Stelle im Büro von United Airlines fand.

Wie Paul Langer vorhergesagt hatte, wurde ich mit Arbeit nur so eingedeckt. In den ersten sechs Monaten mußte ich nicht weniger als sechs große Hausarbeiten schreiben, alle mit einem Umfang von etwa fünfzig Seiten, selbst recherchiert und mit Fußnoten versehen. Insgesamt half es enorm, daß ich Deutsch, Französisch und Japanisch lesen konnte. In nur zweieinhalb Jahren absolvierte ich das gesamte Graduate-Programm mit sehr guten Noten und wurde zum Masters-Examen zugelassen.

Worin ich freilich in der Zwischenzeit alle Chancen verspielte, war die Wahl zum Ehemann des Jahres. Naomi und ich sahen einander kaum. Morgens, wenn ich um acht das Haus verließ, um die erste Vorlesung zu hören, schlief sie meist noch. Wenn sie dann oft erst gegen zehn Uhr abends nach Hause kam, saß ich wieder über meinen Büchern. Unsere Ehe begann sich bald aufzulösen wie ein Stück Pappe im Regen.

Dabei war es die *New York Times*, die zu einer Vertiefung der Kluft beitrug. Ich pflegte jeden Morgen die *Times* zu kaufen, sobald ich aus der Haustür trat – inzwischen hatten wir eine Wohnung ganz in der Nähe des Campus gefunden. An jenem Tag hatte ich nicht eine Minute Zeit gefunden, die Zeitung zu lesen. Naomi war früh nach Hause gekommen und hatte das Abendessen vorbereitet. Nachdem wir gegessen und uns noch ein Weile unterhalten hatten, ging Naomi zu Bett. Ich dagegen blieb in der Küche sitzen und brachte mich auf den neuesten Stand der Nachrichten. Nach einer Weile hörte ich Naomi: »Klaus, kommst du nicht ins Bett?«

»Jetzt noch nicht«, antwortete ich.

»Warum nicht?«

»Weil ich grad die *Times* lese!«

»Soll das etwa heißen, daß du lieber die *New York Times* liest, als zu mir ins Bett zu kommen?«

»Es mag dich überraschen«, giftete ich, »aber in diesem Augenblick ist die Antwort: ›Ja‹!«

Ich denke, diesen Satz hat Naomi mir nie vergeben. Es war der Wendepunkt, von nun an ging unsere Ehe ihrem Ende entgegen. Andere Männer kamen ins Spiel. Eines Abends fand ich ihre Ohrringe im Briefkasten, versehen mit eine kleinen Notiz, die lautete: »Vielen Dank für den schönen Abend. Die hast du bei mir vergessen.« Sie stammte von einem Freund von mir, einem kalifornischen Musiker, der eine Zeitlang bei uns gewohnt hatte. Ich zerriß den Zettel und legte die Ohrringe in Naomis Schmuckkästchen. Wenn Naomi sich jemals gefragt haben sollte, wie sie wieder dorthin gekommen waren, so hat sie es zumindest sehr gut verborgen.

Ich selbst tat wenig, um die Ehe am Leben zu erhalten. Mein ganzes Interesse galt dem Ziel, Primus an der Columbia zu werden. Ich war schon ganz sicher, es geschafft zu haben, bis ich mit meiner M. A.-Arbeit kräftig auf die Nase fiel. Das Thema war eine Gruppe, die sich »Sino-Sowjetischer Freundeskreis« nannte. Die Chinesen und die Sowjets hatten vor nicht allzu langer Zeit einen Freundschaftsvertrag unterzeichnet, und die Aufgabe jener Gruppe war es, die Allianz lebendig zu erhalten.

Dieser Pakt zwischen den beiden bevölkerungsreichsten Großmächten der Erde beunruhigte die Vereinigten Staaten zutiefst. Nach langen und eingehenden Untersuchungen kam ich schließlich zu dem Ergebnis, daß die Allianz nur eine Fassade, ein außenpolitischer Schwindel war und der Sino-Sowjetische Freundeskreis nichts anderes als das Propaganda-Instrument zu ihrer Erhaltung. Es gäbe keine Sino-Sowjetische Freundschaft, schrieb ich, vielmehr verabscheuten die beiden Großmächte einander. Von einer Sino-Sowjetischen Freundschaft zu sprechen sei daher, gelinde gesagt, eine Irreführung.

Den Gutachtern am Ostasien-Institut gefiel dies ganz und gar nicht. Umgehend wurde ich zu ihnen zitiert. »Hören Sie, Pringsheim, was Sie hier geschrieben haben, ist zwar recht interessant, aber zum überwiegenden Teil nicht mehr als Ihre persönliche Einschätzung«, wurde mir in aller Deutlichkeit vorgehalten. »Das mag in einem Artikel für die *New Republic* zwar noch durchgehen, aber nicht in einer Masters-Arbeit an der Columbia University. Ihre persönliche Meinung interessiert uns nicht. Wir wollen Fakten sehen. All das Gerede darüber, daß es zwischen Chinesen und Sowjets keine Freundschaft gibt, ist Ihre Meinung. Sie können es nicht belegen, oder vielleicht doch?«

»Nein, Sie haben recht, ich kann es nicht beweisen«, gab ich kleinlaut zu. »Doch meine umfangreiche Lektüre in sechs Sprachen brachte mich zu diesem Schluß.«

Das Zugeständnis half freilich nicht weiter. »Also, Pringsheim, Sie werden Ihre persönliche Meinung vollständig zurücknehmen. Wenn das geschehen ist, geben wir der Arbeit eine zweite Chance.«

Es erwies sich als fast übermenschliche Arbeit, den ganzen Text zu überarbeiten. Ich schrieb ihn von der ersten bis zur letzten Seite um, bereinigte und präzisierte, bis kein unbegründeter Satz mehr in der ganzen Arbeit zu finden war. Nach einigen Monaten schließlich traute ich mich, die Arbeit erneut einzureichen.

»Gute Arbeit, die Sie da geleistet haben«, meinte denn auch Professor C. Martin Wilbur, der schon drei Jahre zuvor in der Kommission der Ford Foundation gesessen hatte. Darüber, daß die Geschichte in der Zwischenzeit längst ihren Lauf im Sinne meiner ursprünglichen Annahmen genommen hatte, wurde kein Wort verloren. Die vermeintliche Allianz war zerbrochen, Chinesen und Sowjets stritten auf allen Gebieten. Aber dennoch, ich hatte meine Lektion gelernt: Ein guter Wissenschaftler schreibt nur, was er auch belegen kann.

So hatte ich nun meinen M.A. in der Tasche. Als nächstes kam der Ph.D., die Eintrittskarte in die akademische Welt. Der Ph.D. war der Schritt, der den »Mister« zum »Doctor« macht. Die erste Hürde bestand aus einer mündlichen Prüfung. Um dazu zugelassen zu werden, mußte man weitere vier Kurse absolvieren. Ich arbeitete, bis ich schwarz wurde. Diese Prüfung würde zeigen, ob die Ford Foundation ihr Geld und ich meine Zeit an der Columbia verschwendet hatte oder nicht.

Im Juni 1959 war es schließlich soweit, der Tag der Offenbarung. Ich wurde auf einem kleinen Stuhl gegenüber einem Podium plaziert, auf dem die illustre Reihe von Professoren saß. Vom erhöhten Podium schauten sie auf mich herab. Selten in meinem Leben habe ich mich so klein gefühlt wie in jenem Moment. Zum Glück waren sie keine Fremden für mich, sie waren alle meine Lehrer gewesen.

Das half jedoch nichts, als die erste Frage gestellt wurde. Sie bezog sich auf ein Gebiet, das ich eigentlich sehr gründlich vorbereitet hatte. Außerdem hatte ich es bei demjenigen, der die Frage stellte, studiert. Dennoch war ich wie gelähmt. Mein Mund ließ sich einfach nicht öffnen. Alles, was ich hervorbrachte, war ein jämmerliches Quaken.

Einer der anderen Professoren übernahm die Frage und formulierte sie ein wenig anders. Auch das löste meine Lähmung nicht. Schließlich meldete sich einer von ihnen zu Wort und sagte wie nach einer Eingebung: »Warten Sie eine Minute, ich glaube, ich weiß, wie wir das Problem beheben können. Ich bin gleich zurück.« Er verließ den Prüfungsraum und kehrte nach kurzer Zeit mit einer Flasche und einem Glas in der Hand zurück. Beides stellte er auf den Tisch. »So, Herr Pringsheim, Sie müssen sich ein wenig entspannen. Wir machen jetzt eine kleine Pause, und Sie trinken erst einmal ein Glas Brandy.« Offenbar kannten sie die Situation nur allzugut.

Die Behandlung wirkte. Ich entspannte mich auf meinem Stühlchen, und bald ließen sich auch die Kiefer wieder bewegen. Die Sperre war aufgehoben, und auch meine Stimme kehrte zurück. Alle weiteren Fragen beantwortete ich nun mehr oder minder problemlos. Nach zweieinhalb Stunden war alles vorbei. Ich wurde ins Vorzimmer geschickt, aber schon eine Minute später wieder hereingerufen. Die gesamte Riege stand auf, als ich eintrat. »Glückwunsch, Herr Pringsheim, Sie haben bestanden, Sie waren sehr gut.«

Damit war ich nun also ABD (All but Dissertation). Die schriftliche Arbeit fehlte noch. Wieder sollte es um China gehen, und zwar um eine einigermaßen obskure kommunistische Splittergruppe, bekannt unter dem Namen »Neue Demokratische Jugendbewegung Chinas«. Das schien mir nicht gerade das aufregendste Thema unter der Sonne zu sein. Mit dieser Auffassung hielt ich keineswegs hinter dem Berg. Ich hätte lieber ein Thema mit etwas mehr historischem Gewicht, bekannte ich meinen Professoren gegenüber.

»Machen Sie sich darüber keine Gedanken«, entgegneten sie. »Sie wissen doch, was man mit Dissertationen macht, oder? Man gräbt an einem einsamen Ort ein Loch und beerdigt sie auf Nimmerwiedersehen!«

Ich hatte inzwischen gelernt, daß Professoren in solchen Dingen von einer ausgesprochen spöttischen Arroganz sein konnten. Es blieb bei der »Neuen Demokratischen Jugendbewegung Chinas«.

Die Ford Foundation gewährte mir für ein weiteres Jahr ein Stipendium, ein Jahr, das ich in Hongkong zubringen sollte. Das leuchtete mir ein. Wenn ich überhaupt etwas über die politischen Verhältnisse in China in Erfahrung bringen wollte, so war dies nur vor Ort möglich. Vielleicht ergab sich sogar die Chance, von Hongkong aus nach China einzureisen? Dann würde ich einer der ersten sein, die über die politische Lage dort berichten konnten.

Eines war inzwischen längst klar, nämlich daß ich allein nach Hongkong fahren würde. Naomi erklärte klipp und klar, daß sie kein Interesse hatte, mitzukommen. »Laß uns den Tatsachen ins Gesicht sehen. Unsere Ehe hat nicht funktioniert«, stellte sie ohne jede Bitterkeit fest. Die Heirat war ein Fehler gewesen, zu der Überzeugung war Naomi mit der Zeit gekommen. »Nein, der Ferne Osten interessiert mich nicht, ich gehe wieder zurück nach Kalifornien.«

»Vielleicht ist es am besten so«, stimmte ich ein bißchen weinerlich zu.

Ein Problem brachte dies allerdings mit sich. Im Staat New York gab es nur zwei Möglichkeiten, eine Ehe aufzulösen. Die eine bestand im Nachweis des Ehebruchs, die andere war die Annullierung der Ehe. Ich konsultierte eine Anwältin. Sie erklärte uns, daß es durchaus die Möglichkeit der Annullierung gab, obwohl wir schon länger als zwei Jahre verheiratet waren. Es war sogar relativ einfach und ließ sich ohne Gerichtsverhandlung über die Bühne bringen. »Ein paar Tage nachdem Sie Ihre Reise angetreten haben, werden Sie von mir ein Schreiben erhalten, in dem Ihre Ehe offiziell annulliert wird.« Die ganze Sache kostete uns 275 Dollar.

Unser Abschied war so flüchtig, als verließe Naomi nur für ein paar Tage die Stadt. Als Angestellte von United Airlines durfte sie umsonst nach Kalifornien fliegen. Wir gaben uns einen Abschiedskuß, und als ich am Abend nach Hause kam, war Naomi fort.

13. IHR NAME WAR HSIUPING

Ich konnte es kaum abwarten, wieder im Fernen Osten zu sein. Zwar ließen sich aufregendere Dinge vorstellen, als Informationen über die »Neue Demokratische Jugendbewegung Chinas« zu sammeln. Aber die Tatsache allein, wieder in Asien zu sein, asiatische Mädchen kennenzulernen, reichte schon völlig aus. Diese Freude wurde mir sogar schon zuteil, bevor ich überhaupt asiatischen Boden betrat.

Ursprünglich hatte ich geplant, mit dem Zug an die Westküste zu fahren und von dort aus nach Tokio zu fliegen. Dann aber erzählte mir eine Freundin, Beate Sirota-Gordon von der »Asia Society« in New York, daß das Takarazuka Opernensemble, das erstmalig eine Reihe von Gastspielen in den USA gegeben hatte, in den nächsten Tagen nach Japan zurückkehren werde. Das reine Mädchen-Ensemble, bestehend aus Musikerinnen, Tänzerinnen und Sängerinnen, allesamt erstklassig ausgebildete Künstler, bot perfekte Bühnenkunst. Mein Vater hatte mehrere ihrer Inszenierungen dirigiert. Die Truppe hatte ein eigenes Flugzeug, eine Boeing Stratocruiser, eine zum Verkehrsflugzeug umgebaute B-29. Beate organisierte mir einen der freien Sitzplätze in der Maschine, wobei ich offiziell als Sicherheitsbegleiter geführt wurde.

Am Flughafen zeigte ich nur kurz mein Ticket vor und hastete an Bord des Flugzeugs, in dem sich außer mir nur 120 junge japanische Frauen befanden. Es herrschte ein Gezwitscher wie in einem Baum voller bunter Vögel. Schweigend setzte ich mich in die letzte Reihe und lauschte den Spekulationen über die körperliche Ausstattung des großen Fremden in der hintersten Reihe. Als wir uns schließlich der Landung in Tokio näherten, kam die Managerin der Truppe zu mir und bat mich umständlich, nach der Landung doch bitte unauffällig vor den Mädchen das Flugzeug zu verlassen, das Ensemble sei schließlich sehr berühmt in Japan, und man wolle Verwirrung vermeiden.

Um sie zu beruhigen und Mißverständnisse auszuschließen, antwortete ich auf japanisch. »Natürlich, ich verstehe, ich werde als erster und möglichst unauffällig das Flugzeug verlassen.«

Kaum hatte ich diese Worte ausgesprochen, sah ich mich gut einem Dutzend erschrockener Gesichter gegenüber. Den Mädchen wurde schlagartig klar, daß ich sehr gut verstanden hatte, wovon meist die Rede gewesen war. Und so brandete eine Welle von schrillen Schreien und Gekicher durch das gesamte Flugzeug. Die Hysterie legte sich erst, als zwei Düsen ausfielen und unser Flugzeug zur Sicherheit von zwei amerikanischen Jägern nach Tokio eskortiert wurde. Als wir schließlich ankamen, war ich ganz dankbar, als erster aussteigen zu dürfen, denn der Empfangsbahnhof für die Mädchen war immens.

Die folgenden Tage verbrachte ich in Tokio bei meinem Vater und meinem Bruder. Dann nahm ich auf dem niederländischen Dampfer *Tjinegara* Kurs auf Hongkong. Die Passage durch die Straße von Formosa war ziemlich aufregend. Erst donnerten Kampfflugzeuge der Taiwan-Chinesen im Tiefflug über unser Deck, dann entsprechende Jäger von einem amerikanischen Flugzeugträger. Dies machte auch dem Letzten klar, wie die Dinge zwischen China und den Vereinigten Staaten zu der Zeit standen.

Zu meinem Glück kannte ich jemanden in Hongkong, Guy Searles, Korrespondent für CBS News. Wir waren zusammen an der Columbia gewesen, wo er chinesische Geschichte studiert hatte. Guy hatte mir ein wunderbares Apartment besorgt, ganz in der Nähe seines eigenen. Es lag in einem der oberen Stockwerke eines Hochhauses direkt an der Causeway Bay mit Blick über den Hafen. Golden Court war ein bedeutend eleganteres Plätzchen als alle meine Wohnungen zuvor.

Guy hatte Kantonesisch gelernt und mehr oder minder alle Publikationen gesammelt, die aus China kamen. Dieses Archiv stellte er mir großzügig zur Verfügung. Und Guy hatte ein absolutes Faible für chinesische Frauen entwickelt.

Ich war noch dabei, mich ein wenig einzurichten, als er mich bereits zur ersten Dinner-Party einlud. »Ich möchte, daß du Loren Fessler kennenlernst. Er ist *LIFE*-Korrespondent in Hongkong. Er wohnt unten im achten Stock. Seine Frau ist Chinesin, und die beiden haben für morgen abend ein paar Freunde eingeladen. Ich soll dich mitbringen!«

So kam es, daß ich schon an einem der ersten Abende in Hongkong Hsiuping kennenlernte. Sie fiel mir auf, weil sie sehr zart und klein war und weil sie ein bezauberndes Lächeln hatte. In einem geeigneten Augenblick ging ich auf sie zu und stellte mich vor. Ihren Namen hatte ich zuvor schon in Erfahrung gebracht. Sie lächelte, und ich lächelte, überzeugt, daß sie mein Interesse erwiderte. Ich erkundigte mich später bei Stella Fessler, wo dieses bezaubernde Wesen wohnte. Allerdings mehr routinemäßig, um die Information irgendwo abzuspeichern. Denn, so mahnte ich mich selbst, ich war nicht in Hongkong, um hübschen Mädchen nachzusteigen, sondern um alles über jene seltsame »Neue Demokratische Jugendbewegung Chinas« herauszufinden und meine Dissertation zu schreiben.

Guy Searles kannte sich in Hongkong aus wie in seiner Westentasche. Er wußte, wo man am besten einkaufen konnte, wo man amerikanische Sandwiches bekam, wo es das beste chinesische Essen zu vernünftigen Preisen gab, wo die Post war und wie man mit der Fähre nach Kowloon übersetzte. Aber nicht nur das. Guy erklärte mir auch, an wen man sich bei der Regierung wenden mußte und welche die besten der unendlich vielen Buchläden waren.

Jeden Morgen machte ich mich auf, um Bücher aufzustöbern, die aus China nach Hongkong herüberkamen. Entsprechend kam ich jeden Abend mit einem Berg von Büchern, Zeitschriften und Broschüren nach Hause, die alle auf Informationen über die ominöse Jugendbewegung durchforstet werden mußten. Abgesehen von ganz wenigen Artikeln in englischer Sprache war alles auf chinesisch geschrieben. Was den Inhalt anging, war das Material bis auf wenige Ausnahmen äußerst dürftig. So dauerte es meist nicht lange, bis ich den täglichen Berg durchgesehen hatte. Dann legte ich das Zeug beiseite und gab mich dem Müßiggang hin. Ich schlenderte durch die Innenstadt, schaute im Club der Auslandskorrespondenten vorbei ...

Ich sammelte dennoch beharrlich weiter, wohl auch, um nicht mit dem Schreiben beginnen zu müssen. Es gab Hunderte von Buchläden in Hongkong und Kowloon, in den Hauptstraßen genauso wie in den kleinsten Gassen. Ich durchstöberte sie alle. Meine kleine Wohnung quoll bald über vor lauter Gedrucktem. Stühle, Regale, alles war belegt. Schließlich entdeckte ich, daß die Jugendbewegung Chinas vor neun Jahren begonnen hatte, eine eigene Zeitschrift herauszugeben. Und so machte ich es mir zur Aufgabe, jedes einzelne Heft aufzutreiben, egal, wie lange es dauerte. Irgendwann stieß ich bei meiner Suche dann auf eine komplette Ausgabe. Damit freilich schienen die Möglichkeiten, das Schreiben weiter aufzuschieben, endgültig erschöpft.

Mit der Zeit wurde ich vermutlich der in der Welt führende Experte in Sachen »Neue Demokratische Jugendbewegung Chinas«. Aber je mehr ich darüber erfuhr, desto mehr war ich auch davon überzeugt, daß es keinen Menschen interessierte. Zu Recht, denn die sechzehn verschiedenen Versionen der Satzung, die Geschichte der ersten, zweiten und dritten Sekretäre der Organisation und die endlosen Abhandlungen über den Kommunismus und den Marxismus-Leninismus waren ebenso ermüdend wie naiv und dümmlich.

Mit der Zeit begannen daher die sinnlichen Verführungen Hongkongs meinen Widerstand zu brechen. Zwei- oder dreimal in der Woche wurde ich von irgend jemandem aus dem Kreis der Ausländer zum Dinner eingeladen. Das bedeutete, daß ich um 17.30 Uhr den Griffel aus der Hand legte, in einen Anzug schlüpfte, mir eine Krawatte umband und das Haus verließ. Insbesondere meine deutschen Freunde waren darauf bedacht, mich in alle möglichen gesellschaftlichen Aktivitäten einzubinden. Für sie war ich eine Berühmtheit – der Neffe Thomas Manns eben.

Immer weniger beschäftigte ich mich mit dem, weswegen ich eigentlich nach Hongkong gekommen war. Dafür um so mehr mit dem weiblichen Geschlecht, insbesondere mit einer Vertreterin. Ich wußte, wo Hsiuping wohnte. Ich wußte aber auch, daß sie einen Freund hatte und daß er ungefähr halb so alt war wie ich. Hsiuping selbst war zwanzig, ich sechsunddreißig. Dennoch pflegte ich den Kontakt zu ihr sehr sorgsam. Hsiuping wollte unbedingt Englisch lernen. »Ich könnte dir helfen«, schlug ich ihr eines Abends vor. »Und du könntest mir dann ein bißchen mit dem Chinesisch helfen.«

Der Gedanke schien ihr sehr zu gefallen. »Schön, aber dazu komme ich wohl besser zu dir«, sagte sie sofort. Ihr Zuhause war in der Tat nicht der geeignete Ort für Sprachunterricht, denn dort wohnte eine ganze Großfamilie unter einem Dach. Eines Morgens kam sie dann und brachte Blumen mit, um mein Apartment etwas freundlicher aussehen zu lassen. Mittags, als ich vorschlug, irgendwo etwas essen zu gehen, schaute sie mich nur verächtlich an: »Ich kann durchaus auch kochen. Ich geh' nur schnell los und hol' Reis und Gemüse.«

Ich drückte ihr zwanzig Hongkong Dollar in die Hand. Sie verschwand und kam kurze Zeit später mit großen Tüten zurück. Das gemeinsame Essen zu Hause wurde bald zur Gewohnheit. Allerdings war Hsiupings Repertoire an Gerichten begrenzt, und so brachte sie eines Tages ihre Mutter mit, um mir zu zeigen, was die chinesische Küche alles zu bieten hatte. Hsiupings Mutter war eine echte Küchenvirtuosin, sie war einige Zeit Köchin in einem Gourmet-Restaurant in Macao gewesen.

Es war immer die schönste Zeit des Tages, wenn Hsiuping bei mir war. Nach einigen Wochen verbrachten wir jede freie Minute miteinander. Es ging mir wie Professor Higgins in *Pygmalion*, der sich so sehr an Eliza Doolittles Gesicht gewöhnt, daß er zusehends unfähiger wird, seine Tage ohne sie zu verbringen. Hsiuping schien diese Gefühle durchaus zu erwidern. Daß ihr Freund zur gleichen Zeit mehr und mehr in der Versenkung verschwand, schien mir ein unmißverständliches Signal. Es war ein echtes Zusammentreffen glücklicher Umstände, daß ich genau in jenen Tagen einen Brief der New Yorker Anwältin erhielt, in dem mir mitgeteilt wurde, daß ich nicht länger verheiratet sei.

Das Leben war schön – fast zu schön! Die Ford Foundation und die Columbia University waren weit weg. Erst ein Brief von James Morley, meinem Professor, riß mich aus meinem verträumten Leben. »Hallo, Klaus, wie geht's voran? Wir haben lange nichts von Ihnen gehört ...«

Ich schrieb zurück, ich hätte immens viel Material, Bücher, Artikel etc. zum Thema meiner Dissertation zusammengestellt. Es sei nur noch eine Frage von Tagen, bis ich meine Schreibmaschine hervorholen und mit dem Schreiben beginnen würde. Zumindest der erste

Teil der Aussage war nicht gelogen. Derweil erzählte ich Hsiuping von meinem Interesse an chinesischer Kalligraphie. Sie empfahl mir Prof. Wu Chien-te, der mir diese uralte Technik, das Fundament aller chinesischen Gelehrsamkeit, beibringen konnte. So war es mit der Konzentration auf die demokratische Jugendbewegung schnell wieder vorbei.

Statt dessen besuchte ich Seminare an der Universität von Hongkong und trieb mich auf Partys herum. Ich schrieb kurze Beiträge für akademische Zeitschriften, unter anderem einen Artikel über meine Jugendbewegung für die angesehene *China Quarterly.* Damit demonstrierte ich nach außen, daß ich durchaus noch bei der Sache war und keineswegs das Arbeitsgebiet verlassen hatte. Der Aufsatz brachte mir eine Menge von Anfragen und Aufträge für weitere Arbeiten ein. Ich nahm sie alle an. Schließlich hatte ich so wieder eine wunderbare Ausrede, nicht an der Dissertation arbeiten zu müssen.

Auf diese Weise brachte ich etwa ein Jahr zu, bis sich mein Ford-Stipendium dem Ende zuneigte. In der Zeit kündigte sich hoher Besuch aus den Staaten an, Professor John King Fairbank von der Harvard University, ein Vorstandsmitglied der Ford Foundation. Es kam, wie es kommen mußte. Fairbank fragte mich auf den Kopf zu: »Und wann sind Sie mit der Dissertation fertig?«

»Ich sammle immer noch Material«, gestand ich. »Und, wenn ich ganz ehrlich bin, so richtig habe ich mit dem Schreiben noch nicht angefangen.« Zu meiner Entlastung zeigte ich ihm die Artikel, die ich veröffentlicht hatte.

Fairbank lächelte. »Ich verstehe schon, es gibt hier eine Menge Dinge, die einen von der eigentlichen Arbeit und vom eigentlichen Thema ablenken können.«

»Das stimmt, Sir, aber ich gebe mein Bestes.«

Fairbank entpuppte sich als ein außerordentlich verständnisvoller Mann. »Dagegen ist niemand gefeit. Viele von uns kommen herüber mit einer genau skizzierten wissenschaftlichen Aufgabenstellung, aber dann lassen sie sich ablenken. Ich bin inzwischen der Meinung, daß diese Nebengleise manchmal viel mehr bringen als die Arbeit, wegen der man eigentlich gekommen ist.«

Voll schlechten Gewissens erklärte ich mich Fairbank gegenüber bereit, mir einen Job zu suchen. Immerhin hatte mich die Ford Foundation inzwischen fast vier Jahre lang gefördert – an sich schon ein kleiner Rekord.

»Moment, nicht so eilig«, unterbrach mich Fairbank. »Sie wollen doch nicht etwa aufgeben? Sie haben hier eine Menge gelernt. Und diese Erfahrungen sind überaus hilfreich für Ihre Zukunft als Dozent für chinesische Geschichte und Politik, glauben Sie mir. Was Ihre Dissertation angeht, da ist doch noch nichts verloren, sie ist nur einfach noch nicht fertig.« Er machte ein Pause und sagte schließlich nachdenklich: »Ich denke, ein weiteres Jahr, in dem Sie Erfahrung sammeln können, wäre eine gute Sache. Ich werde der Ford Foundation empfehlen, Ihr Stipendium zu verlängern.«

Mit dem verlängerten Stipendium tat ich das gleiche wie zuvor, nämlich alles, nur nicht an der Dissertation arbeiten. Ich beschäftigte mich damit, möglichst viel allgemeines Wissen in meinen Schädel aufzunehmen, um später als Dozent niemals in die Verlegenheit zu kommen, eine Frage meiner Schüler nicht beantworten zu können. Ich las, was mich interessierte – eine Tätigkeit, mit der ich mein Leben hätte zubringen können. Alle sechs Monate erstattete ich der Ford Foundation Bericht über meine Arbeit.

Mir selbst redete ich ein, daß sich, sobald ich Hongkong verlassen würde, schon ein Plätzchen in den Staaten fände, an dem ich mich mit meinem Material niederlassen und schnell die Dissertation schreiben könnte. Dann würde ich die Sache ein für allemal vom Hals haben. Und die lange Vorbereitung würde sich ja bestimmt auch in der Qualität der Arbeit niederschlagen.

Dennoch, derartige Märchen konnten nicht verhindern, daß der Tag kommen mußte, an dem das Stipendium auslief. Das durch Ford finanzierte Leben mußte irgendwann ein Ende haben, und ich würde mit leeren Händen dastehen. Ironischerweise verdankte ich meine Rettung der Tatsache, daß ich kaum einer Party widerstehen konnte. Auf einer von ihnen hatte ich Hans Wohlfahrt, einen jungen Lektor für deutsche Sprache an der Universität Hongkong, kennengelernt. Wohlfahrt besuchte von Zeit zu Zeit einen Freund in Bangkok. Von einem seiner Trips kehrte er nicht zurück, seine Schüler blieben ohne Lehrer. Viel später erst stellte sich heraus, daß er in Bangkok erstochen worden war.

Als nun Wohlfahrt nicht zurückkehrte, bekam ich einen Anruf vom deutschen Generalkonsul. »Klaus, Sie sprechen besser Deutsch als die meisten von uns. Sie wären die ideale Vertretung für Dr. Wohlfahrt.«

Weil ich in der Lage war, chinesische Dokumente zu lesen, hatten die Deutschen überhaupt jede Menge Arbeit für mich. So wie alle anderen waren auch sie überaus begierig zu erfahren, was für mysteriöse und geheimnisvolle Dinge in China vor sich gingen. Das Konsulat bat mich daher, Artikel und Pressemitteilungen für sie zu schreiben. Einer der Artikel für eine deutsche Zeitschrift brachte mir sagenhafte fünfhundert Dollar ein. Dazu kamen gelegentliche Aufträge vom »United States Information Service«.

Alles zusammen ergab das einen hübschen Nebenverdienst. Den nutzte ich, um Geschenke für Hsiuping zu kaufen, mir ein paar Bier mehr zu leisten oder mir von Zeit zu Zeit einen neuen Anzug zuzulegen.

Es blieb jedoch eine Art Leben auf Bewährung. Früher oder später mußte ich zurück in die Staaten und hoffen, einen Job als Dozent zu finden. Also entwarf ich eine Bewerbung mit Lebenslauf und einer langen Liste der Themen, die ich unterrichten konnte. Das ganze Paket schickte ich an etwa zweihundert Colleges und Universitäten in den USA. Die Adressen hatte ich mir bei der amerikanischen Botschaft besorgt.

Achtzig Prozent der Bewerbungen wurden jedoch nicht einmal beantwortet. Diejenigen, die sich immerhin die Mühe machten, zurückzuschreiben, lehnten entweder direkt ab oder vertrösteten mich – »Es tut uns außerordentlich leid, aber wir haben im Moment keine Stelle zu besetzen« oder so ähnlich. Ich sah mich bereits zu jenen miserablen Jobs zurückkehren, die ich früher hatte annehmen müssen, Mechaniker, Nachtwächter oder Taxifahrer. Da kam plötzlich ein Angebot, allerdings aus der falschen Ecke. Das Ostasien-Institut in Hamburg bot mir eine Stelle als stellvertretender Direktor an. Nun war ich allerdings sicher, daß die Ford Foundation mich nicht fünf Jahre lang unterstützt hatte, um mich dann so ohne weiteres nach Deutschland ziehen zu lassen. Auch ich selbst hatte das Gefühl, meiner neuen Heimat, den USA, einiges schuldig zu sein.

In meiner Not schrieb ich an Professor Morley und schilderte ihm die Lage. Seine Antwort kam postwendend: »Vergessen Sie die Sache in Deutschland, kommen Sie nach Hause, und machen Sie sich keine Sorgen wegen einer Anstellung!« Nur wenige Tage später erhielt ich einen weiteren Brief von Morley. »Der Direktor des politikwissenschaftlichen Instituts der University of Kansas möchte, daß Sie sich bei ihm vorstellen. Also steigen Sie ins nächste Flugzeug, und fliegen Sie nach Kansas. Sein Name ist Ethan Putnam Allen.«

Damit stand ich wieder mal vor einem großen Problem. Falls Dr. Allen mich einstellte, mußte ich Hongkong verlassen. Das bedeutete, Hsiuping zurückzulassen, so wie ich schon einmal jemanden in Tokio zurückgelassen hatte. Diesmal rettete mich einer jener Zufälle, ohne die man im Leben nicht auskommt. Die Universität Hongkong feierte im Herbst des Jahres ihr 25jähriges Bestehen und hatte mich als einen der Festredner eingeladen. Sollte ich zu dem Zeitpunkt bereits die Stelle in Kansas angetreten haben, so wollte man mir Hin- und Rückflug bezahlen.

So konnte ich Hsiuping mit gutem Gewissen versprechen, daß ich zurückkommen würde. Mehr mußte zu jenem Zeitpunkt nicht gesagt werden. Noch hatte ich den Job in Kansas ja nicht. Den nächsten Schritt in unserer Beziehung konnte ich, wenn überhaupt, erst später wagen.

An einem Tag mitten im Juli landete ich in Lawrence, Kansas. Ich hatte zwar schon aus Erzählungen gehört, daß Kansas im Sommer nicht zu den kühlen Gegenden gehört, auf jenen heißen Wüstenwind allerdings, der mir beim Verlassen des Flugzeugs ins Gesicht schlug, war ich nicht vorbereitet. Ich hoffte fast ein wenig, mein Besuch möge umsonst sein.

Dr. Ethan Putnam Allen war ein Mann von Mitte Fünfzig, der erste gebürtige »Kansan«, den ich kennenlernte. Er war ausgesprochen freundlich und wenig förmlich. Er erklärte mir, er wolle den politischen Horizont der Universität erweitern, sie von ihrem provinziellen Image befreien.

»In der heutigen Zeit müssen wir einfach mehr über China und Japan lernen. Einen Fachmann für europäische Geschichte haben wir bereits, auch einen für Latein- und Südamerika. Wie sieht es aus, könnten Sie sich vorstellen, chinesische, japanische und ein bißchen sowjetische Geschichte und Politik zu unterrichten?«

»Durchaus«, antwortete ich.

Das schien Allen zu gefallen. »Mit Ihnen als Experten für asiatische Politik hätten wir dann eine wirklich komplette Fakultät.« Damit bot er mir eine Stelle als Dozent zum Wintersemester des gleichen Jahres an. Ich willigte sofort ein. Es war immerhin ein Anfang. Und irgendwann, irgendwie würde ich auch Hsiuping nach Lawrence bringen.

Zurück in Hongkong mußte ich mich der unangenehmen Aufgabe stellen, Hsiuping zu eröffnen, daß ich schon in einer Woche einen Job in Kansas antreten mußte. Wann ich zurückkommen würde, konnte ich nicht sagen. Ja, nicht einmal versprechen, daß ich überhaupt je zurückkommen würde. Gleichzeitig versuchte ich ihr zu versichern, daß es kein Abschied für immer sein würde, denn ich wollte das, was sechzehn Jahre zuvor in Tokio geschehen war, auf keinen Fall wiederholen. Dieses Mal waren freilich die Voraussetzungen deutlich besser. Ich hatte eine Ausbildung und einen Job. Und vielleicht, wenn meine neuen Arbeitgeber mit mir zufrieden waren, würde ich bald genug Geld verdienen, um sie nachkommen zu lassen.

Ich erfüllte noch meine Verpflichtung anläßlich des Jubiläums der Universität von Hongkong, dann flog ich wieder nach Kansas. Es blieb gerade noch genug Zeit, ein kleines Apartment zu suchen, bevor das Wintersemester begann. Außerdem kaufte ich mir wieder ein Auto, einen alten Buick – schließlich hatte jeder in den USA einen Wagen. Während ich meine Kurse vorbereitete, machte ich mich mit den neuen Kollegen bekannt. Einige von ihnen hatten ganz ähnliche Interessen wie ich. Einer unterrichtete japanische Sprache, ein anderer japanische Literatur, ein dritter war Professor für chinesische Geschichte.

Die Universität lag auf dem Mount Oread, mit 130 Metern Höhe vermutlich der Mount Everest von Kansas. Der Campus war sehr hübsch, mit schönen, stattlichen Gebäuden und gepflegten Parkanlagen. In einer derartigen Umgebung, mit einem Job, wie ich ihn immer hatte haben wollen, verging der Herbst wie im Flug. Alles war, wie es sein sollte, nur eines nicht: Mir fehlte Hsiuping.

Ich war nie besonders gut darin gewesen, meine Gefühle zu verbergen. Eines Abends, ich saß noch in meinem Büro, kam Dr. Allen vorbei. »Hey, Klaus, gehen Sie eigentlich nie nach Hause? Es ist halb zehn!«

»Ich muß noch ein paar Dinge für morgen vorbereiten«, erklärte ich.

Allen setzte sich. »Ich habe bisher nur Gutes über Ihren Unterricht gehört. Die Studenten scheinen Sie sehr zu mögen. Sie sagen, daß Ihre Kurse ganz prima vorbereitet und aufgebaut seien. Ich hoffe, Sie bereuen es nicht, nach Kansas gekommen zu sein.«

Nein, der Job gefiele mir außerordentlich gut, versicherte ich. Allen schaute mich dennoch durchdringend an. »Sie machen aber trotzdem keinen besonders glücklichen Eindruck. Was beschäftigt Sie? Los, raus mit der Sprache!«

Ich erzählte ihm von Hsiuping.

»Wie alt sind Sie – neununddreißig?« fragte Allen. »Ist es da nicht Zeit, sich Gedanken übers Heiraten zu machen? Kommen Sie, fahren Sie nach Hongkong, und holen Sie die junge Dame. Bringen Sie Ihre Braut nach Kansas!«

Ich erwiderte, daß das so einfach nicht sei.

»Wieso?«

»Na ja, es gibt mehrere Schwierigkeiten. Die eine ist das Flugticket für mich und Hsiuping. Außerdem hätte die amerikanische Einwanderungsbehörde etwas dagegen, wenn ich einfach eine Chinesin mitbrächte, um sie dann hier zu heiraten. Wir müßten schon in Hongkong heiraten und dann gemeinsam in die Staaten kommen.«

Allen schwieg. Dann stand er auf und erklärte: »Ich werde mal drüber nachdenken, was man da machen kann. Ich melde mich morgen wieder bei Ihnen.«

Tatsächlich kam Allen am nächsten Tag erneut zu mir. »Haben Sie ein bißchen Zeit?« fragte er.

»Ja, ich denke schon, mein Kurs beginnt erst in zwei Stunden.«

»Na, dann kommen Sie.« Allen führte mich zu seinem Studebaker. »Wir fahren in die Stadt und treffen uns mit einem Bankier.«

In der Lawrence National Bank stellte Allen mich dem Chef der Bank vor. »Er unterrichtet bei uns«, erklärte Allen ihm. »Und wir glauben, daß er sehr bald einen sehr guten Professor abgeben wird. Im Moment braucht er dringend ein Darlehen.«

»Nun, wenn Sie von dem jungen Mann so überzeugt sind, wie könnte ich da nein sagen«, murmelte der Bankier zögernd. »Wieviel braucht er denn?«

Allen wandte sich an mich. »Was haben Sie gesagt, wieviel brauchen Sie, um nach Hongkong und zurück zu fliegen?«

»Ungefähr 3500 Dollar«, sagte ich beschämt. Die ganze Szene war mir schrecklich unangenehm. Noch nie hatte ich mir so viel Geld geliehen.

»Wieviel verdient er denn?« fragte der Bankier.

Allen gab die Frage an mich weiter. »5675 Dollar im Jahr«, sagte ich langsam und kleinlaut, überzeugt, daß dies das Ende aller Verhandlungen war.

»Das ist nicht besonders viel. Denken Sie, es ist klug, einem jungen Mann acht Monatsgehälter zu leihen?« fragte er nachdenklich, an Allen gewandt.

»Er bekommt voraussichtlich eine Gehaltserhöhung zum nächsten Semester. Er ist es definitiv wert. Außerdem wird er sich schon nicht davonmachen.«

»Ja ja, so ist das mit euch Professoren«, grinste der Bankier. »Ihr geht nirgendwohin, man weiß immer, wo man euch finden kann. Okay, Herr Pringsheim, kommen Sie morgen zu uns, dann können Sie einen Verrechnungscheck über 3500 Dollar mitnehmen.«

Als wir wieder im Wagen saßen, war Allen kaum zu bremsen. »Das haben wir doch nicht schlecht hingekriegt, was meinen Sie, Klaus? Die Osterferien stehen vor der Tür, dann können Sie nach Hongkong fliegen, heiraten und mit Ihrer Braut nach Lawrence kommen.«

Das ging mir nun doch alles etwas zu schnell. War ich zu diesem Schritt wirklich bereit? Zum zweiten Mal heiraten? Belog ich mich möglicherweise ebenso wie beim ersten Mal? War es überhaupt fair gegenüber Hsiuping? Kansas war verdammt weit weg von Hongkong, wo sie, abgesehen von ein paar Jahren auf dem Land, bis dahin ihr

Leben verbracht hatte. Das weite, flache Land, die heißen Sommer und arktischen Winter, die Menschen, die Sprache, das alles würde ihr völlig fremd sein. Würde sie sich daran überhaupt gewöhnen wollen?

All diese Fragen beschäftigten mich auf dem Rückweg ins Büro. Dort setzte ich mich jedoch sofort hin und schrieb aufgeregt an Hsiuping: »Stell Dir vor, ich komme nach Hongkong! Wir werden heiraten! Das Geld habe ich bei einer Bank geliehen. Triff schon mal alle nötigen Vorbereitungen!«

Die Osterferien hatten kaum angefangen, da stieg ich auch schon in Hongkong aus dem Flugzeug. Hsiuping holte mich ab. Sie schien überglücklich. Es hatte allerdings nicht wenige Schwierigkeiten gegeben, berichtete sie auf dem Weg in die Stadt. Ihre Mutter hatte die Hochzeit zunächst vehement abgelehnt und unmißverständlich klargemacht: »Der Familienrat wird da wohl noch ein Wort mitzureden haben.« Es gab nämlich noch zwei weitere junge Männer, die um Hsiupings Hand angehalten hatten. Der Rat sollte traditionsgemäß und ganz demokratisch die Entscheidung treffen.

Hsiupings engere Verwandtschaft bestand aus etwa zwanzig Brüdern, Schwestern, Cousins, Cousinen usw. Der älteste Mann der Familie hatte traditionsgemäß den Vorsitz im Familienrat. Man kam zusammen, um Fragen zu stellen und sich ein Bild von den Bewerbern zu machen. Die allgemeine Meinung war, daß man über diesen Pringsheim nicht besonders viel wisse. Er hatte sich davongemacht in eine Gegend namens Kansas, um dort Politikwissenschaften zu unterrichten, was immer das auch sein mochte. Hatte der Geld? Eigentum? Was für eine Zukunft hatte er vor sich? Und überhaupt: war er der Richtige für Hsiuping? Konnte er sie ernähren? Man hatte, vorsichtig gesagt, doch beträchtliche Zweifel, was diesen Kandidaten anging.

In der Regel haben alle Chinesen irgendeinen praktischen Beruf, mit dem sie ihren Lebensunterhalt bestreiten. Hsiupings ältester Bruder besaß eine Autowerkstatt und eine kleine Fahrschule. Ein anderer Bruder war Zimmermann, hatte ein kleines Möbelgeschäft, stellte Fensterrahmen, Türen und Ähnliches her. Ihr Schwager war Geschäftsführer eines Kaufhauses. Keiner von ihnen war reich, aber sie taten etwas Nützliches und hatten ihr Auskommen.

Bis auf eines votierten denn auch alle Mitglieder des Familienrates gegen mich: Hsiuping könnte einen Besseren bekommen, so die allgemeine Meinung. Die Unterstützung kam unerwartet von oberster Stelle. Hsiupings Mutter, die Matriarchin der Familie, setzte sich vehement für mich ein. »Wenn meine Tochter«, so ihr Machtwort, »wenn meine Tochter diesen Mann heiraten will, dann ist das allein ihre Entscheidung«, tat sie unmißverständlich kund. Und an Hsiuping gewandt: »Meinen Segen habt ihr!«

Bald stellte sich ein neues Problem, das die Familienmitglieder nur in ihrer Meinung bestärken mußte, der Pringsheim sei ein Nichtsnutz und Versager. »Ich spreche das ja ungern an«, sagte Hsiuping irgendwann zögernd, »aber die Hochzeit wird eine Menge Geld kosten.« Man hatte nämlich bereits ein recht nobles Restaurant für das Fest gemietet. Traditionellerweise fingen die chinesischen Hochzeitsfeierlichkeiten bereits am Nachmittag an. Die Gäste spielten zunächst stundenlang Mah Jong und nahmen einige Drinks, bevor das Essen serviert wurde. »Ich denke, mit sechs- bis siebenhundert Dollar mußt du rechnen«, sagte Hsiuping vorsichtig. Und die Tradition wollte, daß der Bräutigam die Kosten zu tragen hatte.

Ich geriet fast in Panik. Mein Darlehen reichte gerade, um die Reisekosten für Hsiuping und mich sowie ein paar kleine Ausgaben zu decken.

Was die ganze Sache noch schlimmer machte, war die Tatsache, daß ich eine Menge nicht-chinesischer Freunde in Hongkong hatte und Hsiuping jeden einzelnen von ihnen eingeladen hatte. Auf der Gästeliste standen der amerikanische Generalkonsul und seine Frau, eine Reihe von Auslandskorrespondenten, Professoren der Universität – insgesamt nicht weniger als zwanzig Personen. Ich mußte am Ende derart tief in die Tasche greifen, daß uns kaum mehr als das Geld für ein Taxi blieb. Zum Glück hatte Hsiupings ältester Bruder eine ganze Reihe von Geldgeschenken für Braut und Bräutigam erhalten, anders hätten wir die Hochzeit kaum bezahlen können.

Die Trauungszeremonie fand vor dem hohen Magistrat von Hongkong statt. Guy Searles hatte sich als mein Trauzeuge zur Verfügung gestellt – aber nicht nur das. Als mir der Magistrat die

Heiratsurkunde überreichte, trat Guy vor und erklärte: »Gestatten Sie mir das Privileg, die Kosten für die Urkunde zu übernehmen?« Damit legte er die erforderlichen zehn Dollar auf den Tisch.

»Sehr nett von dir«, flüsterte ich gerührt. »Ich bin im Augenblick ein bißchen knapp mit Bargeld.«

Der erste Schritt war getan, nun waren wir tatsächlich Mann und Frau. Als nächstes mußte die Urkunde den amerikanischen Behörden vorgelegt werden, damit Hsiuping eine Einreisegenehmigung für die Vereinigten Staaten erhielt. Üblicherweise pflegten solche Anträge mehrere Monate lang von einem zum nächsten Schreibtisch zu wandern, bevor eine Entscheidung gefällt wurde. Vielleicht mußte ich erst einmal allein zurückfliegen und Hsiuping später nachkommen lassen.

Als sich die Hochzeitsfeierlichkeiten dem Ende zuneigten, kam jedoch Harold Jacobson, der amerikanische Generalkonsul, an unseren Tisch, überreichte mir einen Umschlag und sagte: »Ein kleines Hochzeitsgeschenk von uns.«

Im Umschlag fand sich Hsiupings Einreisevisum, gültig vom nächsten Tag an. Kein tränenreicher Abschied also, keine Trennung und keine gebrochenen Herzen mehr. Wir konnten gemeinsam abreisen. Ich wäre Jacobson damals am liebsten um den Hals gefallen.

Wie ich befürchtet hatte, wurde Hsiuping zunächst von der fremden Welt in Kansas förmlich überrollt. Nichts war so, wie sie es gewohnt war. Sie kannte niemanden und traute sich mit ihrem noch recht dürftigen Englisch auch nicht, auf die Menschen in ihrer Umgebung zuzugehen. Sie vermißte ihre Freunde und ihre Familie. Nicht selten fand ich sie weinend auf dem Bett, wenn ich abends nach Hause kam.

Aber sie hielt durch. Sie belegte Abendkurse an einer High-School, um ihr Englisch zu verbessern. Zeitweise besuchte sie sogar mehrere Kurse gleichzeitig, Grammatik, Konversation und sogar Essay Kurse. Nach und nach wurde sie selbstbewußter und beteiligte sich schließlich sogar am gesellschaftlichen Leben auf dem Campus, z.B. im Faculty Women's Club, in dem sie überaus herzlich aufgenommen wurde. Wenn etwas die Menschen in Kansas auszeichnet, so ist es ihre Gastfreundschaft und Warmherzigkeit.

Nicht selten wurde ich in jener Zeit von anderen Universitäten zu Gastvorträgen eingeladen. Es hatte sich offenbar herumgesprochen, daß es in Lawrence einen Fachmann für japanische und chinesische Geschichte, Kultur und Politik gab. Wenn es irgendwie ging, nahm ich Hsiuping mit, damit sie mehr von den Vereinigten Staaten sah. Außerdem, schaden konnte es kaum, wenn die Leute sahen, daß derjenige, der da eine Autorität in Sachen China zu sein beanspruchte, mit einer Chinesin verheiratet war.

Das einzige Thema, über das ich dabei nie sprach, war die »Neue Demokratische Jugendbewegung Chinas«. Sie lastete auf meinem Dasein. Und unvermeidlich kam der Tag, an dem sich Dr. Allen nach dem Fortschritt der Dissertation erkundigte. »Können Sie schon sagen, wann Sie fertig sind?«

Genau besehen, hatte ich bis dahin nicht mehr als zwei Kapitel geschrieben. Und je länger ich schrieb, desto mehr ödete das Thema mich an. So mußte ich denn beichten, daß ein Ende kaum in Sicht sei.

»Tut mit leid, das zu hören« sagte er. »Wir würden Sie gern zum Assistant Professor befördern, aber dazu brauchen Sie den Ph. D. Vorher kann ich den Dekan unmöglich um eine Beförderung bitten. Mann, Sie unterrichten gut, Sie engagieren sich auf dem Campus, Sie halten unentwegt Gastvorlesungen. Es ist allein der Abschluß der Dissertation, der die Dinge unnötig aufhält. Können Sie sich nicht einen Schubs geben, dann haben Sie die Sache hinter sich.«

»Ich werd's versuchen«, murmelte ich.

Ich schrieb inzwischen über ganz andere Dinge, wie ich es auch schon in Hongkong getan hatte. Und meine Beiträge wurden in anerkannten Zeitschriften wie *China Quarterly* veröffentlicht. Berücksichtigte man das Dogma »Publish or Perish« (Publiziere oder du gehst unter), so stand ich meiner Ansicht nach besser da als Professoren mit Ph.D., deren Namen jedoch kaum jemand kannte.

Als Verfechter eines Studiums der internationalen Politik und Beziehungen hatte ich mit meinen Studenten zusammen einen internationalen Club gegründet. Ich schlug vor, etwas für die Bekanntheit von Kansas zu tun. Es war die Zeit der Kuba-Krise, jener gefährlichen

Auseinandersetzung um die Stationierung sowjetischer Atomwaffen auf Kuba. Also organisierten wir einen sogenannten *World Crisis Day*, an dem überall auf dem Campus Vorträge und Diskussionen zum Thema sowjetisch-amerikanische Beziehungen stattfanden.

Ich hatte unter anderem einen hochrangigen sowjetischen Diplomaten in Washington, Alexander Fomin, eingeladen, einen Vortrag zu halten. Fomin hatte sofort zugesagt. Von amerikanischer Seite lud ich Prof. Arthur Schlesinger ein, einen außenpolitischen Berater der Kennedy-Administration. Auch er sagte zu. Aus ganz Kansas reisten die Menschen zum *Crisis Day* in Lawrence an. Er wurde ein Riesenerfolg.

Einerseits brachte mir die Veranstaltung viel Sympathie ein; mit meinen liberalen Ansichten, die man unschwer aus meinen Stellungnahmen heraushören konnte, machte ich mir aber auch Feinde. Ich wurde zur Zielscheibe rechtskonservativer Gruppierungen, der *Young Americans for Freedom*, der *John Birch Society* oder der *Minutemen* des rabiaten William de Pugh, die allesamt die Meinung vertraten, Bomben und Raketen seien »die einzige Sprache, die die Russen verstehen«.

Als der sowjetische Spion Rudolf Abel gegen den amerikanischen U-2 Piloten Francis Gary Powers, der über der Sowjetunion abgeschossen worden war, ausgetauscht wurde, bat man mich um einen kleinen Vortrag zu der Spionageaffäre. Am Ende der Diskussion versammelte sich noch eine Handvoll Studenten um das Podium, um weitere Fragen zu stellen.

Warum hatte Präsident Eisenhower zugegeben, daß Powers einen Spionageauftrag hatte, und damit Chruschtschows Absage des Pariser Gipfels provoziert? Zumal doch Außenminister Christian Herter zuvor erklärt hatte, daß Powers allein zu Aufklärungszwecken unterwegs gewesen und dabei vom Kurs abgekommen sei. Wollte Eisenhower möglicherweise selbst den Gipfel torpedieren?

»Das glaube ich nicht«, antwortete ich eher beiläufig, »ich glaube, er hat sich einfach nur dämlich verhalten.«

Was ich nicht wußte: Derjenige, der die Frage gestellt hatte, war Reporter des *Daily Kansan*, der Universitätszeitung. Und so prangte schon am nächsten Morgen auf der Titelseite: »Pringsheim meint, Ike hat den Pariser Gipfel vermasselt.« Auch das Wort »dämlich«, mit dem ich Eisenhowers Verhalten bezeichnet hatte, fehlte in dem Bericht natürlich nicht.

Was mir der Artikel vor Augen führte, war die unbestreitbare Tatsache, daß die Antwort, die ich in der Diskussion gegeben hatte, nicht weniger dämlich war als Eisenhowers Verhalten. Mehrere Tage quollen die Tageszeitungen über von wütenden Protesten der Bevölkerung, die sich nicht darüber beruhigen konnte, daß da ein junger Professor von irgendwo sich anmaßte, den großen und berühmten Sohn Kansas' »dämlich« zu nennen.

Der Präsident der Universität, W. Clarke Wescoe, zitierte mich denn auch umgehend zu sich. Als ich bei ihm eintrat, deutete er zunächst schweigend auf einen Berg von Briefen auf seinem Schreibtisch. »Wissen Sie, was das ist?« fragte er trocken.

Ich schüttelte den Kopf, obwohl ich bereits Böses ahnte.

»Das sind Briefe, Telegramme und Postkarten von Leuten aus ganz Kansas, die sich darüber beschweren, daß Sie unseren ehemaligen Präsidenten ›dämlich‹ genannt haben. Viele von ihnen sind Persönlichkeiten, die die Universität finanziell unterstützen. Sie verlangen, daß ich Sie umgehend feuere. Ich habe den Leuten erklärt, daß sich die Universität zur freien Meinungsäußerung bekennt und daß ich einen meiner Professoren für Politologie nicht bevormunden werde.«

Wescoe stand auf und drehte eine Runde um seinen Schreibtisch. Dann sprach er weiter: »Aber eins will ich Ihnen sagen, Klaus. Sie haben mit Ihrem dummen Geschwätz meinen Arsch aus dem Fenster gehalten, und jeder schlägt jetzt auf ihn ein. Ich werde Sie nicht feuern, aber bitte, bringen Sie mich nie wieder in eine derartige Lage. Hüten Sie in Zukunft gefälligst Ihre Zunge. So, und jetzt raus hier, aber schnell!«

Ich hätte im Boden versinken können, so peinlich und unangenehm war mir die Szene. Seit diesem Tag traue ich keinem Journalisten mehr, mit oder ohne Mikrophon.

Es sollten aber auch wieder bessere Tage kommen. 1964 bekam ich einen Brief von Robert J. Dole, der sich gerade um einen Sitz im Repräsentantenhaus in Washington bewarb und gern einmal vor meinen jungen Studenten sprechen wollte. Ohne lange zu zögern, antwortete ich Dole, wir würden uns natürlich freuen, wenn er zu uns spräche.

Ich war tatsächlich ehrlich beeindruckt von seiner äußeren Erscheinung und seinem untadeligen Auftreten. Während ich ihn den Studenten vorstellte, machte ich eines ganz besonders deutlich, nämlich daß ich Doles Kandidatur für ein Amt in Washington weder unterstützen noch ablehnen und mich überhaupt jedes Kommentars zu seinen Ausführungen enthalten würde. Doch obwohl ich wußte, daß Dole eher zum rechten Flügel der Republikaner zu zählen war, grauste mir doch, als er seine Ansichten über die Vereinten Nationen verbreitete. Für Dole war die UNO nichts weiter als ein Instrument der Sowjetunion, und die Vereinigten Staaten täten gut daran, dieses Schlangennest des Bösen zu verlassen.

Meine Studenten hatten bei mir eine gänzlich andere Bewertung der Vereinten Nationen kennengelernt, nämlich die, daß die UNO vielleicht die einzige Organisation sei, mit deren Hilfe die Spannungen zwischen den USA und der Sowjetunion abgebaut werden konnten. Wenn es mir auch ungeheuer schwerfiel, so hielt ich doch diesmal den Mund. Statt dessen sinnierte ich darüber, ob Dole mit seiner Kampagne nicht mehr Erfolg hätte, wenn er zuvor den Einführungskurs in Politikwissenschaften bei mir besuchte.

Nach vier Jahren in Kansas war es schließlich soweit: Es zog mich zurück nach Kalifornien. Die Lockungen des »Golden State« hatten nie wirklich nachgelassen. Das Meer, die Berge, all das würde auch Hsiuping sicher besser gefallen als die weiten Ebenen von Kansas. Ein Wechsel hatte auch ganz praktische Gründe. Wir erwarteten unser erstes Kind im Frühjahr 1965.

Am 28. Mai 1965 war es soweit. Ich unterrichtete gerade Japanisch im Rahmen der »Mark Twain Summer School« in St. Louis, Missouri, dreihundert Meilen von Lawrence entfernt. Ich raste zurück nach Lawrence und kam einen Tag vor dem festgesetzten Termin an. Die Ärzte plädierten für einen Kaiserschnitt. Hsiuping hatte ungeheure Angst vor dem Eingriff und stimmte erst nach langen Gesprächen zu. Als ich am nächsten Morgen wieder ins Krankenhaus kam, erwartete mich eine Überraschung. Hsiuping hatte in der Nacht das Baby zur

Welt gebracht, ganz ohne die Hilfe der Chirurgen. »Siehst du, es geht auch ohne Operation«, sagte sie müde lächelnd und deutete auf Erika Katharina.

In den Wochen nach Erikas Geburt erfuhr ich von der Eröffnung des California State College in Hayward. Das war ganz in der Nähe von Berkeley, einer Universität mit Weltniveau. Es gab dort eine wunderbare Bibliothek, Chinatown in San Francisco, gute Restaurants und auch sonst alles, was das Herz begehrte. Außerdem wohnte mein Cousin Michael Mann ganz in der Nähe, in Orinda. Umgehend schrieb ich an den Direktor des politologischen Instituts, Fritz Freitag. Die Antwort ließ nicht lange auf sich warten. Freitag wollte sich mit mir treffen. Sie suchten tatsächlich jemanden, der japanische und chinesische Politik unterrichten konnte.

»Also«, erklärte er, »wir wären sehr froh, wenn Sie zu uns nach Hayward kommen würden. Wir können Ihnen eine Stelle als Assistant Professor anbieten, mit einem Gehalt von 8200 Dollar im Jahr.«

Was gab es da noch zu überlegen? Wir packten unsere Möbel und Bücher in einen großen Möbelwagen und brachen gen Kalifornien auf. Allerdings dauerte es nicht allzulange, bis wir uns fragten, ob der Wechsel von Kansas nach Hayward wirklich eine so gute Idee gewesen war. Wir hatten nach etwas mehr Leben gesucht, was sich jedoch in Hayward abspielte, hatten wir dabei nicht im Sinn gehabt.

Es war die Zeit, in der fast jeder kalifornische Campus wegen des Vietnam-Krieges in Aufruhr war, wegen eines sechstausend Meilen entfernten Krieges, der nur noch wenig mit der Wahrung amerikanischer Sicherheitsinteressen zu tun hatte. Gewalttätigkeiten wechselten sich mit Sit-Ins oder Walk-Outs ab, und die Professoren wurden zumeist als Handlanger des Establishments betrachtet. So wurde auch mir eines Tages von einigen Studenten Rassismus vorgeworfen.

Ich saß in meinem Büro, als drei Schwarze, riesige Kerle, in mein Büro stürzten. »Sind Sie Professor Pringsheim?«

»Sicher, der bin ich.«

»Wieso«, pöbelte nun einer von ihnen los, »wieso geben Sie unseren schwarzen Brüdern schlechte Noten?«

»Wenn ich Arbeiten korrigiere, dann richte ich mich nach der Qualität der Antworten. Es ist mir völlig gleich, ob der Student schwarz, weiß, gelb oder braun ist. Abgesehen davon weiß ich bei etwa hundert Studenten ohnehin nicht, welche Hautfarbe der Verfasser einer Klausur hat.«

Die Erklärung beeindruckte die drei überhaupt nicht. »Yeah, aber Sie wissen auch, daß Sie uns schwarze Brüder bevorzugen müssen«, argumentierte der Sprecher. »Die Gesellschaft der Weißen hat uns schließlich lange genug unterdrückt. Wenn Sie also in Zukunft die Klausuren von Schwarzen korrigieren, dann benoten Sie sie gefälligst besser, als sie es in Ihren weißen Augen vielleicht verdient haben, klar? Wenn eine Klausur ein C verdient, dann bekommt sie ein B oder A, okay?«

Sie wandten sich zur Tür. »Vergessen Sie das nicht, wenn Sie wissen, was gut für Sie ist! Keine C's oder D's mehr für unsere Brüder.«

Die Geschichte machte mich fast krank vor Wut. Aber ich bekam es auch mit der Angst zu tun. Ich dachte an Hsiuping und Erika. Denn die Behörden und die Polizei taten wenig, um die Konflikte zu schlichten. Im Gegenteil, die Polizei schien keine Gelegenheit auszulassen, friedliche Demonstrationen mit ihren Knüppeln in blutige Straßenschlachten zu verwandeln. Als ich eines Tages Cops beobachtete, die vom Dach eines Gebäudes auf der Telegraph Avenue Pflastersteine auf die Teilnehmer einer friedlichen Kundgebung warfen, wußte ich, daß es an der Zeit war, Hayward zu verlassen.

Es war mehr als nur ein glücklicher Zufall, daß ich gerade in jenen Tagen einen Anruf von der McMaster-Universität in Hamilton, Ontario, bekam. Man suchte dort dringend einen Fachmann für japanische und chinesische Politik.

Ich war nicht wenig überrascht, da ich niemanden in Kanada kannte und auch noch nie dort gewesen war.

»Einer unserer Professoren ist ein früherer Studienkollege von Ihnen an der Columbia-Universität«, erklärte man mir. »Er wußte, daß Sie in Hayward sind. Hätten Sie Lust, zu einem Vorstellungsgespräch nach Hamilton zu kommen? Die Unkosten tragen selbstverständlich wir.«

Nur wenige Tage später flog ich nach Hamilton und traf mich dort mit dem Vorstand und einigen Mitgliedern der Fakultät. Die Universität hatte einen betörend schönen und gepflegten Campus. Sie war schon 1887 gegründet worden, und daher vermittelten viele der Gebäude das Gefühl einer altehrwürdigen Institution. Zudem bot die Universität, anders als das Hayward College, das gesamte Spektrum wissenschaftlicher Ausbildung an, von den Geisteswissenschaften über Wirtschaftswissenschaften, Naturwissenschaften bis hin zur Theologie.

Hamilton, am westlichen Ende des Ontario-Sees gelegen, hatte damals etwa 320.000 Einwohner. Toronto, die größte Stadt Kanadas, war nur eine Autostunde entfernt.

Die Fakultät machte mir ein Angebot, das ich schlichtweg nicht ablehnen konnte. Einen verlängerbaren Zweijahresvertrag als Associate Professor mit einem Gehalt von 11.000 Dollar. Das war ein echter Fortschritt, sowohl hinsichtlich der Stellung als auch finanziell.

Ich beendete noch das Sommersemester in Hayward. Dann luden wir unseren Hausstand erneut in einen großen Möbelwagen und brachen gen Kanada auf. Hsiuping saß neben mir im Wagen und die kleine Erika zwischen uns. 2500 Meilen später, die Bäume in Kanada zeigten schon die ersten Herbstfarben, hielten wir vor dem Holiday Inn in Hamilton, Ontario, Kanada.

Erst nach dreiundzwanzig Jahren, als ich emeritiert wurde, zog die Familie Pringsheim noch ein weiteres Mal um. Vorerst aber waren wir seßhaft geworden.

14. ... DANN WIRD ER MIT DEM GESICHT NACH UNTEN SCHWIMMEN.

Schnell fanden wir eine Dreizimmerwohnung im dritten Stock der Camelot Towers, ganz in der Nähe des Campus. Ich hatte den Weg dorthin noch nicht allzuoft zurückgelegt, als ich mich schon mit etwas Wehmut an die friedlichen Tage in Kansas erinnerte. Diesmal allerdings nicht wegen politischen Aufruhrs, pöbelnder Studenten und gewalttätiger Polizei, sondern wegen des Verhaltens meiner Professoren-Kollegen – alles gebildete Menschen, wie man meinen sollte.

Das noch relativ junge Institut für Politikwissenschaften war zutiefst gespalten in der Frage, was Politik ist und wie sie zu unterrichten sei. Dieser Streit reicht freilich zurück bis in die Antike. So gab es denn eine Seite, die es mit der antiken Tradition hielt. Die andere Seite hingegen vertrat vehement die Auffassung, daß es höchste Zeit für eine Modernisierung des Ansatzes sei. Die Modernisierungsfraktion nannte sich selbst »Behavioristen« und bestand darauf, daß die »Traditionalisten«, so wie einst Karthago, restlos vernichtet oder zumindest verbannt werden müßten.

Es herrschte eine völlig vergiftete Atmosphäre. Manche Kollegen liefen auf den Fluren aneinander vorbei, ohne sich auch nur eines Blickes zu würdigen. Es ging so weit, daß man die Post der Gegenseite versteckte. Keine Gelegenheit wurde ausgelassen, die andere Fraktion bloßzustellen, anzuschwärzen oder gar zu fordern, ihre Vertreter allesamt zu entlassen oder zu versetzen.

Einen ersten Eindruck von dem, was vorging, erhielt ich, als einer meiner Kollegen mich in meinem Büro aufsuchte, um mich für die »Behavioristen« zu gewinnen. »Schließen Sie sich uns an, Pringsheim, dann sorgen wir dafür, daß Ihre Probezeit nicht lange dauert und Sie umgehend einen unbefristeten Vertrag bekommen. Dazu Gehaltserhöhungen, Beförderungen, beste Arbeitsbedingungen, alles, was Sie wollen«, warb er. »Wir werden diesen Arschlöchern das Leben so schwer machen, daß sie irgendwann von sich aus kündigen!«

Mit diesen Worten streckte er mir seine Hand entgegen. »Schlagen Sie ein. Eine Hand wäscht die andere. Wir bestätigen die außerordentliche Qualität Ihrer Arbeit, und umgekehrt ...«

Ich ignorierte den ausgestreckten Arm. »Nichts zu machen. Ich will damit nichts zu tun haben. Ich werde vielmehr umgehend dafür sorgen, daß die Universitätsverwaltung von diesen Vorgängen erfährt.«

Das hatte er von einem Neuen offenbar nicht erwartet. Als er sich von dem Schrecken erholt hatte, zischte er nur: »Und ich werde dafür sorgen, daß Sie auf der Stelle entlassen werden« und verließ mein Büro.

Gleich am nächsten Tag ging ich zu E. T. Salmon, Direktor unseres Colleges, und erzählte ihm von dem Vorfall. »Das ist ja unglaublich. Ich werde mich sofort darum kümmern. Vielen Dank, daß Sie gekommen sind.«

Der Mann, der mich so heftig unter Druck gesetzt hatte, wurde suspendiert und das gesamte politikwissenschaftliche Institut so lange dem Dekan der sozialwissenschaftlichen Fakultät unterstellt, bis man in den Staaten einen neuen geschäftsführenden Leiter gefunden hatte. Nun aber ging der göttliche Zorn auf uns alle nieder. Der Effekt meiner Beschwerde war nämlich, daß keine verdeckten Grabenkämpfe mehr geführt wurden, sondern jede Konferenz zu einer offenen Schlacht zwischen beiden Gruppierungen geriet. Man versuchte Beförderungen zu sabotieren, Verschwörungen anzuzetteln, sogar verdiente Gehaltserhöhungen wurden zu Streitpunkten. Mit der Zeit begann ich meine Kollegen und die Verwaltung zu meiden, bereitete meine Kurse zu Hause vor und erschien nur zum Unterricht auf dem Campus. Jener kalte Krieg dauerte mehrere Jahre, bis die ewigen Anfeindungen und Verschwörungen endlich nachließen.

Was mich dabei besonders traurig stimmte, war die Tatsache, daß ausgerechnet jene, die mit akademischen Titeln auf dem Gebiet der Politikwissenschaften dekoriert waren, so intolerant gegenüber den Meinungen und Überzeugungen anderer waren. Es zeigte nur allzu deutlich, daß weder eine liberale Erziehung in einem demokratischen Land noch eine akademische Ausbildung die Menschen mit politischer und philosophischer Toleranz ausstattet. Ich sah auf einmal den gleichen Ungeist am Werk, der mich in meiner Jugend aus Deutschland vertrieben hatte. Aber diesmal blieb ich. Ich blieb, um dafür zu sorgen, daß jene Betonköpfe nicht die Oberhand behielten.

Am Ende siegte »das Gute«, wenn es auch mehrere Jahre dauerte. Einige der Intriganten gingen von selbst, andere wurden entlassen.

Als schon einige Zeit Friede eingekehrt war, rief mich eines Tages der Dekan der sozialwissenschaftlichen Fakultät zu sich. Er schien etwas sehr Gewichtiges auf dem Herzen zu haben. »Setzen Sie sich«, bat er und wies auf einen Sessel.

»Nun, Klaus, ich hoffe, Sie sind inzwischen halbwegs mit uns zufrieden?«

»Doch, bin ich«, antwortete ich, wobei ich mich fragte, warum ich es vielleicht nicht sein sollte.

»Sind Sie so zufrieden, daß Sie in Kanada bleiben wollen, oder möchten Sie nach wie vor in die Vereinigten Staaten zurück?«

»Eigentlich habe ich beschlossen, zu bleiben, jetzt, wo endlich Frieden im Institut herrscht.«

»Gut, gut, außerdem haben wir Ihnen einen unbefristeten Vertrag gegeben, nicht wahr?«

»Ja, Sir, das weiß ich sehr zu schätzen.«

»Dann würde ich Sie gerne um einen Gefallen bitten. Sie haben ja sicher in der Presse gelesen, daß die politikwissenschaftlichen Institute, insbesondere hier in Ontario, kritisiert werden, weil der Anteil der Kanadier am Lehrkörper nicht sehr hoch ist, statt dessen die Amerikaner dominieren.«

»Ja, ich weiß.« In der Tat fand seit längerem eine breite öffentliche Diskussion zu diesem Thema statt.

»Und Sie kennen auch die Situation in unserem Institut«, druckste der Dekan weiter herum.

Natürlich kannte ich das Ungleichgewicht, über das ich mir selbst des öfteren Gedanken gemacht hatte.

Der Dekan fuhr fort: »Acht Amerikaner, zwei Briten und zwei Kanadier. Das ist nicht unbedingt ein Verhältnis, das einem Institut einen kanadischen Anstrich gibt.«

»Da haben Sie fraglos recht, Sir.«

Schließlich rückte er endlich mit der Sprache raus: »Sehen Sie, worauf ich hinaus will? Wenn Sie und einige Ihrer Kollegen bereit wären, die kanadische Staatsbürgerschaft anzunehmen, dann wäre das Problem gelöst. Würden Sie in den nächsten Tagen zu den entsprechenden Behörden gehen und die kanadische Staatsbürgerschaft beantragen? Würden Sie das für uns tun?«

Ich sagte zu. Vielleicht war das einfach der Preis, den ich zahlen mußte. Etwas unentschlossen besorgte ich mir am nächsten Tag die Unterlagen. Ich füllte sie aus, ließ sie dann jedoch eine Woche liegen, bevor ich sie im amerikanischen Konsulat in Toronto vorlegte. Der zuständige Beamte sprach mit einem schweren Südstaatenakzent.

»Was kann ich für Sie tun?«

»Ich bin Professor an der McMaster-Universität. Die Leute dort möchten, daß ich die kanadische Staatsbürgerschaft annehme, weil zu viele Amerikaner im Institut angestellt sind.«

»Als erstes müssen Sie eine Erklärung abgeben, daß Sie auf die amerikanische Staatsbürgerschaft verzichten.« Er reichte mir das entsprechende Formblatt und fügte hinzu: »Das ist es doch, was Sie wollen, Sie wollen die amerikanische Staatsbürgerschaft aufgeben, oder?«

Noch bevor ich antworten konnte, sprudelte es weiter aus ihm heraus. »Wissen Sie, was ich glaube? Ich glaube, Sie haben den Verstand verloren. Millionen Menschen würden alles dafür geben, amerikanische Staatsbürger zu werden. Sie müssen völlig verrückt sein.«

Ich protestierte. »Eigentlich will ich meine Staatsbürgerschaft ja nicht aufgeben, aber ...«

»In dem Fall brauchen Sie die Papiere nicht«, unterbrach er mich und riß mir das Blatt aus der Hand. »Wenn Sie eigentlich Amerikaner bleiben wollen, kein Problem.« Er zögerte einen Moment. »Oder sind Sie etwa einer von diesen Vietnam-Protestlern?« Viele junge Amerikaner flüchteten in jenen Jahren nach Kanada, um der Einberufung in die Armee und dem Einsatz in Vietnam zu entgehen.

»Wie Sie aus meinen Unterlagen entnehmen können, bin ich vier Jahre bei der Armee gewesen.«

»Ach ja, stimmt. Aber dann verstehe ich erst recht nicht, warum Sie Ihre Staatsangehörigkeit aufgeben wollen«, rief er.

Ich war kurz davor, mich von ihm überzeugen zu lassen. Aber erstens wartete in den Staaten kein Job auf mich, zweitens hatte ich eine Familie, und der Jüngste war ich auch nicht mehr. Ich nahm ihm das Formular wieder aus der Hand und ging. »Ich schicke es Ihnen zu!«

»Wiedersehen«, murmelte der Beamte mißmutig.

Meine Stimmung war nicht besser als seine. Eine ganze Reihe meiner Kollegen, wenn auch nicht alle, hatten ebenfalls ihre Staatsbürgerschaft aufgegeben und waren wie ich Kanadier geworden. Zwei oder drei Jahre später bildeten »kanadische Professoren« tatsächlich die Mehrheit in unserem Institut.

Das half nichts, ich fühlte mich wie ein Verräter. So sehr, daß ich an viele meiner Freunde in den USA schrieb und ihnen ausführlich erklärte, wie ich in die mißliche Lage geraten war und wie unglücklich ich darüber sei. Leider wurde das Gesetz, das die doppelte Staatsangehörigkeit erlaubt, erst Jahre später verabschiedet.

Das Leben ging weiter. Die Geburt unserer zweiten Tochter, Tanya Margarita, zeichnete das Jahr 1968 aus. Nun waren wir zu viert. Hsiuping meinte, es sei nun wohl an der Zeit, ein Haus zu kaufen. Das Apartment wurde in der Tat langsam zu eng. Die Sache hatte allerdings einen Haken. Wir besaßen nicht genug Geld für eine Anzahlung. Und die beträgt in Kanada normalerweise fünfundzwanzig Prozent des Kaufpreises.

»Laß uns trotzdem mal durch die Gegend fahren und schauen, ob überhaupt irgendwelche Häuser zu verkaufen sind«, schlug Hsiuping vor.

Das konnte ja wirklich nicht schaden. Ich war aber ganz sicher, daß jemandem, der kein Geld auf der hohen Kante hatte, niemand ein Haus verkaufen würde. Wir fuhren ein paar Blocks nach Westen in die sehr schöne Wohngegend von Dundas. An der Ecke der Lyndon und der Little John Road stand ein mittelgroßes, zweistöckiges Haus. Im Vorgarten ein Schild »For Sale«.

Ich hielt an. »Das sieht gut aus. Es hat ungefähr die richtige Größe, nicht zu extravagant und nur zwei Meilen von der Universität entfernt«, rief Hsiuping begeistert.

Auf der anderen Seite der Straße lag ein Park mit Tennisplätzen und großen alten Bäumen, unter ihnen eine riesige Weide. Es war eine ausgesprochen ruhige Gegend, keine Tankstellen, keine Supermärkte, nicht einmal eine Kirche. Eine schöne Wohngegend, wohl aber auch sehr teuer.

Wir fuhren noch eine Weile durch die Straßen. Als wir zum zweiten Mal an dem Haus vorbeikamen, sagte Hsiuping voller Wehmut: »Laß uns doch wenigstens mal anhalten und schauen, ob der Besitzer da ist. Vielleicht können wir uns das Haus ja ansehen und erfahren auch den Preis.«

Wir klingelten. Die Besitzerin öffnete, bat uns liebenswürdig hinein und führte uns herum. Die Räume waren in tadellosem Zustand. Das Haus hatte drei Schlafzimmer, ein Wohnzimmer, ein Eßzimmer und sogar einen Keller. Der Garten maß etwa 30 mal 50 Meter, umgeben von einem Holzzaun.

Die Besitzerin erzählte uns, ihr Mann sei Ingenieur bei den Kanadischen Elektrizitätswerken und gerade versetzt worden, deshalb müsse das Haus so schnell wie möglich verkauft werden. Der Preis betrug 27.000 Dollar. Um uns entgegenzukommen, war sie bereit, uns einen Teil des Preises, 6500 Dollar, zu leihen, mit 6,5 Prozent Zinsen.

Ich hatte einen Freund in Hamilton, der sich als Agent einer großen Versicherung in Geldgeschäften auskannte. John Bryan war ebenso wie ich in den dreißiger Jahren vor Adolf Hitler aus seiner Heimat, der Tschechoslowakei, geflohen und hatte sich in Kanada niedergelassen. Ich rief an und fragte ihn um Rat. Konnte man ein Haus ohne einen Pfennig Geld kaufen? War das überhaupt ein gute Idee? Wenn ja, wie ließ sich das machen?

»Wieviel Geld hast du denn auf der Bank?« fragte John.

»Sieben«, antwortete ich.

»Wie sieben? Siebentausend Dollar?«

»Nein, sieben Dollar«, berichtigte ich kleinlaut.

»So so, dann müssen wir schon ein bißchen jonglieren«, sagte er nachdenklich. »Aber ich denke, das kann klappen. Gib mir die Adresse des Eigentümers. Und dann gehen wir in den nächsten Tagen mal zusammen zur Bank.«

Es dauerte nur ein paar Tage, dann hatte John einen Finanzierungsplan ausgearbeitet. »Nimm das Angebot des Besitzers an, dir 6500 Dollar zu leihen, und willige ein, die Hypothek zu übernehmen.«

Dem Besitzer war das recht. Am nächsten Tag schleppte John mich zu Harry Buckle von der Canadian Imperial Bank, bei der auch mein Gehalt einging.

Es dauerte keine fünfzehn Minuten, und ich verließ die Bank mit einem Scheck über 10.000 Dollar in der Tasche. Den überreichte ich der Immobilienfirma als Anzahlung. Der Rest lag als Hypothek auf dem Haus. Innerhalb nur weniger Tage waren wir so zu einem Haus gekommen. Und die sieben Dollar befanden sich immer noch auf meinem Konto.

Auf diese Weise brauchten wir allerdings zwanzig Jahre, bis endlich die Hypothek abbezahlt war. Und es hätte wohl noch länger gedauert, wäre meine fürsorgliche und geliebte Tante Katia nicht gewesen. Sie starb 1980 im biblischen Alter von 97 Jahren. Die ganzen Jahre hatte sie in demselben Haus in der Schweiz gewohnt und war alle paar Tage den Hügel hinaufgewandert, um frische Blumen auf das Grab von Thomas Mann zu legen. Bis zu ihrem Tod blieb sie das Oberhaupt der Familie, die letzte Instanz und Autorität in allen entscheidenden Fragen. Sie erteilte Ratschläge, schrieb Briefe und vergaß nie einen Geburtstag oder eine Weihnachtskarte.

Und obwohl ich eigentlich nur ein Neffe war – ein »unechter« noch dazu –, schickte sie mir jedes Jahr zu Weihnachten einen Scheck, mal 150, mal 250 Dollar. »Es ist nicht viel«, schrieb sie dann dazu, »aber es ist das, was ich habe und geben kann.« Niemals vergaß Katia einen meiner Geburtstage, immer schickte sie etwas, ein Buch, einen hübschen Pullover …

In ihrem Testament allerdings wurde ich nicht bedacht. Gret Mann, die Witwe meines Cousins Michael, kommentierte dies bei einem meiner späteren Besuche bei ihr in Orinda: »Ich bin sicher, das war ein Versehen, sie hat es wahrscheinlich einfach vergessen. Dabei hat sie den Familienangehörigen viel Geld hinterlassen, einschließlich Golo, der es ja nun am wenigsten braucht. Ich denke, ich sollte Golo mal schreiben.« Michael Mann hatte Golo den »Festredner der Bundesrepublik« getauft, denn es gab kaum einen bedeutenden historischen Anlaß, zu dem man ihn nicht als Gastredner einlud.

Kaum sechs Monate nach dem Besuch bei Gret bekam ich von meiner Bank eine kurze Notiz geschickt, in der man mich davon in Kenntnis setzte, daß meinem Konto 6200 Dollar von Golo Mann aus Zürich angewiesen worden seien. Ein Brief von Golo bestätigte die Anweisung. »Deine Tante hatte Dich sehr gern. Deshalb, denke ich, wäre es durchaus in ihrem Sinn, daß Du etwas aus ihrem Nachlaß erhältst. Wir haben daher so viel zusammengelegt, daß Du die Hypothek für Dein Haus abzahlen kannst.«

Ein großer Teil der Arbeit eines Professors besteht in ermüdender Lektüre. Man hält Vorlesungen und Seminare, korrigiert Klausuren und Hausarbeiten – nicht unbedingt das, was das Leben aufregend macht. Aber es gibt auch andere Dinge, die sich durchaus mit der Wissenschaft verbinden lassen. Die für mich maßgeschneiderte Gelegenheit, das Angenehme mit dem Nützlichen zu verbinden, ergab sich mit der Weltausstellung in Osaka 1970.

Ich schloß mich mit Tom Morris, einem Mathematikprofessor und, wichtiger noch, einem hervorragenden Organisator, zusammen. Gemeinsam reisten wir durch ganz Ontario und warben für eine Reise zur Weltausstellung in Osaka. Am Ende hatten wir eine Reisegruppe von fast 150 Personen zusammen. Für diejenigen, die sich ein wenig auf die Reise vorbereiten wollten, bot ich zehn Vorlesungen über die Geschichte und Kultur Japans an.

Nur wenige Tage nach der Eröffnung in Osaka angekommen, teilten wir die Gruppe auf. Die eine Hälfte übernahm ich, die andere mein Bruder Hans. Zunächst besuchten wir über mehrere Tage die Weltausstellung. Danach hatten wir ein Treffen unserer Reisegruppe mit dem ehemaligen Premierminister Nobusuke Kishi organisiert, bei dem ausführlich die politischen und wirtschaftlichen Themen der Zeit diskutiert wurden. Außerdem besuchten wir den ersten japanischen Nobelpreisträger für Literatur, Yasunari Kawabata, besichtigten das private Krankenhaus des Multimillionärs Ryoichi Sasakawa, wurden zu einer Teezeremonie eingeladen und ließen uns in die hohe Kunst des Ikebana einweisen.

Um die Beziehungen zwischen Kanada und Japan noch weiter zu intensivieren, schlug ich dem Bürgermeister von Hamilton, Victor Copps, vor, eine Städtepartnerschaft mit einer japanischen Stadt einzugehen. Die Idee gefiel ihm. »Wenn Sie eine passende Stadt in Japan finden, werde ich die Dinge von unserer Seite aus in die Wege leiten.«

Meine Wahl fiel auf Fukuyama, achtzig Meilen östlich von Hiroshima. Fukuyama hatte wie Hamilton etwa 300.000 Einwohner, zwei große Stahlwerke und einen Hafen. Und es gab noch mehr Gemeinsamkeiten. Also reiste ich nach Fukuyama und unterbreitete dem Bürgermeister und dem Stadtrat unseren Vorschlag. Er wurde sofort begeistert aufgenommen. Anders in Hamilton. Dort hatte Copps mit den Stadtvätern sehr viel mehr Mühe. Die Idee geriet in die Mühlen der Kommunalpolitik. Und so kam es, daß erst sieben Jahre später eine Delegation von Bürgern aus Hamilton mit mir als Fremdenführer nach Japan reiste und die Partnerschaft zwischen Hamilton und Fukuyama besiegelte.

Eine meiner angenehmsten Nebenbeschäftigungen während unserer Zeit in Hamilton wurde mir von der Frau eines Kollegen angetragen. Sie war Mitherausgeberin des *Hamilton Magazine*, einer lokalen Kulturzeitschrift, und hatte in den Kochkursen bei Hsiuping ihre Liebe zur chinesischen Küche entdeckt. Und da ich nun zu den glücklichen Konsumenten exzellenter chinesischer Kochkunst gehörte, schlug sie mir vor, für ihre Zeitschrift die Beurteilung eines neuen chinesischen Restaurants in Hamilton zu schreiben. Ich erklärte mich sofort bereit. Ergebnis dieser Kritik war, daß man mir eine monatliche Kolumne zum Thema »Essen und Trinken in Hamilton« anbot. Geld gab es freilich nicht dafür, aber Essen und Wein in den jeweiligen Restaurants waren für mich und meine Begleitung, meist Hsiuping, umsonst. Fünf Jahre lang habe ich mich um diese Kolumne gekümmert.

Die Artikel schrieb ich unter meinem eigenen Namen, die Reservierungen allerdings machte ich unter meinem alten Pseudonym aus der Zeit in Monterey: Claude H. Prince. So blieb ich anonym und wurde nicht bevorzugt bedient. Erst am Ende des Menüs gab ich mich dem Chef oder Besitzer zu erkennen, sprach mit ihm über sein

Restaurant, über Feinheiten bei der Zubereitung. Auf diese Weise lernte ich viel über die Küchen und Kochkünste der verschiedensten Völker.

Der Nebeneffekt meiner Restaurant-Kolumne war, daß ich dadurch eine gewisse Berühmtheit erlangte. Als Universitätsprofessor kannte mich kaum jemand. Dafür lasen aber Tausende von Menschen meine Artikel und kannten daher meinen Namen. Und als die Zeitschrift mich dann auch noch mit einer Gabel und einer riesigen Lupe in der Hand auf der Titelseite abbildete, war es mit der Anonymität endgültig vorbei. Zu Hause oder im Büro stand mein Telefon kaum noch still. Permanent erkundigten sich Leute nach Restaurants, welche Gerichte man da oder dort bestellen sollte ... Ich hatte es mir zur Gewohnheit gemacht, keine wirklich negativen Kritiken zu schreiben. Traf ich tatsächlich einmal auf ein richtig schlechtes Restaurant, so schrieb ich einfach nicht darüber. Eines Tages konnte ich allerdings schlicht nicht umhin, meiner Informationspflicht auch auf der Negativ-Seite nachzukommen. Das Essen war unsagbar schlecht gewesen. Nachdem die Zeitschrift diesen Artikel veröffentlicht hatte, bekam der Herausgeber einen Anruf vom Besitzer des Restaurants: »Sollte dieser Professor es jemals wieder wagen, etwas Derartiges über mein Restaurant zu schreiben«, drohte er, »dann wird er mit dem Gesicht nach unten im Ontario-See schwimmen!« Der Mann war der Kopf der örtlichen Mafia.

Da ich durch den häufigen Genuß guten Essens inzwischen kräftig an Gewicht zugelegt hatte, gab es jetzt mehrere gute Gründe, die Kolumne aufzugeben.

Außerdem hatte ich eine neue Idee, wie ich mein Gehalt aufbessern konnte. Meine kanadischen Freunde und Bekannten schienen nur wenig über den japanischen Premierminister Eisaku Sato zu wissen. In der Annahme, daß sie vielleicht mehr über ihn erfahren wollten, beschloß ich, seine Biographie zu schreiben. Die Universität gewährte mir auf Anfrage großzügig ein Freisemester, damit ich nach Japan fahren und das nötige Material recherchieren konnte.

Meinen Vater wiederzusehen, darauf freute ich mich bei der bevorstehenden Reise nach Japan besonders. Dieser Wunsch aber sollte mir nicht mehr erfüllt werden. Noch während ich meine Reisevorbereitungen traf, bekam ich einen Anruf von meinem Bruder Hans. »Ich habe traurige Nachrichten, Klaus. Unser Vater ist gestorben!« Ein halbes Jahr vor seinem 90. Geburtstag, noch immer musikalischer Direktor der *Musashino-Akademie,* noch immer unterrichtend und schreibend, hatte er einen Herzinfarkt erlitten und war kurze Zeit darauf, am 7. Dezember 1972, gestorben.

Der Pazifische Ozean verdankt seinen Namen sicherlich nicht dem Wetter, das dort im Winter in seinen nördlichen Regionen herrscht. Acht Tage nachdem die *S.S. Oriental Jade* San Francisco verlassen hatte, gerieten wir in einen gnadenlosen Orkan. Das Schiff stöhnte entsetzlich. Die Maschinen fielen aus, und das Ruder brach, so daß das Schiff manövrierunfähig wie eine Nußschale auf den Wellen taumelte und pausenlos Notsignale gab. Ein anderes Schiff in der Nähe schlug Leck und sank, ohne daß die *Jade* zu Hilfe eilen konnte.

Dabei war ich extra mit dem Schiff gefahren, weil ich es hasse, zu fliegen. Aber die Angst zu ertrinken war noch weit schlimmer, nichts versetzte mich mehr in Angst und Schrecken als die Vorstellung, wie das Wasser über mir zusammenschlug.

Nach vier Tagen Auge in Auge mit der Katastrophe beruhigte sich die See ein wenig. Mit Hilfe der Passagiere, zum großen Teil New Yorker Polizisten, die mit ihren Frauen eine Kreuzfahrt unternahmen, gelang es, das Schiff wieder flottzumachen, und mit sieben statt der üblichen achtzehn Knoten setzten wir unsere Fahrt fort. Gut zwanzig Tage später als geplant liefen wir schließlich in den Hafen von Yokohama ein. Ich nahm den nächsten Zug nach Tokio und fuhr sofort zum Haus meines Vaters. Die Haushälterin öffnete mir. »Gott sei Dank, daß Sie kommen«, weinte sie. »Ihr Vater klagt und klagt. Er ist oben auf dem Klavier.«

Ich zog meine Schuhe aus und ging nach oben. Dort sah ich die Urne mit der Asche meines Vaters. Sie stand auf dem Klavier, das letzte Bild von ihm dagegengelehnt. Jede Nacht, beharrte die Haushälterin, stiege er aus der Urne und wandere durchs Haus, klagend, daß er nicht bis in alle Ewigkeit auf dem Klavier verweilen wolle. »Er jammert und weint«, berichtete sie. »›Was geschieht mit mir, warum werde ich nicht beerdigt?‹«

»Ja, aber warum ist er denn nicht beerdigt worden?«

»Ihr Bruder hat nicht genügend Geld. Ist das nicht schrecklich?« sagte sie, der Verzweiflung nahe.

Ich fand Hans im Foreign Correspondents' Club, wo ich mich früher selbst so gerne herumgetrieben hatte. »Ich kann es einfach nicht bezahlen«, erzählte er. »Ich habe bei einigen Beerdigungsinstituten nachgefragt. Sie verlangen drei-, vier- oder sogar fünftausend Dollar für eine Grabstelle und einen Stein.«

Umgehend schrieb ich an Katia Mann in der Schweiz, an meine Mutter und meine Schwester in Deutschland. Ich schlug vor, zusammenzulegen. Meine Mutter schrieb zurück, sie habe kein Geld, meine Schwester schickte immerhin zweihundert Dollar. Katia hingegen kabelte: »Wieviel brauchst Du? Ich schicke Dir soviel, wie nötig ist.« So war Katia eben.

Mit dem Geld wurde mein Vater schließlich ordentlich beerdigt und sein Geist unter einem Grabstein, auf dem seinem Wunsch entsprechend nur sein Name und die Lebesdaten stehen, zur Ruhe gelegt.

Mein Besuch in Japan, um Premierminister Sato zu interviewen, blieb indes nicht unbemerkt. Die *Asahi Shimbun*, eine Tageszeitung mit einer Auflage von zehn Millionen, brachte eine ausführliche Geschichte mit Bild von mir. Es war fast so, als kehrte ich als ein berühmter verlorener Sohn in die Heimat zurück. Nicht lange nachdem ich wieder in Kanada war, bekam ich einen Brief, dessen Handschrift mir nur allzu vertraut war. Er war von Naoko, jenem jungen Mädchen, das ich vor langer Zeit in Japan zurückgelassen hatte.

Sie hatte die Geschichte in der Zeitung gelesen und schrieb: »Ich hoffe, daß Du mich nicht vergessen hast. Ich will Dich nur wissen lassen, daß es mir gutgeht und daß ich mich freue, Dich ebenfalls bei guter Gesundheit zu wissen. Ich bin inzwischen verheiratet und habe mehrere Kinder.« Der Ton ihres Briefes war warmherzig, aber distanziert. »Solltest Du wieder nach Japan kommen, würde ich mich freuen, wenn Du Dich meldest. Es wäre schön, wenn Du meinen Mann kennenlernen könntest.«

Bei meinem nächsten Besuch in Japan nahm ich die Einladung an. Naoko war noch immer die gleiche attraktive Frau, die ich mehr als zwanzig Jahre zuvor verlassen hatte. Ihr Mann war irgendwo im Universitätsdienst beschäftigt. Naoko selbst schien glücklich zu sein und stolz auf ihre Kinder, zwei Jungen und ein Mädchen.

Während der Jahre an der McMaster erwarb ich mir einen Ruf als absoluter Japan-Experte. Neben meinen üblichen Lehrverpflichtungen – 150 Unterrichtsstunden im Semester – fand ich immer noch Zeit, kleine Beiträge für *The Toronto Star* oder *Globe and Mail* zu schreiben. Gelegentlich trat ich im Fernsehen auf oder verfaßte Radiobeiträge. Es schien, als ob jeder, der in Ontario eine Frage zu Japan hatte, trivial oder kompliziert, sich an mich wandte.

»Ich fliege im Februar nach Japan, muß ich da einen Pullover mitnehmen?« oder: »Warum mußte sich der Tenno bei den Koreanern entschuldigen?« So wie sich die Kanadier über Japan erkundigten, so erkundigten sich die Japaner über Kanada. Das Bindeglied zwischen beiden Ländern war ich.

Eines Tages, es war im Jahr 1977, bekam ich einen Anruf vom kanadischen Außenministerium. Sie suchten jemanden, der in der Lage war, etwas über die Geschichte der kanadisch-japanischen Beziehungen zu schreiben. »Wir haben entschieden, daß Sie der richtige Mann dafür wären«, erklärte mir Donald Page von der Abteilung für Geschichte. Im Jahr 1929 hatte Kanada, das bis dato als Mitglied des British Commonwealth keine eigenen Botschaften besaß, diplomatische Beziehungen zu Japan aufgenommen. In zwei Jahren also gab es das fünfzigjährige Bestehen dieser Beziehungen zu feiern. Die Idee war daher, das Buch exakt zu dem Datum zu publizieren.

Das Honorar sollte 10.000 Dollar betragen, wobei mir das Ministerium sämtliche notwendigen Unterlagen zur Verfügung stellen wollte. Nichts, kein Dokument sollte zurückgehalten werden, nicht einmal geheime oder streng geheime Unterlagen.

Inzwischen war meine Familie um ein weiteres Mitglied angewachsen. Im Jahr 1971 nämlich hatte Tamara Milka das Licht der Welt erblickt. Da die Hälfte meines Einkommen für Steuern draufging und unser Haus noch lange nicht abbezahlt war, nahm ich den Auftrag sofort an.

Ganze LKW-Ladungen von Unterlagen wurden vom Ministerium geliefert. Kiste um Kiste mit der Korrespondenz zwischen den beiden Regierungen stapelte sich in unserem Haus, und in Ottawa lag noch mehr. »Die Regierung gestattet nicht, Ihnen die Unterlagen der letzten dreißig Jahre zu überlassen. Aber wir haben beschlossen, eine Ausnahme zu machen«, schrieb man mir. »Wenn Sie nach Ottawa ins Außenministerium kommen, dann können Sie alles einsehen, Sie können sich Notizen und Kopien machen, soviel Sie brauchen.«

Da ich nur eineinhalb Jahre Zeit hatte, beschloß ich, mit dem Material zu arbeiten, das mir zur Verfügung stand. Nach wenigen Monaten schon schickte ich einen ersten Teil, etwa fünfzig Seiten, nach Ottawa. Er wurde ausgesprochen positiv aufgenommen.

Nun aber kamen die Schwierigkeiten. Je tiefer ich mich in die neueren Unterlagen einarbeitete, desto deutlicher zeichnete sich ab, daß es eine Leiche im Keller der kanadischen Geschichte gab. Nachdem die Japaner Pearl Harbor angegriffen hatten, beschloß man, daß die 21.000 Einwohner japanischer Herkunft, die in British Columbia nahe der Küste lebten, eine Gefahr für die nationale Sicherheit darstellten und ins Landesinnere umgesiedelt werden sollten.

Es gab keinerlei Hinweise auf eine derartige Bedrohung, nichts, was darauf schließen ließ, daß diese Menschen keine loyalen Kanadier waren. Das jedoch, so wurde in jenen Jahren argumentiert, sei nur ein Zeichen ihrer Cleverness und ein Grund mehr, sie loszuwerden. Es war die gleiche Geschichte wie in Kalifornien, wo der ehrenwerte Earl Warren, Generalstaatsanwalt von Kalifornien, exakt dasselbe Argument benutzt hatte, als weder das FBI noch der Geheimdienst der Marine Anzeichen für die Illoyalität der dort lebenden Japaner gefunden hatten.

Genau wie in Kalifornien wurden die Japaner aus British Columbia ins Landesinnere deportiert. Und auch in diesem Fall durften sie nur das mitnehmen, was sie tragen konnten. Die arbeitsfähigen Männer schickte man in Arbeitslager, wo sie 25 Cent pro Stunde verdienten, alle anderen brachte man in notdürftig improvisierten Auffanglagern unter. Ihr Grund- und anderer Besitz wurde, soweit nicht gestohlen, zu lächerlichen Preisen versteigert.

Daß diese Behandlung der Japaner nur durch Scheinargumente gedeckt wurde, machten meine Unterlagen schnell deutlich. Der eigentliche Grund war politischer und ökonomischer Natur. Die Japaner kontrollierten bestimmte Industriezweige, insbesondere das Fischereigewerbe und die Landwirtschaft. Was immer sie auch anpackten, sie schienen die Gabe zu besitzen, die Geschäfte trotz aller Widerstände ins Rollen zu bringen. Und erneut lieferte wie in Kalifornien der Krieg einen wunderbaren Vorwand, um ein altes Problem aus der Welt zu schaffen. Die nationale Sicherheit hatte damit wenig zu tun.

Doch es ging noch weiter. Nachdem man die Japaner erst einmal aus ihren sozialen und ökonomischen Positionen herausgerissen hatte, wollte man sie endgültig loswerden. Deportation und Internierung sollte nur der erste Schritt sein. Eine Idee war, eine kleine Insel im Pazifik zu kaufen und sie einfach dorthin zu verschiffen. Eine andere, sie kurzerhand nach Japan zurückzuschicken, ungeachtet der Tatsache, daß zwei Drittel in Kanada geboren und kanadische Staatsbürger waren. Bis auf einen Politiker hatten damals alle sechzehn Mitglieder des Parlaments von British Columbia diese Ideen unterstützt.

Lange schlug ich mich mit der Frage herum, was die kanadische Regierung dazu gebracht haben mochte, derart die Grundsätze der Demokratie außer Kraft zu setzen, um deren Verteidigung willen sich doch die halbe Welt im Krieg befand. Es war ein abscheuliches Verhalten, und wie es nun einmal meine Art ist, behielt ich diese Meinung nicht für mich.

Das war noch nicht alles, was ich beim Durchforsten der Abertausenden von Seiten fand, die in jenen Tagen verfaßt worden waren. Ich stieß auf das Tagebuch des damaligen Premierministers William Lyon Mackenzie King. King schrieb, als er vom Abwurf der Atombombe über Hiroshima erfuhr: »Man kann sich nun vorstellen, was dem britischen Volk widerfahren wäre, hätten die deutschen Wissenschaftler das Rennen (um die Entwicklung der Atombombe) gewonnen. Welch eine glückliche Fügung, daß die Bombe die Japaner getroffen hat und nicht die weißen Rassen Europas.« Diesen letzten Satz hat J. W. Pickersgills Standardwerk *The Mackenzie King Record* bezeichnenderweise ausgelassen.

Aber gerade dieser Satz sprach Bände über den Mann, der in den Kriegsjahren Premierminister Kanadas war. Es war schlicht ein Gebot der Seriosität, daß ich so etwas in einem Buch, das den Japanern im Rahmen eines Festaktes zu den guten kanadisch-japanischen Beziehungen überreicht werden sollte, nicht einfach übergehen durfte. Also ergänzte ich Pickersgills Auslassung.

Bis zu diesem Zeitpunkt hatte ich geradezu überschwengliche Zustimmung erhalten. Dann aber trat eisige Stille ein. Je länger das Schweigen von seiten des Außenministeriums anhielt, desto weniger schickte ich hin. Bis ich schließlich gar keine weiteren Teile mehr nach Ottawa sandte. Der Tag der Abgabe des Manuskripts verstrich, und die Regierungsseite erklärte den Vertrag für ungültig, offiziell mit der Begründung, daß ich das Manuskript nicht termingerecht eingereicht hätte.

Ich schrieb das Buch dennoch zu Ende und schickte es an einen kommerziellen Verlag, ohne Erfolg. Ich versuchte es weiter, aber jedesmal wurde mir das Manuskript nach kurzer Zeit wieder zurückgeschickt. Nach zwei Jahren vergeblicher Suche nach einem Verlag startete ich einen letzten Versuch in den Staaten. Ich schickte das Manuskript an einen alten Freund aus der Zeit an der Columbia, Dr. George Schwab. Schwab hatte damals fast zur gleichen Zeit wie ich Examen gemacht und war inzwischen als Berater für den Verlag Greenwood Press in Connecticut tätig, der Bücher zu politischen Themen herausgab.

»Es gefällt mir sehr gut«, schrieb George kurz darauf zurück. »Wir können das Buch machen, wenn du es von 500 auf 250 Seiten zusammenstreichst.«

Das hieß, die ganze Pringsheimsche Weitschweifigkeit zu tilgen. Dem Buch konnte es nur guttun. Kurz bevor es dann tatsächlich erscheinen sollte, kam die Rede auf meine Beförderung zum ordentlichen Professor. Mehr Gehalt, eine bessere Pension und das Recht, sich später Professor Emeritus nennen zu dürfen, all das würde diese Beförderung mit sich bringen. Aber noch immer stellte sich das alte Problem – kein Ph.D., keine Beförderung.

»Wir wären auch bereit, ein anderes veröffentlichtes Buch zu akzeptieren«, bot man mir entgegenkommend an.

»Ich habe leider kein Buch publiziert. Ich habe zwar eins geschrieben, aber das kommt gerade erst heraus.« Ich erzählte von dem Projekt und was mit ihm geschehen war.

Etwas zögernd antwortete die Leitung der Universität, daß das möglicherweise reichen könnte. Man wollte einige Rezensionen sehen, sobald das Buch erschienen war, und außerdem Rücksprache mit den Regierungsstellen in Ottawa halten. Dort erklärte man, meine Arbeit sei unzureichend gewesen. Aus war es mit der Beförderung. »Sie haben sie nicht verdient«, lautete das Urteil.

Nachdem *Neighbours Across The Pacific* schließlich in den USA veröffentlicht war und man die unrühmliche Geschichte der Behandlung der Japaner während des Zweiten Weltkriegs ebenso nachlesen konnte wie Premierminister Kings klammheimliche Freude darüber, daß die Atombombe die Japaner und nicht die weißen Rassen getroffen hatte, drängte sich sehr bald ein kanadischer Verleger danach, das Buch auch in Kanada herausbringen zu dürfen. Dieser Verleger war Dr. Howard Aster von Mosaic Press in Oakville, Ontario, inzwischen ein guter Freund.

Der Veröffentlichung meines Buches folgte Jahre später ein Parlamentsbeschluß zur Wiedergutmachung gegenüber den kanadischen Japanern. Jeder Überlebende der Internierung erhielt eine Entschädigungszahlung von 21.000 Dollar, und es kam zu einer offiziellen Entschuldigung durch Premierminister Mulroney. »Niemals«, so Mulroney, »niemals hätte so etwas geschehen dürfen.«

Verständlicherweise hatte sich damit mein Verhältnis zu den kanadischen Regierungsstellen wieder verbessert, und auch bei McMaster sah man nun keinen Grund mehr, mich nicht zu befördern. So hatte ich am Ende doch noch die oberste Sprosse der akademischen Leiter erklommen, und das, ohne je etwas über die jungen chinesischen Kommunisten geschrieben zu haben.

Jedem, der Aufklärung in dieser Sache erstrebt, sei die Universität von Toronto empfohlen. Dort findet sich alles Wissenswerte über die Demokratische Jugendbewegung Chinas. Denn nachdem klar war, daß ich nie etwas darüber würde schreiben müssen, schenkte ich mein gesammeltes Material der Universität von Toronto, da es bei McMaster keinen eigenen sinologischen Studiengang gab.

Ich schätze, daß ich während der 23 Jahre an der McMaster University etwa zwölftausend Studenten unterrichtet habe. Etwa zwei Drittel von ihnen mußten von Zeit zu Zeit Einschätzungen ihres Lehrers abgeben. Anhand dieser Vielzahl von Kommentaren pflegte ich die Inhalte und die Form meines Unterrichts immer wieder zu überdenken und neu anzupassen. Vielleicht hat mir die akademische Laufbahn auch deshalb so viel Freude gemacht. Als sie mit meinem 65. Geburtstag endete, reduzierte sich mein Gehalt mit einem Schlag um die Hälfte. Und das zu einem Zeitpunkt, an dem meine drei Töchter bald alle auf dem College sein würden. So stand ich noch einmal vor einem Problem, das ich nur allzugut kannte: Ich brauchte einen Job! Das war aber wohl kaum mehr durch einen Blick in die Zeitung zu lösen.

Bevor ich mich allerdings überhaupt auf die Suche machte, wurde mir schon ein Job angetragen. Japans neuer Botschafter in Kanada, Yoshio Okawa, bot mir die Präsidentschaft des »Canada-Japan Trade Council« an. Dabei handelt es sich um eine Organisation, die nach dem Zweiten Weltkrieg gegründet worden war, um die Wirtschaftsbeziehungen zwischen beiden Ländern wieder aufzubauen. Die Bezahlung übertraf deutlich die Reduzierung meiner Bezüge durch die Emeritierung. Einen Nachteil hatte die Stelle allerdings. Das Trade Council hatte seinen Sitz in Ottawa, vierhundert Meilen östlich und einer der kältesten Orte zwischen den beiden Polen. Temperaturen unter Null, grausige Schneestürme und eisiger Wind von November bis weit in den April. Die Gegend um Hamilton dagegen war vergleichsweise warm und galt als der »Bananen-Gürtel Kanadas«. Außerdem fühlten wir uns nach all den Jahren hier sehr wohl. Es war unsere Heimat geworden.

Wie auch immer, ich nahm das Angebot an. In gewisser Weise schlossen sich damit die Kreise. Nachdem ich den Vertrag unterschrieben hatte, rief ich meinen alten Freund Pepper Martin an. Er hatte seine Laufbahn bei *U.S. News & World Report* beendet und lebte in zurückgezogen auf dem bewaldeten Vashon Island in Puget Sound. Wir waren über die Jahre immer in Kontakt geblieben.

»Ich arbeite jetzt wieder für die Japaner«, erzählte ich.

»Wie das?« knurrte er ganz wie in alten Zeiten.

»Na ja, ich habe drei Töchter, die alle studieren.«

»Und was tust du für die Japaner?«

»Es ist so eine Art Public-Relations-Job.«

»Na gut, ich hoffe nur, sie bezahlen dich diesmal etwas besser«, grunzte er skeptisch.

»Viel besser«, versicherte ich. »Außerdem darf ich meine eigene Uniform mitbringen.«

15. ONKEL HANS

Ich ließ meine Familie in Dundas zurück und ging zunächst allein nach Ottawa. Im Zentrum der Stadt mietete ich ein kleines Apartment und fuhr, ganz wie früher in Studienzeiten, nur am Wochenende nach Hause. Sollte mir der Job nach einem Jahr noch gefallen, so konnte ich dann darüber nachdenken, das Basislager in die Hauptstadt zu verlegen.

Meine Hauptaufgaben beim CJTC sind schnell umrissen: eine zweimonatliche Informationsschrift zu kanadisch-japanischen Angelegenheiten; die Organisation von einem oder mehreren Symposien zu Themen von beiderseitigem Interesse; die Vergabe von Aufträgen für und die Betreuung von Studien zu verschiedenen Aspekten der wirtschaftlichen Beziehungen, die dann von uns herausgegeben werden; die Schaffung von Begegnungsmöglichkeiten zwischen japanischen Diplomaten und kanadischen Vertretern von Politik und Wirtschaft und schließlich Öffentlichkeitsarbeit.

Während des ersten Jahres, an den vielen Abenden allein in meinem Apartment, entstand langsam die Idee, meine Lebensgeschichte niederzuschreiben. Viel war geschehen, seit ich sie fast vierzig Jahre zuvor Pepper Martin erzählt hatte. Nicht zuletzt gehörte dazu die Entdeckung, daß ich nicht der war, der ich nicht nur ihm gegenüber zu sein behauptet hatte. Es gab inzwischen keinen Grund mehr, das Geheimnis weiter zu hüten. Alle diejenigen, die in der Geschichte eine Rolle spielten, waren längst tot.

So beschloß ich denn, Fakten und Unterlagen Victor Boesen, einem erfahrenen Schriftsteller, zu übergeben und ihn meine Geschichte schreiben zu lassen.

Alles ging recht gut voran bis zu dem Punkt, an dem meine Mutter damals an einer Ampel in Salzburg die Bombe über meinen wirklichen Erzeuger hatte platzen lassen. Das Problem nämlich war, daß ich nur wenig über Hans Winckelmann wußte. Er war für mich immer »Onkel

Hans« gewesen. Ich erinnerte mich nur daran, daß er oft zu Besuch gewesen war und manchmal mehrere Tage blieb.

Er begleitete uns auf Reisen in die Berge oder zur Sommerfrische ans Meer. Abgesehen davon wußte ich nichts über ihn. Aber konnte ich zu diesem Zeitpunkt mehr über ihn in Erfahrung bringen? Der Mann, den ich immer für meinen Vater gehalten hatte, war tot. Auch meine Mutter und meine Schwester lebten nicht mehr. Die Mitglieder der Familie Mann, Thomas, Katia, Erika, Klaus und Michael, alle waren inzwischen gestorben. Und mein Bruder Hans, der noch immer in Japan lebte, beantwortete meine Briefe nicht.

Ich kannte weder Nachkommen von Hans Winckelmann noch irgend jemanden, der mir etwas über ihn erzählen konnte.

So durchstöberte ich die großen Bibliotheken in Hamilton und Ottawa in der Hoffnung, irgendwo wenigstens eine kleine biographische Notiz zu finden. Nichts. Daraufhin schrieb ich an Günter Förster, einen alten Freund in Deutschland, den ich noch aus der Zeit in Kansas kannte. Hatte er jemals von einem Opernsänger namens Hans Winckelmann gehört?

Und ich wandte mich an Dr. Alan Walker, den Leiter des musikwissenschaftlichen Instituts an McMaster. Er war ein hervorragender Musikhistoriker und hatte unter anderem eine Biographie über Franz Liszt geschrieben. Ob er vielleicht von einem Nachschlagewerk mit biographischen Informationen über Opernsänger wisse, erkundigte ich mich. So etwas gäbe es nicht, ließ mich Walker wissen, allerdings sei er auf eine flüchtige Notiz über einen bekannten Tenor mit Namen Hermann Winkelmann gestoßen. Der habe 1882 den Parsifal bei der Uraufführung von Wagners gleichnamiger Oper in Bayreuth gesungen. Der Mann habe sich allerdings nicht mit »ck«, sondern nur mit einem »k« geschrieben. Zudem gäbe es keinerlei Hinweis darauf, daß er einen Sohn gehabt habe.

Walker schlug vor, an das Stadtarchiv in Hannover zu schreiben. Dort hatte Hans Winckelmann gewohnt, als ich Deutschland verließ. Er war damals Oberspielleiter der Königlichen Oper gewesen. Meine Anfrage in Hannover wurde an das Theatermuseum des Landes Niedersachsen weitergeleitet, das die Unterlagen der Oper übernommen hatte. Die Leute in Hannover hatten inzwischen durch Günter Förster von meinen Nachforschungen erfahren und schickten mir Kopien der Unterlagen, die auch er erhalten hatte, darunter einige kurze Zeitungsausschnitte, in denen ein gewisser Hans Winckelmann erwähnt wurde.

Das war Onkel Hans. Und er war tatsächlich der Sohn des ersten Parsifal, der sich »Winkelmann« schrieb.

Hans Winckelmann war von seinem Vater zum Wagner-Tenor ausgebildet worden und hatte sich in diesem Fach offenbar selbst einen Namen gemacht. Zunächst war er erster Tenor an der Prager Oper gewesen, dann in Schwerin, und schließlich hatte er zwanzig Jahre lang fast alle Opernaufführungen in Hannover inszeniert, insgesamt annähernd 120. Das bedeutete ungefähr sechs Opern im Jahr, eine schier unglaubliche Leistung. Es wären wohl noch einige mehr geworden, wenn ihn die Nazis nicht gefeuert und einen Parteigenossen auf seinen Posten gehievt hätten. Er starb schließlich an einem Herzinfarkt während der britischen Luftangriffe 1943.

Ich bekam eine komplette Liste der Opern zugesandt, die Hans Winckelmann inszeniert hatte. Eine Personalakte war nicht aufzufinden, sie war vermutlich verlorengegangen, als das Opernhaus während des Krieges niederbrannte.

»Wir haben zwar keine persönlichen Unterlagen über ihn gefunden, aber vielleicht wenden Sie sich einmal an Hilde Winckelmann«, schrieb man mir. Adresse und Telefonnummer folgten.

Hilde Winckelmann, wer mochte das sein? Seine Tochter, eine Nichte? Seine Frau konnte sie kaum sein, es sei denn, sie war sehr viel jünger als er. Denn er wäre inzwischen (1990) 109 Jahre alt gewesen.

Sofort schrieb ich einen Brief an Hilde Winckelmann, wer auch immer sie sein mochte. Dabei formulierte ich ausgesprochen zurückhaltend. »Ich nehme an, daß Sie eine Verwandte von Dr. Hans Winckelmann sind«, begann ich. »Ich bereite derzeit eine historische Arbeit vor und wäre Ihnen überaus dankbar, wenn Sie mir Auskunft über ihn erteilen könnten. Sagt Ihnen möglicherweise der Name Pringsheim etwas? Mein Vater war ein enger Freund von Hans Winckelmann, und ich selbst habe ihn als Kind noch kennengelernt ...«

Ich schickte den Brief ab und wartete. Als ein Monat verstrichen war, wurde ich zusehends pessimistischer. Möglicherweise wußte Hilde Winckelmann nur allzugut, wer ich war, und wollte nichts mit mir zu tun haben. Dann aber kam die Antwort:

Hannover, den 10. August 1990

Sehr geehrter Herr Professor Pringsheim:

Etwas verspätet beantworte ich Ihren Brief, ich war verreist und habe mir die Post nicht nachschicken lassen.

Schicken Sie mir einen Fragebogen, ich kann Ihnen allerhand über Dr. Hans Winckelmann sagen; ich war seine letzte Frau.

Sie habe ich schon als kleinen Bub kennengelernt. Ich habe auch allerhand Bilder, die Sie sicher interessieren werden, am besten ist: Sie kommen mich zu besuchen.

Hans hat auch ein kleines Buch geschrieben »Der Opernspieler«. Zur Zeit hat meine Tochter (Ärztin in München) all die Unterlagen und Bilder. All die Namen, die Sie nennen, sind mir vertraut und kann ich Ihnen sicherlich über verschiedene Fragen Auskünfte geben.

Es grüßt Sie im herzlichen Gedenken
Ihre Hilde Winckelmann

Am Ende des Briefes notierte Hilde Winckelmann den Namen und die Adresse ihrer Tochter, Dr. Maria Raydt. So stellte sich heraus, daß ich nicht nur eine Stiefmutter hatte, sondern sogar eine Stiefschwester. Es gingen noch ein paar weitere Briefe hin und her, dann nahm ich schließlich zehn Tage frei und flog nach Deutschland. Nach einer Nacht im Flugzeug kam ich in München an.

Meine neue Schwester hatte offenbar keine Schwierigkeiten, mich in der Menge der Fluggäste ausfindig zu machen. »Klaus, Klaus«, hörte ich nur, »hier bin ich!« Sie war groß, fast meine Größe, sehr attraktiv und spontan. Wir gingen zu ihrem Wagen. Ich verstaute mein Gepäck und setzte mich auf den Beifahrersitz. Ein seltenes Gefühl der Sprachlosigkeit befiel mich. Wie sollte ich anfangen? Schließlich faßte ich mir ein Herz. »Nun, Frau Dr. Raydt, was wissen Sie über mich?«

»Also, um eines gleich klarzustellen, vergiß den Blödsinn mit Dr. Raydt oder so. Ich heiße Maria und werde dich Klaus nennen. Und was ich über dich weiß? Nicht besonders viel, aber von deiner Existenz weiß ich schon sehr lange, seit ich sieben oder acht Jahre alt war und in den Familienalben geblättert habe. Ich wußte, daß mein Vater dein Vater war, daß er deine Mutter sehr geliebt hat und daß die Geschichte über deinen richtigen Vater sorgsam geheimgehalten wurde und du immer als der Sohn von Klaus Pringsheim galtst. Was ich nicht wußte, war, ob du von alledem weißt. Außerdem hatte ich keine Ahnung, wo du lebst. Das letzte Foto, das ich von dir gesehen habe, zeigt dich mit einem wunderschönen japanischen Mädchen. Ich habe mich gefragt, ob du sie wohl geheiratet hast, ob du in Japan lebst oder möglicherweise während des Krieges umgekommen bist.« Sie schwieg einige Augenblicke. »Wie auch immer, ich wußte, daß ich irgendwo da draußen noch einen Bruder habe.

Als Klaus Pringsheim sen. starb, haben alle großen Zeitungen in Deutschland einen Nachruf gebracht. Darin stand, daß er einen Sohn hatte, der Professor an irgendeiner Universität in Nordamerika sei. Zu der Zeit habe ich in Freiburg studiert. Ich habe damals lange mit meiner Mutter diskutiert, ob ich versuchen sollte, dich zu finden. Aber erstens hatten wir keine Ahnung, wo wir anfangen sollten. Und zweitens waren wir unsicher, ob du überhaupt wußtest, daß Hans Winckelmann dein Vater ist und ob wir das Recht hätten, Unruhe in dein Leben zu bringen.

Trotzdem habe ich immer wieder an dich denken müssen. Du kannst dir also vorstellen, wie überrascht und begeistert ich war, als meine Mutter mich anrief und sagte: ›Stell dir vor, wer mir einen Brief aus Kanada geschrieben hat und uns besuchen will: Klaus Pringsheim, dein Bruder!‹«

Inzwischen waren wir vor meinem Hotel in München angekommen. Maria stellte den Wagen ab und schaute mich mit einem breiten Lächeln an. »Ich finde es wunderbar, daß ich endlich einen Bruder habe und daß wir uns jetzt kennenlernen können«, sagte sie. »Aber jetzt mußt du mir deine Version der Geschichte erzählen – was du wußtest, was nicht, wie du uns gefunden hast und warum gerade jetzt, fünfundvierzig Jahre nach dem Krieg?«

»Gib mir dreißig Minuten, um mich zu duschen und zu rasieren. Beim Mittagessen erzähle ich dir dann meinen Teil«, erwiderte ich. Eine halbe Stunde später setzten wir unser Gespräch in einem kleinen Restaurant in der Nähe meines Hotels fort.

Es fiel Maria offenbar schwer, zu glauben, daß ich in den drei Familien – den Manns, den Pringsheims und den Winckelmanns – der einzige war, der nichts von seiner wirklichen Herkunft wußte.

»Schau dir seine Bilder an, und dann schau in den Spiegel«, sagte sie. »Du siehst meinem Vater unglaublich ähnlich, dein Haar, deine Nase, das Kinn ... Er muß einfach dein Vater sein. Der Mann, den du immer für deinen leiblichen Vater gehalten hast, schlief Anfang der zwanziger Jahre schon lange nicht mehr mit deiner Mutter. Dafür traf Hans Winckelmann sich um so häufiger mit ihr. Meistens in irgendwelchen Strandbädern.

Er war ein etwas altmodischer und sehr romantischer Mann, besonders in seinen Beziehungen zu Frauen. Und davon gab es nicht wenige. Er liebte Lala sehr und hätte sie, als sie schwanger wurde, sofort geheiratet, wenn sie sich von Klaus Pringsheim hätte scheiden lassen. Aber Lala genoß es zu sehr, eine Pringsheim zu sein – ein großbürgerlicher Haushalt, soziales Ansehen und Teil der musikalischen und künstlerischen Elite. Darüber hinaus konnte sie mit dem Mann zusammensein, den sie liebte, ohne daß ihr Ehemann Einwände hatte. Warum also sollte sie sich scheiden lassen?«

Ich hörte aufmerksam zu, als Maria fortfuhr. »Später hat Hans Winckelmann die Tänzerin Almut Upmeyer geheiratet – ach ja, deine Mutter war ja auch Tänzerin –, und da war es dann zu spät für Lala. Almut war eine Karrierefrau, die ihn niemals wirklich geliebt hat. Es war eine ziemlich schaurige Ehe, und so begann das Verhältnis mit meiner Mutter. Er richtete ihr eine eigene Wohnung ein, und die beiden hatten siebzehn Jahre lang eine Affäre, bevor sie schließlich heirateten. Hans war die große Liebe meiner Mutter.

Als sie im Frühjahr 1943 schwanger wurde, ließ sich Hans sofort von Almut scheiden und heiratete Hilde. Ihr Traum wurde endlich Wirklichkeit. Als sie hochschwanger war, brachte Hans sie in Salzburg unter. Er meinte, daß sie dort sicherer sei als in Hannover, weil die

Amerikaner es wohl nicht wagen würden, die Mozart-Stadt zu bombardieren. Er hätte sie besser begleitet, denn am 9. Oktober, an dem Tag, an dem meine Mutter mich zur Welt brachte, flog die britische Luftwaffe verheerende Angriffe auf Hannover. Hans Winckelmann starb während dieser Angriffe an Herzversagen.

Er hat nie erfahren, daß er eine Tochter bekommen hatte. Das Telegramm, das man ihm schickte, kam nicht mehr rechtzeitig an. Daher kenne ich meinen Vater nur aus den Erzählungen meiner Mutter und von vielen Fotos.«

Immer wieder hatte ich mich in den Jahren, seit ich von meinem leiblichen Vater wußte, gefragt, ob er wohl irgendwelche väterlichen Gefühle mir gegenüber gehegt hatte? Hatte er sich um mich gekümmert? Seit jener Zeit in meiner Kindheit hatte ich nichts von ihm gehört. Um so interessanter war daher Marias folgende Erzählung für mich:

»Als unserem Vater klar wurde, daß die Nazis es mit ihrem Antisemitismus wirklich ernst meinten, hat er sich fürchterliche Sorgen gemacht, daß du ein Opfer der Rassenverfolgung werden könntest«, berichtete sie. »Deshalb gingen er und Lala gemeinsam zu einem Anwalt und ließen ein Dokument aufsetzen, das dich davor bewahren sollte, in Dachau oder Auschwitz zu enden. In dem Schriftstück erklären beide, daß du das Kind von Lala Koszler-Pringsheim und Dr. Hans Winckelmann bist und daher ausschließlich arischer Abstammung. Sie war Katholikin, Hans Protestant. Ich denke, das zeigt, wie er sich um dich gesorgt hat«, fügte sie hinzu.

Maria hatte sich intensiv mit der Geschichte der Familie Winckelmann beschäftigt. Ihre Nachforschungen reichten zurück bis zu dem Gelehrten Johann Joachim Winckelmann, einem leuchtenden Stern am geistigen Himmel des 18. Jahrhunderts.

»Du hast vielleicht immer gedacht, daß man sich damit brüsten kann, ein Pringsheim zu sein«, erklärte Maria, »aber ein Winckelmann zu sein ist auch nicht gerade etwas, dessen man sich schämen muß.«

Aus Marias Erzählungen wurde deutlich, daß unser Vater ein deutlich besserer Student gewesen war als ich. Immerhin zwei Doktortitel hatte er an der Universität in Wien bekommen, in Philosophie und Musik. Aber eine Karriere strebte er in keinem der Fächer an.

Eigentlich wollte er zum Katholizismus konvertieren und Priester werden. Das war, bevor er mit einiger Verspätung die Reize des weiblichen Geschlechts entdeckte und schließlich heiratete. »Dafür sollten wir beide wohl dankbar sein«, sinnierte Maria, »sonst wären wir nicht hier.«

Am 18. Oktober verließ ich München mit dem Zug Richtung Hannover. Ich wollte Hilde Winckelmann besuchen, Hans Winckelmanns Witwe oder, wie sie zu sagen pflegte, »seine letzte Frau«. Mit etwas Verspätung kam ich in Hannover an, stieg in meinem Hotel ab und rief Hilde Winckelmann an.

»Kommen Sie doch gleich zum Tee«, sagte sie.

Ich nahm ein Taxi, kaufte auf dem Weg noch Blumen und eine Flasche Whisky, denn Maria hatte mir verraten, daß ihre Mutter von Zeit zu Zeit gern ein Gläschen trank. Der Taxifahrer verrenkte sich fast den Nacken auf der Suche nach der Harnischstraße 7, doch ich sah meine Gastgeberin schon in ihrem Hauseingang stehen.

Wir waren kaum in ihre Wohnung eingetreten, da fühlte ich bereits eine ähnliche Vertrautheit und Nähe, wie sie sich in München zu Maria eingestellt hatte. Hilde stellte die Blumen in eine Vase, und als ich ihr dann den Jack Daniels überreichte, fiel sie mir um den Hals.

Auf einem kleinen Tisch waren Tee und Gebäck gedeckt. Als wir uns setzten, war Hilde kaum mehr zu halten. »Mein Gott, du siehst ihm so unglaublich ähnlich. Es ist fast so, als wäre er plötzlich zurückgekehrt.« Einen kleinen Unterschied allerdings gab es. Sie zeigte auf meinen Bauch. »Er war nicht ganz so füllig wie du. Mit den Jahren ist er zwar auch ein wenig runder geworden, aber nicht ganz so wie du.«

Gelegentlich hatte ich im Kampf gegen meinen Körperumfang die eine oder andere Schlacht gewonnen, im Augenblick aber war ich deutlich ins Hintertreffen geraten. Du mußt es wohl mal wieder versuchen, sagte ich zu mir selbst. Während Hilde Tee einschenkte, schaute ich mich im Zimmer um. Hier also hatten sie und Hans Winckelmann 17 Jahre ihres Lebens verbracht, einschließlich jener vier Monate, in denen sie verheiratet waren, bevor Hans starb. Das war inzwischen 47 Jahre her. Aber Hilde lebte noch immer inmitten ihrer

Erinnerungen. Ihre Wohnung war voll von Andenken und Bildern, unter ihnen ein halbfertiges Porträt ihres Mannes, gemalt von Kurt Schwitters.

Auch von mir gab es Fotos, mehr, als ich je zuvor gesehen hatte. Manche zeigten mich im Alter von fünf Jahren, manche mit 18 Jahren. Es gab keinen Zweifel, »Onkel Hans« war stolz auf seinen Sohn gewesen. Inzwischen erinnerte ich mich, daß er mir immer etwas mehr Aufmerksamkeit geschenkt hatte als Milka oder Hans. Ich war sein Liebling gewesen. Nur wußte ich eben nicht, daß er mein Vater war.

Ich sei vermutlich irgendwo an der Ostsee gezeugt worden, meinte Hilde. »Die Seebäder waren von Berlin und Schwerin aus schnell zu erreichen. Lala und Hans haben sich dort sehr häufig getroffen.« Freilich konnte es auch irgendwo anders geschehen sein: »Er begleitete uns auf Reisen in die Berge oder zur Sommerfrische ans Meer.«

Ganz genau erinnerte sich Hilde noch daran, wie sie Hans Winckelmann kennengelernt hatte. Sie war 18 gewesen, er 45 und seit zwei Jahren Intendant der Oper in Hannover. Es war bei einem Faschingsfest irgendwann Ende Februar. »Er hatte ein kleines schwarzes Mädchen auf dem Schoß. Es ging weg, und er bedeutete mir, zu ihm herüberzukommen. Dann fragte er: ›Kennen wir uns nicht?‹ Und tatsächlich hatten wir einander schon einmal gesehen, ganz flüchtig auf der Straße. Dabei waren unsere Blicke einander begegnet.«

Sie schwieg gedankenverloren. »Weißt du, Hans war ein ausgesprochen attraktiver Mann. Er wurde von Frauen nur so umschwärmt. Er hatte es gar nicht nötig, den Mädchen nachzusteigen, es war eher umgekehrt. Kein Zweifel, er hat die Frauen geliebt, keine Spur von homosexuellen Neigungen. Er hat mir erzählt, daß Klaus Pringsheim sich ihm einmal mit derartigen Absichten genähert habe. Hans hat daraufhin nur gesagt: ›Zehn Frauen zugleich, okay – ein Mann, niemals!‹«

Während er den angenehmen Seiten des Lebens, Frauen, Wein, Musik und gutes Essen, sehr zugetan war, kümmerte er sich nur wenig um Politik. Nachdem er sich wiederholt geweigert hatte, den Parteibonzen die Königsloge in der Oper zur Verfügung zu stellen, hatten die Nazis genug von ihm.

»Daß man ihn rausgeworfen hat, hat wohl zu seinem Tod beigetragen«, meinte Hilde. Er war zu der Zeit auf dem Höhepunkt seiner Karriere und hätte wohl noch viele Jahre vor sich gehabt. Sein Herz hatte ihm, Hildes Berichten zufolge, allerdings schon zuvor zu schaffen gemacht, zudem litt er an Untergewicht. Die Sorge um Hilde, die in Salzburg ihr Kind erwartete, und dann der fürchterliche Bombenangriff, der das Opernhaus zerstörte, all das konnte sein Herz nicht mehr verkraften.

Anläßlich seines Todes erschien in einer Berliner Zeitung ein Nachruf. »Es wird berichtet, daß der Generalintendant des Opernhauses Hannover, Dr. Hans Winckelmann, während des jüngsten englisch-amerikanischen Bombenterrors umgekommen ist. Er starb an einem Herzanfall im Alter von 62 Jahren.

Dr. Winckelmann war lange Jahre Generalintendant des Opernhauses Hannover gewesen. Er wurde in Hamburg geboren und war der Sohn des berühmten Bayreuther Wagner-Interpreten Hermann Winkelmann. In den Jahren nach dem Weltkrieg war Hans Winckelmann Heldentenor an der Schweriner Oper, wo er sich besonders mit Wagner-Rollen einen Namen machte. Zu dieser Zeit konnte man ihn in Gastrollen bereits des öfteren in Hannover sehen, auch hier zumeist in Wagner-Inszenierungen.«

Ich mochte Hilde Winckelmann sehr, und als ich Hannover nach 26 Stunden wieder verließ, hoffte ich inständig, sie noch einmal zu sehen. Der Wunsch sollte sich nicht erfüllen. Zwei Monate später schrieb mir Maria, daß ihre Mutter einen Schlaganfall erlitten habe, fast völlig erblindet sei und ihr Gedächtnis verloren hätte. Sie starb Ostern 1992 im Alter von 85 Jahren.

Dank Hilde Winckelmann hatte ich mehr über meinen Vater erfahren, als ich jemals gehofft hatte. Allerdings wußte auch sie wenig über die Zeit vor 1926. Also suchte ich weiter. Mit meinen neuen Anhaltspunkten gelang es mir, Freunde und Familienmitglieder ausfindig zu machen. Und es fanden sich sogar schriftliche Quellen.

Die Wege von Klaus Pringsheim und Hans Winckelmann hatten sich offenbar zum ersten Mal 1906 in Wien gekreuzt. Pringsheim war Korrepetitor an der Wiener Staatsoper, Protegé ihres damaligen

Direktors Gustav Mahler. Winckelmann studierte zu dieser Zeit an der Wiener Universität. Sein Vater wiederum hatte ein Engagement an der Oper und gab gleichzeitig Gesangsunterricht. Es war also kaum vorstellbar, daß sie sich nicht kennengelernt hatten.

Hans wurde 1881 geboren, genau ein Jahr bevor sein Vater bei der Uraufführung in Bayreuth den Parsifal sang. Nicht lange danach wurde Professor Alfred Pringsheim in München Vater von Zwillingen. Der Junge, sein vierter Sohn, wurde Klaus genannt, das Mädchen Katharina Hedwig. Katharina sollte später zur Star-Studentin ihres Vaters an der Münchner Universität werden.

Eines Tages begegnete sie in der Straßenbahn dem jungen Schriftsteller Thomas Mann. Thomas war bei weitem nicht so bekannt wie sein älterer Bruder Heinrich, aber dafür besaß er einen sehr feinen Sinn für Musik. Katia sorgte dafür, daß er in das Pringsheim Palais eingeladen wurde, wo er Professor Pringsheim besonders mit seiner Wagner-Kenntnis beeindruckte. Und bald schon spielten die beiden im Duett Wagner-Musik für zwei Pianos an zwei großen Konzertflügeln, die im Musikzimmer standen.

Nicht lange darauf gab Katia die Mathematik auf und heiratete Thomas Mann. Ihr Bruder Klaus zeigte unterdessen, daß ein begabter Pianist und Komponist in ihm steckte. Mit 22 Jahren gab er sein erstes Solo-Konzert, bei dem er ein selbstkomponiertes Klavierkonzert spielte. Er war ein großer Bewunderer Gustav Mahlers und setzte alles daran, mit ihm zusammenzuarbeiten, zu einer Zeit, in der sich eigentlich niemand für dessen Musik interessierte. Sein Lehrer, Bernhard Stavenhagen, schrieb daraufhin einen Brief an Mahler und empfahl seinen Schützling. Und so wurde Klaus Pringsheim 1906 Korrepetitor an der Wiener Oper und mit der Zeit ein enger Freund Mahlers.

In der gleichen Zeit erwarb sein Altersgenosse Hans Winckelmann seine Doktortitel und begann seine Gesangskarriere an der Volksoper in Wien.

Sehr wahrscheinlich haben sich Klaus und Hans in der Staatsoper kennengelernt, vielleicht in benachbarten Logen oder im ersten Rang auf den besten Plätzen des Hauses – Klaus als der ständige Begleiter Mahlers, dessen Hut, Regenschirm oder auch Partitur er trug, Hans im

Gefolge seines Vater oder in Begleitung eines hübschen Soprans. Beide Söhne aus angesehenen Häusern, hatten sie einiges gemeinsam: Talent, Geist, Witz und Selbstsicherheit – die notwendige Ausstattung junger und reicher Bonvivants, die es zu etwas bringen wollten.

Nach etwa einem Jahr trennten sich ihre Wege wieder. Mit der tatkräftigen Unterstützung Mahlers stieg Klaus zum Dirigenten der Genfer Oper auf, Hans ging zur gleichen Zeit nach Graz und sang dort am städtischen Theater Wagner-Rollen. In Prag, wo Klaus als Dirigent der Oper engagiert war und Hans als erster Heldentenor, trafen sie dann wieder zusammen.

Man füge nun die damals zwanzigjährige, wunderschöne rothaarige Ballerina Klara Koszler dazu. Es dauerte nicht lange, bis man sie und Klaus Pringsheim immer öfter zusammen sah. Klara war die Tochter eines Offiziers der österreichischen Armee. Allerdings hatte die Familie sie verstoßen, als sie zur Bühne ging. Klaus hingegen hatte keinerlei Bedenken, etwas mit einer Tänzerin anzufangen; die großbürgerlichen jungen Männer hatten mehr das Vergnügen und weniger eine Hochzeit im Auge.

Andererseits war Klaus Pringsheim für meine Mutter natürlich eine ungeheuer gute Partie. Immerhin stammte er aus einer berühmten und reichen Familie und war in Kunstkreisen sehr angesehen. So nahm das Leben seinen Lauf. Klaus dirigierte, Hans sang, und Lala tanzte in Opern von Smetana, Janáček, Verdi und anderen. Und dann wurde Lala schwanger. Das beendete ihre Karriere als Tänzerin und warf die Frage auf, was Klaus denn in dieser Situation zu tun gedachte.

Hans vertrat offenbar vehement die Meinung, daß Klaus sie heiraten müsse. Aber der zögerte. Die Hochzeit zwischen einem jungen Mann aus reichem Hause und einer Tänzerin war ähnlich undenkbar wie die Tanzkarriere einer österreichischen Offizierstochter. Dazu kam, daß Klaus mehr und mehr homosexuelle Neigungen verspürte.

Seine Eltern waren völlig entgeistert und empört, als er ihnen nach der Geburt seiner Tochter Milka mitteilte, daß er gedenke, die Mutter seines Kindes zu heiraten. Warum in aller Welt wollte ihr heißgeliebter Sohn, der zudem eine große Karriere als Musiker vor sich hatte, eine unbedeutende kleine Tänzerin heiraten – ohne Familienhintergrund,

Reichtum oder gesellschaftlichen Rang? Ein Kind schien ihnen kaum ein hinreichender Grund zu sein.

Schließlich nahm Professor Pringsheim die Sache selbst in die Hand. Er reiste nach Prag, führte ein langes Gespräch mit der jungen Frau und machte ihr ein, wie er meinte, sehr großzügiges Angebot. Die Familie Pringsheim würde das Kind adoptieren und für eine volle Anerkennung als Mitglied der Familie Pringsheim sorgen, mit allen damit verbundenen Vorteilen. Lala selbst würde eine Abfindung erhalten, hoch genug, um für den Rest ihres Lebens großzügig versorgt zu sein.

Es erfüllt mich noch heute mit Stolz, daß meine Mutter dem großen Professor Pringsheim sinngemäß erklärt hat, er solle zur Hölle fahren. Trotzig lehnte sie es ab, ihre Tochter zu verkaufen. Das Geschäft kam nicht zustande.

Auch Hans schien diese Antwort zu imponieren, sie zeugte von Charakter. Und er benutzte sie, um Klaus zu der Entscheidung zu drängen, die er für die beste hielt. »Wenn sie es wirklich verdient hätte, so von dir behandelt zu werden, dann hätte sie vermutlich das Angebot vom ehrenwerten Geheimrat Professor Dr. Alfred Pringsheim angenommen«, kommentierte er sarkastisch.

Klaus und Lala heirateten 1913 in Prag. Vermutlich war Hans sogar Trauzeuge. Ein Jahr später gab Klaus seine Stellung in Prag auf und zog mit Frau und Kind nach Breslau, um dort Direktor des städtischen Theaters zu werden. Die nächste Station war Bremen, wo sie drei Jahre verbrachten, dann folgte Berlin. Hier lebte Klaus, bis er 1931 Deutschland verließ und nach Japan ging.

Die Berliner Jahre waren eine arbeitsreiche Zeit. In erster Linie war er musikalischer Leiter am Großen Schauspielhaus und den anderen Max-Reinhardt-Bühnen. Er komponierte, inszenierte, dirigierte – einschließlich der ersten Aufführung von Gustav Mahlers Gesamtwerk in Deutschland. Darüber hinaus engagierte er sich in der Musikergewerkschaft und komponierte sogar Arbeiterlieder. Er war aktives Mitglied der Sozialdemokratischen Partei und wurde nicht zuletzt jener notorische Kulturkritiker, den schließlich ein Großteil der Kunstszene ganz weit weggewünscht hatte. Bei alldem blieb nicht viel Zeit für Lala und die Kinder.

Und Hans Winckelmann? Der war nicht mehr als ein paar Stunden entfernt – zunächst als erster Tenor an der Oper in Schwerin, dann als Intendant in Hannover, wohin ihn der Opernmanager Rudolf Krasselt geholt hatte. Zusammen brachten die beiden im Jahr fünf bis sechs Opern auf die Bühne, eine außerordentliche Leistung, die die Hannoveraner Oper zu einer der angesehensten in Deutschland machte. Und dennoch war Hans nie zu beschäftigt, um den Kontakt zu seinen Freunden Pringsheim in Berlin zu halten. Er kam oft zu Besuch. Ungebunden, wie er zu der Zeit war, galten seine Besuche vermutlich in erster Linie Lala, nicht so sehr ihrem Mann. Vielleicht aber hat Klaus ihn sogar zu einem verstärkten Werben um Lala ermuntert. Denn auf diese Weise schaffte er sie sich vom Hals, und vielleicht wurde auch das Zusammenleben mit ihr etwas einfacher.

Ich konnte mir den Ablauf eines Abends recht gut vorstellen: Hans ist das Wochenende über zu Besuch. Klaus muß eine Opern-Premiere rezensieren und wird nach der Vorstellung gleich in die Zeitungsredaktion fahren, um die Kritik für die Morgenausgabe zu schreiben. Daher wird er erst weit nach Mitternacht wieder zu Hause sein.

»Hans, tust du mir einen Gefallen? Führ doch Lala zum Essen aus und unterhalte sie ein wenig. Wir sehen uns dann beim Frühstück.«

Aber obwohl ich nun die Gewißheit hatte, daß Hans Winckelmann mein leiblicher Vater war, so würde ich doch nicht gleich diesen Namen annehmen. Name ist Schall und Rauch, dachte ich. Ich war noch nicht lange wieder zurück in Ottawa, da bekam ich eine Einladung der Universität München zu einer Gedenkveranstaltung für meinen Großvater, Alfred Pringsheim, Mathematiker und mehr als ein halbes Jahrhundert lang einer der großen Gelehrten der Universität.

Alfred Pringsheim hatte immer in dem Glauben gelebt, daß sein Ansehen ihn vor den Nazis schützen würde. Er hatte sich getäuscht. Hitler war kaum Reichskanzler, da wurde auch schon das Haus, in dem er siebzig Jahre seines Lebens verbracht hatte, das berühmte Pringsheimsche Palais in der Arcisstraße 12, abgerissen. Es war *die* Adresse und *der* Treffpunkt von Schriftstellern, Künstlern und Intellektuellen in München gewesen.

Die Nazis plünderten die unbezahlbare Sammlung italienischen und französischen Porzellans und ließen sie bei Sotheby's in London versteigern. Bis auf fünf Prozent des Erlöses steckten sie alles in die eigene Tasche. Nachdem man ihm sein Haus und seinen Besitz genommen hatte, machte sich Hitler daran, den Mann selbst zu vernichten. Sein Name wurde von der Liste der Professoren der Universität und aus den Akten der Bayerischen Akademie der Wissenschaften gestrichen.

Schließlich ließ man ihn in die Schweiz ausreisen, wo er zwei Jahre später starb. Dieser für die Nazis fast ungewöhnliche Akt des Anstands war offenbar allein der Tatsache zu verdanken, daß Winifred Wagner, die Frau von Richard Wagners einzigem Sohn Siegfried, sich bei Hitler für ihn eingesetzt hatte.

Meine Erinnerungen schweiften zurück ins Jahr 1939, als sich die dunklen Wolken des Krieges über Europa zusammenzogen. Ich erinnerte mich an meinen verzweifelten Versuch, dem Dienst in Hitlers Kriegsmaschinerie zu entgehen, an Milkas flehende Bitte an Großvater Pringsheim, die Mittel für meine Ausreise ins ferne und sichere Japan bereitzustellen, und an seine großzügige Antwort.

Nach München schrieb ich, daß ich zu seiner Gedenkfeier kommen würde. Denn ohne ihn hätte ich wohl keine Geschichte zu erzählen gehabt.

EPILOG

Im Haus Winckelmann-Pringsheim ist alles in Ordnung. Hsiuping sieht noch genauso aus wie damals, als ich sie in Hongkong zum ersten Mal sah – und das ist schon ein halbes Leben her. Sie wird nicht älter. Die Mädchen sind inzwischen erwachsen und aus dem Haus, doch sie kommen oft zu Besuch.

Ich werde die Arbeit beim Trade Council noch eine Weile weitermachen, und dann möchte ich in Ruhe ein oder zwei Bücher über mein Lieblingsthema schreiben: japanische Politik – mit einer Biographie über Premierminister Eisaku Sato will ich anfangen.

Meine Geschichte klingt mit einer traurigen Note aus: Auf einer Fahrt an die Westküste im Herbst 1993 rief ich meinen alten Freund Pepper Martin an und fragte, ob ich ihn in seinem Eremitendasein auf der Insel besuchen könne. Er litt seit langem an Kreislaufproblemen und hatte sich sogar zwei Operationen unterziehen müssen. Doch er freute sich, daß ich bei ihm vorbeischauen wollte.

Als wir auf der Veranda saßen und Wodka mit Orangensaft nippten, tauchten auf einmal zwei prächtige Hirsche aus dem Wald auf und kamen langsam in unsere Richtung. Pepper beugte sich vor und flüsterte: »Oh, Klaus, schau dir das an. Das ist der Grund, warum ich hier lebe!«

Ich hoffte, er würde dieses Leben noch lange genießen können, doch als ich aufstand, um zu gehen, fragte ich mich, ob ich ihn jemals wiedersehen würde. Er war ein alter Mann und sehr krank.

Kurze Zeit später rief er mich in Ottawa an. Er hatte gerade das Manuskript, das ich ihm dagelassen hatte, zu Ende gelesen. Es gefiel ihm. »Viel Glück mit dem Buch!« wünschte er mir.

Zwei Wochen später bekam ich einen Anruf seiner Tochter Judith, die ganz in seiner Nähe lebte und jeden Morgen bei ihm vorbeischaute. »Mein Vater ist letzte Nacht friedlich im Schlaf gestorben«, sagte sie ganz ruhig.

QUELLENNACHWEIS

Peter de Mendelssohn: *Der Zauberer. Das Leben des Deutschen Schriftstellers Thomas Mann. Erster Teil, 1876-1918.* Frankfurt 1975.

Hanno-Walter Kruft: *Alfred Pringsheim, Hans Thoma, Thomas Mann. Eine Münchener Konstellation.* München 1993.

Sabine Hammer: *Das Opernhaus in Hannover. 300 Jahre Wandel im Musiktheater einer Stadt.* Hannover 1990.

Thomas Mann: *Tagebücher.* Hrsg. von Inge Jens. Frankfurt 1989ff.

Erina Hayasaki: *Berlin-Tokyo Monogatari, Ongakka Klaus Pringsheim.* Tokio 1994.

Bernhard Krebs/Bernd Martin (Hrsg.): *Formierung und Fall der Achse Berlin-Tokio.* München 1994.

Shimei Kato: *Nihon no genso.* Tokio 1950.

Marianne Krüll: *Im Netz des Zauberers. Eine andere Geschichte der Familie Mann.* Zürich 1991.

Klaus Pringsheim, Jr.: *Neighbors Across the Pacific. The Development of Economic and Political Relations Between Canada and Japan.* Westport, Conn. 1983.

PERSONENREGISTER

INHALT

Julia Mann

Ich spreche so gern mit meinen Kindern

Erinnerungen, Skizzen
Briefwechsel
mit Heinrich Mann

360 Seiten
Mit 23 Abbildungen
Band 1041
ISBN 3-7466-1041-9

Julia Mann (1851–1923) war eine leidenschaftliche Dichtermutter. Ihrem Stolz auf den Ruhm der Schriftstellersöhne Heinrich und Thomas entsprach die Sorge um das Schicksal ihrer Tochter Carla und die Genugtuung über die gute Partie Julias. Besonders liebte sie den Nachzügler Viktor. Sie nahm lebhaften Anteil an den literarischen und beruflichen Plänen ihrer Kinder und sorgte sich um deren Gesundheit, Geldnöte und Herzensangelegenheiten. Nichts galt ihr mehr als die Übereinstimmung zwischen den Geschwistern. Die Versöhnung von Heinrich und Thomas im Jahre 1921 wurde ihr größter Triumph.

»Sie erweist in ihren Briefen eine Leidenschaft zum Ausgleich, zur Eintracht, die anrührt.«

Süddeutsche Zeitung

AtV
Aufbau Taschenbuch Verlag

Nicole Schaenzler

Klaus Mann

Eine Biographie

611 Seiten
Mit 19 Abbildungen
Band 1749
ISBN 3-7466-1749-9

Klaus Mann, 1906 als zweites Kind von Thomas und Katia Mann geboren, stand dank seiner ungewöhnlichen schriftstellerischen Begabung schon früh im Rampenlicht. Doch hinter dem eloquenten und selbstsicheren jungen Mann, als der er sich in der Öffentlichkeit präsentierte, verbarg sich ein unsteter, von tiefen Selbstzweifeln geplagter Charakter.

In dieser bislang umfangreichsten Klaus-Mann-Biographie untersucht Nicole Schaenzler die Hintergründe eines Lebens, das nie zum Glück finden konnte. Der Schatten des übermächtigen Vaters und der frühe Ruhm begründeten die nervöse Unrast Klaus Manns, die ihn von Ort zu Ort, von Hotelzimmer zu Hotelzimmer trieb. Seine Vorliebe für Grenzerfahrungen, seine Todessehnsucht und seine Homosexualität machten ihn zum tragischen, heimatlosen Außenseiter.

AtV

Aufbau Taschenbuch Verlag

Stefan Ringel

Heinrich Mann

Ein Leben wird besichtigt

Eine Biographie

464 Seiten
Band 1801
ISBN 3-7466-1801-0

»Ich bin ebenso gewöhnlich wie auserlesen«, sagte Heinrich Mann über sich selbst. Stefan Ringel rückt den Autor des »Untertan« aus dem Schatten seines Bruders Thomas Mann, in den ihn die Literaturgeschichte oft verbannte, heraus. »Er bietet ein Bild der Persönlichkeit vor dem Hintergrund der politischen, sozialen und geistesgeschichtlichen Veränderungen und informiert in kurzen, klaren Interpretationen über ein Œuvre, das gegen die Brüchigkeit der bürgerlichen Existenz geschrieben wurde.«

Berliner Zeitung

AtV
Aufbau Taschenbuch Verlag

Wilhelm von Sternburg

Lion Feuchtwanger

Ein deutsches Schriftstellerleben

566 Seiten
Band 1416
ISBN 3-7466-1416-3

Dem Kenner wie den Massen die »natürliche klare Beziehung von Leben und Historie« aufscheinen zu lassen, »das Vergangene ... für die Gegenwart und die Zukunft fruchtbar zu machen« war Feuchtwangers nie aufgegebener Anspruch an ein Kunstwerk. Wilhelm von Sternburg hat Leben und Schaffen des seit Mitte der zwanziger Jahre weltberühmten Schriftstellers intensiv erkundet.

Er vergegenwärtigt Feuchtwangers Weg von der Kindheit in einem großbürgerlichen jüdischen Elternhaus in München bis zu den langen Jahren des Exils in Kalifornien. Er betrachtet seine teils heftig umstrittenen ästhetischen Standpunkte und politischen Urteile im Spiegel der Epoche und untersucht die Feuchtwanger-Rezeption in Ost und West bis in die Gegenwart. Er stellt neben den historischen und zeitgenössischen Romanen, Erzählungen, Erlebnisberichten, Skizzen und Essays seine heute weniger bekannten Dramen und Theaterkritiken vor. Zitate aus unveröffentlichten Tagebüchern und Briefen eröffnen überraschende Blicke ins Innere des von seiner Arbeit tief erfüllten Autors, der wenig über sein Privatleben preisgab.

AtV

Aufbau Taschenbuch Verlag

Martin Feuchtwanger

Zukunft ist ein blindes Spiel

Erinnerungen

352 Seiten
Mit 8 Fotos
Band 1565
ISBN 3-7466-1565-8

Der jüngere Bruder Lion Feuchtwangers erzählt mit seinen ungewöhnlichen Lebenserinnerungen auch ganz persönliche Beobachtungen und Gedanken zur Zeit. Entstanden ist damit ein äußerst aufschlußreiches Kulturdokument, das von der deutschen Kaiserzeit bis in die Gründungsjahre des Staates Israel reicht. Aufgewachsen in der abgeschirmten Welt des assimilierten jüdischen Bürgertums in München, begegnete den neun Kindern der Familie Feuchtwanger das Schreckenswort Pogrom nur in den Geschichten des Großvaters. Aber das Jahr 1933 drehte das Rad zurück, und das Unfaßbare trat ein: Martin Feuchtwanger mußte Deutschland verlassen. Dies war auch das jähe Ende seiner erfolgreichen Jahre als kreativer Journalist und Verleger. Nach Prag war es dann endgültig Tel Aviv, das dem Vaterlandslosen zur zweiten Heimat wurde. Ein neuer Anfang in einer Welt voller politischer Spannungen. Martin Feuchtwanger schildert seine Hoffnungen und Erfahrungen mit dem Engagement dessen, der Außenstehenden die subjektive Sicht der Konflikte in Palästina/Israel vermitteln möchte.

AtV

Aufbau Taschenbuch Verlag

Marcel Reich-Ranicki

Ungeheuer oben

Über Bertolt Brecht

Erweiterte Neuausgabe

160 Seiten
Mit 7 Abbildungen
Band 8064
ISBN 3-7466-8064-6

Die Liebe und Vergänglichkeit – das ist das Thema des ersten Gedichts von Brecht, das mich für ihn, um es vorsichtig auszudrücken, einnahm. Zu Brecht kam ich über die Schallplatte. Damals gab es bei uns, es war 1932, einen Untermieter, der besaß, was wir in Berlin nicht hatten: ein Grammophon und viele Schallplatten. Er spielte sie oft und laut. So hörte ich in unserer Wohnung eine ungewöhnliche, eine ironische, eine kesse und aufstachelnde Musik. Sie reizte und provozierte mich und eben deshalb gefiel sie mir sehr. Es waren die Songs, die Lieder, die Choräle aus der »Dreigroschenoper« und auch aus dem »Aufstieg und Fall der Stadt Mahagonny«.

Marcel Reich-Ranicki

»Marcel Reich-Ranicki gelingt es, ein glaubwürdiges Bild von Brecht und seinen Beziehungen zu zeichnen … leicht und ohne Aufgeregtheit geschrieben.«

DIE ZEIT

AtV

Aufbau Taschenbuch Verlag

Soma Morgenstern

Joseph Roths
Flucht und Ende

Erinnerungen

Herausgegeben
und mit einem Nachwort
von Ingolf Schulte

330 Seiten
Band 1452
ISBN 3-7466-1452-X

Soma Morgensterns ergreifende Erinnerungen an Joseph Roth sind ein sehr persönlicher Bericht über den schwierigen Freund und verlorenen Trinker, darüber hinaus ein farbiges Zeit- und Alltagsbild aus oft heiteren Geschichten und brillanten Anekdoten. Eine fast dreißigjährige Freundschaft hatte Soma Morgenstern mit Joseph Roth verbunden: beide aus Galizien stammend, beide Journalisten und Schriftsteller in Wien, als Juden verfolgt und nach Paris emigriert. Dort endete durch den frühen Tod Roths die wechselvolle Geschichte einer komplizierten Beziehung. Mit diesem ungewöhnlichen Porträt über die Zerrissenheit eines genialen Dichters ist ein in Deutschland lange vergessener Autor kennenzulernen, dessen lustvoll-souveränes Erzählen in die Tradition der großen deutschsprachig-jüdischen Literatur gehört.

AtV
Aufbau Taschenbuch Verlag

Anna Seghers
Transit
Roman

Mit einem Nachwort
von Sonja Hilzinger

188 Seiten
Band 5176
ISBN 3-7466-5176-X

Wenn dieser Roman zum schönsten wurde, den Anna Seghers geschrieben hat, liegt es wohl an der schrecklichen Einmaligkeit der zum Vorbild gewählten geschichtlich-politischen Situation: Marseille 1940 – was so lieblich, in unserem Sprachgebrauch fast wie ein Pfadfinderunternehmen, immer noch Frankreichfeldzug genannt wird, ... scheuchte aus Paris, aus allen Teilen Frankreichs, aus Lagern, Hotels, Pensionen, Bauernhöfen ein ganzes Volk von Emigranten auf. Sie strebten alle dem einzig möglichen Ziel Marseille zu ...

Heinrich Böll

AtV
Aufbau Taschenbuch Verlag

Leonhard Frank

Links wo das Herz ist

Roman

251 Seiten
Band 1435
ISBN 3-7466-1435-X

Leonhard Frank (1882–1961), der bedeutende deutsche Erzähler und Romancier, hat mit der romanhaften Autobiographie »Links wo das Herz ist« die Geschichte seines abenteuerlichen Lebens vor dem Hintergrund der alles verändernden Zeitereignisse geschrieben. In einer meisterhaften Mischung aus Pointiertheit und Überschwang gestaltet er die Schicksale seines Doubles Michael Vierkant. Dieser Lebensbericht gehört zu den bleibenden literarischen Selbstzeugnissen und ist eines der großen Bekenntnisbücher des Jahrhunderts.

Konrad Merz
Ein Mensch fällt
aus Deutschland

199 Seiten
Band 1391
ISBN 3-7466-1391-4

Das Los hat entschieden: Der sanfteste der Gruppe wird den Diktator töten. Dann aber, von der Gestapo steckbrieflich gesucht, erschießt er sich selbst. Sein bester Freund, der Jurastudent Winter, entkommt in die Niederlande. Der Sprache nicht mächtig, mittellos, arbeitslos, allein auf sich gestellt. Heimlich wird er unter dem Bett eines Freundes kampieren, wird auf seinen besten Feind, Sturmführer Dietrich, treffen, der immer noch die Hacken zusammenknallt, wird neue Freunde gewinnen und lernen, was er für den Kampf ums Überleben braucht. Einmal fährt er an die Grenze. Mit den Beinen steht er in den Niederlanden, mit den Händen greift er hinüber nach Deutschland: Ja, es ist noch da, das Land, aus dem er gefallen ist, in dem er zurücklassen mußte, was er liebt.

AtV
Aufbau Taschenbuch Verlag